초·중등 및 한국어 교사를 위한

한국어 음운 교육론

초·중등 및 한국어 교사를 위한
한국어 음운 교육론

초판 인쇄 2017년 11월 22일
초판 발행 2017년 11월 28일

지은이 박정수
펴낸이 박찬익 **│ 편집장** 권이준 **│ 책임편집** 강지영
펴낸곳 ㈜ **박이정 │ 주소** 서울시 동대문구 천호대로 16가길 4
전화 02) 922-1192~3 **│ 팩스** 02) 928-4683 **│ 홈페이지** www.pjbook.com
이메일 pijbook@naver.com **│ 등록** 2014년 8월 22일 제305-2014-000028호

ISBN 979-11-5848-349-4 (93710)

* 책값은 뒤표지에 있습니다.

초·중등 및 한국어 교사를 위한

한국어 음운 교육론

박 정 수

(주)박이정

국어 연구의 3대 분야는 음운론, 문법론, 의미론이다. 이 가운데 음운론의 연구가 가장 오래 되었다. 음운론은 15세기 중국 운서에 영향을 입어 훈민정음을 창제할 때부터 결정적인 역할을 하였고, 세종대왕 시대 전성기를 이루었다. 음운론은 오늘에 이르기까지 수많은 연구 업적을 남기고 있다.

'음운론'에 비교하면 '음운 교육론' 연구의 역사는 매우 짧은 편이다. 음운 교육에 관련된 책이 아주 없는 것은 아니다. 그러나 음운 교육 현장의 실용성 면에서 볼 때, 다소 아쉬운 감이 없지 않다. 기존의 음운 교육과 관련 있는 책들은 주로 이론 중심적이었다. 이런 점에 견주어 필자의 '한국어 음운 교육론'은 현장 친화적인 입장에서 쓰여 진 책이다. 곧 한국어 음운 이론과 발음 원리 설명, 효과적인 발음 교육 방법 제시, 표준 발음 활동의 내용으로 구성하게 되었다.

필자는 서른 해 넘는 동안 대학에서 예비 교사들을 상대로 국어 교육(음운 교육론)을 강의해 왔다. 음운 교육을 강의해 오면서 '발음 원리 설명과 발음 교육 방법'의 내용이 담겨 있는 '음운 교육론' 교재가 없을까라는 생각을 항상 계속해 왔다. 이런 소박한 생각이 실마리가 되어 초·중등학교의 교사들을 위한 '한국어 음운 교육론'이란 책을 엮어 보게 되었다.

바르고 정확한 우리말 음운에 대한 교육은 원만하고 성공적인 국어 활동을 위해서는 반드시 필요하다. 이 책은 여러 분야에서 활동하고 있는 모든 사람을 위한 것이지만, 특히 다음의 분들에게 크게 도움이 될 것으로 기대하고 있다. 교육대학과 사범대학 국어 교육 강의 담당자, 학교 현장의 국어 교사, 외국인에게 한국어를 교육하는 한국어 교사 등이다.

책의 체제는 제1장~제17장으로 엮었다. 전체 17장 가운데서 제1장~제4장은 음성과 음운에 관련된 기초이다. 제5장~제16장은 발음 교육과 직접적인 관련이 있으므로 '음운 이론과 발음 교육 방법'의 체계로 구성했다. 제17장은 변동 규칙과 맞춤법에 관한 내용이다. 또 [부록]에서 [부록1] '표준 발음법', [부록2] '한글 맞춤법', [부록3]의 음운 용어 '순우리말/한자어' 대조를 첨부해 놓았다.

이 책은 고인이 되신 허웅 스승님께서 직접 가르쳐 주신 강의 내용과 스승님의 저서 '국어 음운학'에서 힘을 얻어 펴냈다. 집필하면서 용어(순우리말/한자어)를 어떻게 할 것인가에 고민을 했으나, 허웅 스승님께서 쓰시던 '순우리말' 용어를 그대로 사용하기로 했다. 1963년 '통일 문법에 의한 검인정'에서 용어에 대해 '음성(음운)론'만은 우리말 용어로 함을 원칙으로 하고 있다. 그러나 뒤에도 학교 문법서에서 '원칙−순우리말'을 지키지 않고, 아름다운 '순우리말' 대신 계속 '한자어(실상은 일본식 한자어)'로 표기하고 있다. 이는 정말로 안타깝고 아쉬운 일이다.

현재 고등학교 '독서와 문법' 교과서에서 음운 용어는 대부분 한자어이고, 중학교 '국어(1~6) 교과서(김태철 외)'에서의 음운 용어는 '순우리말'로 표기하고 있다. 이렇게 되어 있으니, 음운 학습자들은 용어의 사용에 있어 분명히 혼란스러울 것이다. 그래서 필자는 학습자들에게 용어 사용을 편하게 하기 위해, 책 속에서 부분적으로 '순우리말(한자어)'처럼 두 가지 용어로 표기했다. 또 이 책의 [부록3]에서 음운 용어인 '순우리말/한자어' 대조표를 만들어 첨부해 놓았는데, 이 책을 읽는데 도움이 되기를 바란다.

이 책의 초고를 읽고 일일이 다듬어 주신 구현옥 교수님께 감사의 말씀을 드린다. 대학원생 임은정 교사와 손하경 양은 이 글을 처음부터 끝까지 꼼꼼히 읽어 주었다. 두 제자에게 고마운 마음을 전한다. 이 책의 출판을 선뜻 응해 주신 박이정 박찬익 사장님께 고마움의 인사를 드린다.

2017년 11월에
진주성(晉州城) 자락 연구실에서
지은이

| 차 례 |

제3장 음성 기관의 움직임

제4장 음소와 변이음

제5장 닿소리

제6장 홀소리

제7장 운소 체계

제8장 음절

제9장 음운의 변동

제10장 음운 변동: 음절 짜임새 맞추기

제11장 음운 변동: 머리소리 규칙

제12장 음운 변동: 닿소리 이어 바뀜

제13장 음운 변동: 닮음

제14장 음운 변동: 줄임

제15장 음운 변동: 없앰

제16장 음운 변동: 똑똑한 표현 발음

제17장 변동의 규칙과 한글 맞춤법

제1장

한국어 음운 교육의 방법

1. 발음 교육의 현상

언어학자들은 모국어의 말소리인 닿소리와 홀소리는 7세쯤이 되면 거의 습득되는 것으로 설명하고 있다. 발음은 습득과정에서 일찍 굳어지므로 발음 교육은 어린이부터 체계적이고 계획적으로 하는 것이 중요하다. 모국어의 습득과 한국어 습득은 근본적으로 다르다. 그렇지만 모국어의 발음 교육도 한국어의 발음 교육에서 하는 것처럼 처음부터 단계를 정하여 체계적으로 학습해야 한다.

한국어 사용자인 우리들은 표준 발음에 대한 교육을 어떻게 받아 왔으며, 표준 발음에 대한 관심을 어느 정도 가지고 있는가를 생각해 봐야 한다. 또 한국어 사용자들은 표준 발음에 대한 필요성과 표준 발음의 현실도 생각해 봐야한다.

〈발음 필요성〉 표준 발음 교육에 대한 필요성은 다음 몇 가지에서 찾을 수 있다. 표준 발음은 원만하고 성공적인 사회생활을 해나가기 위하여 필요할 뿐 아니라, 국가의 언어 정책적인 차원에서 대단히 중요하다. 말이 존재하는 이유는 말뜻의 전달과 이해인데, 발음이 바르지 않으면 의사소통에 장애가 생기게 된다. 또한 표준 발음의 보급은 지역 감정을 극복하고, 국민 화합과 총화를 이룩하는 지름길이 된다. 표준 발음은 교양인의 자격 요건이며, 사람의 인품을 돋보이게 한다[1].

〈발음의 현실〉 첫째, 일선 학교에서의 한국어 교육은 독해 및 문법 교육이 주가 되는 문자 중심이다.

둘째, 국가 차원에서 표준 발음 교육과 보급이 잘 되고 있지 않으며, 교사는 표준 발음 교육을 체계적으로 할 수 있는 자료가 부족하다.

셋째, 한국어 사용자는 표준 발음의 중요성에 대한 인식이 부족하다.

넷째, 한국어 사용자들은 외국어의 표준 발음은 교육해야 한다며 한국어의 표준 발음에 대해서는 관심이 없다.

2. 발음 혼란의 원인과 문제 극복 방법

첫째, 학교의 글말(문자) 중심의 한국어 교육

발음의 무질서와 혼란은 글말을[2] 중심으로 해 온 학교의 한국어 교육 내용이 가장 큰 원인이라고 할 수 있다. 학교에서의 한국어 교육은 소리말(음성)을 제쳐 놓고 글말에만 역점을 두는 경향이 있다. 학교에서 한국어 교육의 형태는 맞춤법, 낱말 뜻풀이, 독해 학습에 치중해 온 것이 대부분이다. 학교에서 한국어 교육을 그렇게 해 온 이유는 입학시험 위주의 한국어 교육을 하기 때문이다. 하지만, 학교 교육에서 표준 발음 교육이 소홀해지면 세대 간에 발음 차이가 생겨 우리가 추구하는 발음의 표준화가 될 수 없다.

둘째, 방언 진출과 표준 발음 무관심

국가에서는 나라마다 정치·사회·문화의 중심지에서 쓰는 말과 역사적으로 잘 다듬어진 말을 표준말로 삼는다. 표준말은 언어의 통일을 이루고, 언어생활의 극대화를 이루고 있다. 또 표준말은 그 나라의 대표적인 언어로서 다

---

1) 옛 중국에서는 사람의 평가 기준을 신체(身), 소리말(言), 글(書)로 삼았다.
2) 말에는 입으로 소리 내어 귀로 듣는 소리말(spoken language)과 눈으로 보는 글자 중심의 글말(written language)의 두 종류가 있다. 그런데 이 두 말 가운데 소리말은 역사적, 사용량, 언어습득 순서로나 글말에 비해 우선 해 왔다.

른 지역의 방언에 비해 우월한 위치에 있어야 한다. 우리나라에서는 지역 방언이 대규모로 표준말권에 진출하여 정착함에 따라 표준말의 권위가 떨어져 있다. 학교에서의 표준말과 표준 발음 부재로 인해 표준말 사용의 인식이 극히 낮아 있는 형편이다. 지역 방언의 지위 향상과 표준말 권위의 실추는 바로 발음 혼란의 원인이 되었다.

실제로 각 지역 방언의 체계는 서로 다르다. 표준말의 음소 체계와 경상도 방언의 하위 지역어 체계는 크게 다르다. 우선 홀소리 음소를 보면, '표준 발음법'에서 홑홀소리 음소는 10개이고, 겹홀소리 음소는 11개이다. 그런데 경상도 방언은 하위 지역에 따라 홑홀소리는 6~8개를 보이고 있고, 심지어 겹홀소리 5음소밖에 안 되는 하위 지역도 있다.

셋째, 방송 매체의 발음 현실

발음이 혼란스러운 또 하나의 원인은 방송 매체의 언어에 대한 무관심에서 찾을 수 있다. 방송 매체에서는 방언 발음이 거침없이 나가고 있는 실정인데, 이는 표준 발음과 표준말을 보급하는 데에 큰 어려움이 된다.

그래서 우리나라에서도 방송 언어를 심의하는 강력한 기구가 만들어져야 함이 마땅하다. 방송 매체마저도 표준 발음에 관심이 없어진다면, 이 같은 현상들이 겹쳐 자연히 표준 발음 교육에 더욱 더 어려움을 겪을 것이다.

넷째, 발음 교육 문제의 극복 방법

필자는 국가 차원 및 학교에서 한국어 발음 교육 문제를 극복할 수 있는 몇 가지를 제안해 본다.

① 표준 발음 교육을 위한 참신한 교수·학습 방법이 연구 개발되어야 할 것이다.

② 표준 발음 교육을 위한 다양한 학습 기자재 및 프로그램(음성 교육용 컴퓨터 프로그램 등)이 개발되어야 한다.

③ 국가적인 차원에서 표준 발음 교육과 보급을 위한 적극적인 정책을 펴

야 한다.

④ 대학교의 한국어교육과에서 철저한 음성 언어 교육을 해야 한다.

⑤ 국가의 교육 방송국에서 표준 발음 교육을 체계적으로 해야 한다.

⑥ 7세가 되면 모국어가 습득되므로, 초등학교 저학년에서부터 철저한 발음 교육을 해야 한다.

앞에서 언급한 이런 내용들은 표준 발음 교육의 현상이다. 또한 실제로 우리들은 이런 표준 발음 현상을 경험하고 있다. 이런 현상이 나타난 중요한 원인은 일선 학교의 표준 발음 교육의 부재라 할 수 있다. 일선 학교에서 표준 발음 교육은 체계적이지도 과학적이지도 못하다. 교사는 표준 발음을 교육할 수 있는 효과적인 방법을 잘 모르는 면도 있고, 또 표준 발음 교육에 대해서 적극성이 부족한 면도 있다.

발음 교육 방법은 학습자들이 스스로 정확히 발음을 할 수 있을 때까지 되풀이해서 연습하는 것이 중요하다. 또 학습자들이 말하고 들을 수 있는 기회를 많이 주어야 한다.

3. 음운 발음 교수·학습 유형

발음 교수·학습 유형은 많이 소개되어 있다. 그러나 발음 교수·학습 유형 가운데서 두 가지만을 제시해 본다. 첫째는 '5단계 발음 교육 교수법'이고, 둘째는 '변형된 직접 교수법'이다. 이 두 가지의 교수법은 발음 교육에 적용할 때 장점을 많이 가지고 있다. 발음 교육에서는 듣기와 말하기 학습을 할 때 무엇보다 학습 내용을 되풀이하는 연습이다. 이 두 가지의 교수법은 이런 학습의 특징을 가지고 있다. 때문에 이 두 가지 교수법에 대해 논의하도록 한다.

가. 5단계 발음 교육 교수법

일반적인 발음 교육 방법은 '발음 진단 및 분석, 발음 설명, 청취 훈련, 발음 훈련'의 단계로 이루어져 있다. 모형은 학습자의 표준 발음 정도를 진단하고 분석하여 잘못된 발음을 찾아 올바른 발음 방법을 설명하고, 발음 연습을 하고, 청취 연습과 발음 연습을 병행하는 것이다. 발음 교육 방법은 기능을 습득시키되, 그 발음 원리가 적용되는 과정을 습득시킨다(임성규: 1996, 226~228).

그러나 일반적인 발음 교육 방법과는 달리 '5단계 발음 교육 교수법'은 다음과 같은 순서로 이루어진다.

- 1단계: 발음 진단 및 분석(발음조사표)
- 2단계: 발음 설명하기(이론적 탐구)
- 3단계: 듣기 훈련하기
- 4단계: 말하기 훈련하기
- 5단계: 낱말이나 문장으로 연습하기

구체적인 발음 교육의 절차에 대한 설명은 아래와 같다.

1단계로, '발음 진단 및 분석'에서는 발음 조사표를 이용하여 조사한다. 학습자의 발음 오류 실태를 조사하여 올바른 발음 학습이 이루어지도록 하는 것은 매우 중요하다. 여기에서 발음 조사표는 발음 교육 대상 각 개인의 현재 발음 상태가 그대로 반영될 수 있도록 작성되어야 하고, 조사내용이 발음 교육에 반영할 수 있도록 작성되어야 한다.

2단계로, '발음 설명하기'는 학습자들에게 발음 규칙을 탐구적인 방법으로 찾아보게 하고, 발음의 지식을 습득하게 하는 단계이다. 발음 지도에 적용되는 언어 지식은 음운 규칙과 관련된다. 이러한 음운 규칙을 많은 예를 통해 발견하도록 할 수 있다. 규칙을 발견하고 나면 음성학적이고, 음운론적인 이론적인 측면을 설명할 수 있다. 여기에서는 구체적이고 자세한 설명을 하여야 한다.

3단계로, '듣기 훈련하기'는 먼저 목표로 정한 지도 내용이 제시되고, 학습자가 이 소리를 주의 깊게 듣게 된다. 여기서 물론 교사가 표준 발음으로 정확히 제시하지 못한다면 그 효과를 기대할 수 없다. 이때는 다른 시청각 자료를 통해 정확한 발음을 제시해 볼 수 있다. 이 과정에서는 '말소리 정확히 듣기'와 '들은 것을 받아 적기'로의 절차로 나누어 살펴볼 수 있다. 발음하지 못하는 소리는 듣지 못하므로 훈련은 그 반대로 자주 들음으로써 소리의 청각적인 차이를 인식하게 해야 한다. 표준어 음성 테이프나 CD, 교사의 음성으로 표준어와 비표준어를 들려주고 그 차이를 알게 하거나 받아쓰기를 시킨다. 그 다음 들은 소리인 낱말과 문장을 통해 정확한 소리로 발음 연습을 한다.

4단계로, '말하기 훈련하기'는 실제로 발음을 시도해 보는 단계이다. 학생들의 발음 시도를 돕기 위하여 혀의 자리, 혀의 높낮이, 입술 모양을 나타내는 사진, 동영상, 그림 등의 보조 자료도 함께 제시된다. 학습자들은 교사의 발음을 따라 발음하는 훈련에 들어가며, 친구들끼리 서로 정확한 발음을 하도록 돌아가면서 발음하는 모둠별 활동을 할 수도 있다.

5단계로, '낱말이나 문장으로 연습하기'에서는 이미 학습한 말소리가 들어 있는 낱말이나 문장을 찾아서 훈련하는 단계이다. 또한 실제 발화 상황에서 정확히 발음할 수 있도록 지도해야 한다.

나. 변형된 직접 교수법

'직접 교수법'이 처음 등장한 것은 1893년 라이스(Rise)에 의해서지만, 본격적으로 연구된 것은 1960년대 오리건 대학에서 결손 아동들을 대상으로 구안한 직접 교수 유형(direct instruction model)에서 비롯되었다.

'직접 교수법'은 언어 사용에 대한 개념적 지식과 절차적 지식 교육을 강조하여, 내용 체계를 본질과 원리로 새롭게 제시하였다. 교사는 학생들에게 단순한 기능이나 전략을 소개할 뿐만 아니라, 그것이 무엇이고 왜 필요하며, 언제, 어떻게 사용하는지를 시범을 통해 보여주거나 직접 설명해 준다.

'직접 교수법'은 말하기와 듣기 능력의 중요성을 강조하고 정확한 발음 습득을 매우 중요하게 여겼다. 이 교수법은 학습자들이 모델이 되는 발음을 듣고 반복하고 따라 하면서 자연스러운 발음을 습득하게 된다고 설명한다. 이 교수법은 외국어 학습 현장에서 원어민 화자의 발음이나 녹음되어 있는 테이프, CD를 듣고 따라 하는 방식이 널리 쓰이고 있다.

우리나라에서는 '직접 교수법'은 제6차 교육과정부터 등장하기 시작했다. 즉 제6차 교육 과정의 '직접 교수법'은[3] 언어 사용 기능 신장의 효과적인 지도를 위해 보먼(Baumann)이 제시한 5단계 교수·학습 모형[4]를 적용해서, 곧 '설명하기 → 시범 보이기 → 질문하기 → 활동하기'의 과정을 밟아 지도하도록 하고 있다(교육부:1996).

그러나 '변형된 직접 교수법(박정수, 1997:178)'은 제6차 교육과정의 '직접 교수법'을 변형시켜서 새로운 '변형된 직접 교수법'이다.

- 1단계: 발음 설명과 지식 습득
- 2단계: 발음 시범과 듣기

---

3) '직접 교수법'은 어느 영역보다도 읽기 영역 지도에 적용하는 것이 효과적이라 할 수 있다. 왜냐하면 제6차 읽기 교과서는 원리 학습과 관련된 내용이 먼저 나오고, 그 이후에 적용 학습을 위한 본문이, 마지막으로 심화 학습을 위한 내용이 나온다. 이는 원리에 대한 충분한 학습 이후에 활동을 하게 함을 강조하고 있는 '직접 교수법'의 원리가 잘 반영된 것이라 보기 때문이다.

4) 보먼(Baumann)이 제시한 '안내 → 예 → 직접 교수 → 교사의 주도적 적용 → 학생의 독자적 연습'의 5단계 수업 과정을 적용한 것임.

- 3단계: 발음 연습
- 4단계: 발음의 심화

원래 '직접 교수법'의 적용 가치는 언어 사용에 대한 개념과 지식 영역을 지도할 때에 효과가 있다. 그렇지만 '변형된 직접 교수법'을 발음 지도에 적용하면 더 가치가 있다. 왜냐면 '변형된 직접 교수법'은 발음 영역을 지도할 때 활용하기 좋도록 만들어 놓았기 때문이다.

학습 단계의 구체적인 내용은 다음과 같다.

1단계로, '발음 설명과 지식 습득'에서는 먼저 표준 발음 실현 실태의 진단 및 분석을 통해 발음 문제점을 추출한다. 그 다음 지도하고자 하는 발음 내용에 대해 체계적인 음운론적 지식과 발음 교육 방법5)을 통해 표준 발음을 구사 할 수 있는 능력을 기른다.

2단계로, '발음 시범과 듣기'에서는 교사가 지도하고자 하는 내용에 대해 표준 발음으로 시범을 보이거나(또는 교육 기자재 활용) 비표준 발음을 들려주어 표준 발음을 인식하게 하거나 그 차이점을 알게 한다.

3단계로, '발음 연습'에서는 정확한 음가의 발음을 연습한다.

4단계로, '발음의 심화'에서는 음운 환경이 동일한 다양한 낱말 및 문장의 발음을 통해 발음의 자연성을 익힌다. 자신의 발음 내용을 녹음하여 다시 들어 보아 문제점을 파악하여 반복하여 발음을 연습하는 단계이다.

그리고 발음 교육에서는 학생들의 언어활동에 대해 적극적인 피드백을 주어야 한다. 학생의 답에 맞고, 틀리다는 형식의 피드백이 아니라, 학생들이 즐겨 언어활동에 즐겨 참여하고, 자신의 언어에 대해 느끼고 자신감을 가지도록 하는 적극적 권장 형식의 피드백이 필요하다.

---

5) 말의 낱소리인 음소 지도의 경우는 말소리의 변별 바탕인 '자리, 방법, 입술 모양, 힘'의 요소를 중심이다.

1. 음성학과 역사

사람이 소리를 실현하기 위해서는 어떤 발음 기관을 움직이게 된다. 이것을 발음 운동이라 한다. 이 발음 운동에 의해 소리가 실현되는데 이는 음성(말소리)이라 한다. 음성은 언제나 발음 운동에 의해서 나게 된다. 발음운동과 발음의 청취에는 훈련이 필요하다. 음성학은 음성과 발음 운동을 대상으로 해서 연구하는 학문이다.

말은 '소리'와 '뜻'으로 되어 있다. '소리'는 말의 형식이고, '뜻'은 말의 내용이다. 또 말소리의 최소 단위는 '음소'이다. 말은 계층적인 조직으로 되어 있는데, 곧 '음소-음절…형태소-낱말-어절-월'로 되어 있다. 음운학의 위치는 문법(형태, 통사), 의미의 연구를 위한 기본적인 바탕이다.

음성학의 역사는 동서양을 통해 오래되었다. 그 원인은 말(Language)에 있어서 소리의에 대한 관심이 가장 크기 때문이다. 근대에는 예스퍼슨, 존즈 등에 의해 음성학 학문이 정착되었다. 20세기의 쿠르트네이, 사피어, 트루베츠코이 등은 두 개의 소리가 존재한다는 것을 인식하게 되어서 음성학에서 음운학이 분화되었다.

우리나라의 음성학은 훈민정음 창제 이후부터 시작되었고, 특히 세종 때에 전성기를 이루었다. 이는 중국의 운학에서 크게 영향을 입었다. 특히 한글은 소리의 발음 기관을 본떠서 만들었고, 오음 곧 어금닛소리, 혓소리, 입술소리, 잇소리, 목구멍소리이다. 그 이후 음성학은 오히려 뒤떨어졌다. 그러나 주시경(1876년~1914년)에 와서 현대 음성학이 다시 시작되었고, 닿소리와 홀소리에 대한 이름이 붙여졌다. 1980년 이후에 컴퓨터나 음성 기계의 도입과 발전으로 음성학의 연구가 활발해졌다.

2. 음성학과 음운학

〈음소〉 음성은 실제 발음으로 구체적인 소리이다. 예로 비빔밥[piβimbap˺]의 '[p], [b], [β], [p˺]'이다. 음성은 특정 언어에서 변별 단위로 구실하지 못하는 구체적인 소리 단위이다.

〈음운〉 음소는 말소리가 머릿속에 기억된 추상적인 소리이다. 음소는 음성인 '[p], [b], [β], [p˺]' 네 개 음성을 하나의 소리로 묶인 '/p(ㅂ)/'이다. 이 음소는 의미 분화에 작용하는 변별적인 최소 단위 소리이다. 예를 들어 '물, 불, 풀'에서 '/m(ㅁ), p(ㅂ), pʰ(ㅍ)/'처럼 낱말의 의미 차이를 가진다.

가. 말의 두 면

사람의 말(Language)은 아주 이질적인 두 면이 있다. 곧 랑그(Language)과 빠롤(parole)이 있다.

```
          ┌── 랑그(갈무리된 말)  → 음소(phonology)
   말 ────┤
          └── 빠롤(부려쓰인 말)  → 음성(phonetics)
```

[표 1] 랑그와 빠롤의 다름

랑그(Language)	빠롤(parole)
• 갈무리된 말 • 심리적·정신적 • 사회적 • 유한적	• 부려쓰인 말 • 물리적·생리적 • 개별적 • 무한적

나. 소리의 두 면

사람의 '소리(sound)'도 이질적인 두 면이 있다. 소리에는 소리2(음성)과 소리1(음운)이 있다.

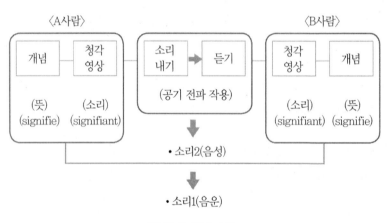

[그림 1] 말의 순환

곧, 소리(Sound)는 둘로 나누어진다. 소리1(Langue)의 연구 대상은 '음운론'이고, 소리2(parole)의 연구 대상은 '음성학'이다.

[표 2] 음성과 음운의 다름

음성 (소리2)	음운 (소리1)
• 밖으로 나타난 것 • 생리적·물리적 작용 • 구체적으로 귀로 청취되는 부정할 수 없는 소리는 • 부정할 수 없는 소리 • 무한의 세계 • 소리 바탕의 총체	• 내재적인 것 • 심리적·정신적 작용 • 머릿속에 있는 추상적 소리 • 유한의 세계 • 소리 바탕의 추상화

머릿속에 기억된 소리는 식별도 잘 되고, 실제로 발음도 할 수 있다. 머릿속에 기억되어 있지 않는 소리는 구별하여 듣지도 못하고 발음도 못한다. 경남 중·동부 지방의 방언 화자들은 '/ㅅ/'만 음소로 기억하고 있어, '/ㅆ/' 음소는 실제로 듣지도 못하고 발음도 하지 못한다.

[보충] 발음 교육을 할 때 유의점

음성학자들이 발음 교육을 할 때 유의점이 있는데, 이에는 다음의 4가지이다.

① 말소리의 '듣기'와 '들림'을 분명히 구분하라고 강조한다.

② 말소리를 들을 때는 소리 그 자체를 객관적으로 들어서, 소리의 실제 세계에 들어가야지, 만약에 소리를 철자법을 통해서 들으려 한다거나, 어떻게 들린다고 생각하는 태도는 바람직하지 못하다고 한다.

③ 이러한 지적은 음성과 음운의 차이, 또는 음운이 머릿속에 기억되는 과정상의 문제와 관련이 있는 경우이다.

④ 소리를 들리는 대로 듣지 않고 어떻게 들린다고 생각하는 것은 소리를 음성으로 듣지 않고, 객관적인 소리의 실체를 귀로 듣는 것이 아니다. 곧 음운을 머리로 듣는 것을 뜻한다.

다. 음성·음운학 연구의 목적

현실적으로 우리나라에서는 음성학의 연구가 천대시되고 있다. 이것은 촘스키(chomsky) 변형문법의 바람이 너무 세기 때문이다. 이렇게 됨에 따라 우리나라 한국어 교육에서 표준 발음 교육 분야에 문제가 등장했다. 이와 같은 문제를 해결하기 위해서는 교육대학교나 사범대학 한국어교육과에서 음성학 강좌를 꼭 개설하여 철저한 음성언어(소리 말) 교육을 해야 한다.

첫째, 한국어 교육을 위해서 음성학은 중요하다. 한국어 교육은 정확한 발음에서부터 시작되어야 한다. 한국어 시간에 학생들에게 낱말 뜻이나 가르치는 정도의 교육이 되어서는 안 된다.

둘째, 한국어 발음 교육은 외국어 학습에 필요하다. 발음법을 철저히 익혀 두면 외국어를 능률적으로 학습할 수 있다.

셋째, 언어 장애자의 교육을 위해서도 필요하다. 우리는 이와 같은 데서 음성학의 실용적인 가치를 발견할 수 있다. 곧, 음성학은 한국어 교육의 시발점이 된다.

3. 음성학 연구의 목표와 방법

음성학 연구는 소리 하나 하나의 본바탕을 남김없이 자세히 파헤치는 것을 목표로 삼고 있다.

가. 말소리 연구의 세 방면

말소리 연구는 소리 내기와 듣기의 과정만을 대상으로 해 왔는데, 그에는 세 가지가 있다.

첫째, 발생 음성학(생리 음성학)이 있다. 이는 소리 내는 과정을 면밀히 관찰하는 방법으로 연구한다. 음성학 연구의 방법 중 가장 대표적이고, 연구의 역사가 가장 오래되었고 연구 방법이 용이하다.

둘째, 청취 음성학이 있다. 이는 말소리를 들은 인상을 자세히 기술하는 방법으로 연구한다.

셋째, 음향 음성학(실험 음성학)이 있다. 이는 음파의 성질을 자세히 파헤치는 방법으로 연구한다. 이 연구에 있어서 물리학적인 이론과 다양한 물리 기계가 많이 동원된다. 곧 음성 분광 사진기(sound spectrograph)로 연구하는데 미국에서 집중적으로 연구하는 방법이다.

특히 청취 음성학과 음향 음성학(실험 음성학)의 연구 방법은 대단히 어렵고, 일반적으로 발생 음성학(생리 음성학)을 선호한다.

나. 음성학 관찰의 방법

〈주관적인 방법〉 이 방법은 자기의 감각에만 의지하는 것이다. 즉 음성 기관의 움직임을 말할이 자신이 판단하거나 또는 소리를 듣고 판단하는 것이다. 이것은 순수한 객관성을 가지지 못하는 약점이 있다. 이에는 '발생 음성학, 청취 음성학'이 있다.

〈객관적인 방법〉 이 방법은 기계를 사용하여 연구하는 방법이다. 곧 이는 말소리의 성질을 기계로 파악하는 방법이다. 연구자의 주관적인 점을 배제할 수 있는 장점도 있다. '발생 음성학, 음향 음성학'이 있다.

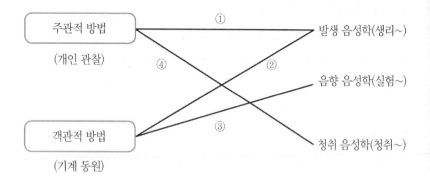

위의 ①은 주관적 방법(개인 관찰)과 발생 음성학(생리)으로 연구한다. 이는 연구자들이 음성학 연구에 대하여 대부분 택하는 방법이다.

②는 객관적 방법(기계 동원)과 발생 음성학으로 연구한다. 음성학 연구에 쓰이는 기계는 인공구개, 후두경, X선 사진 등이다. 이는 혀의 곡선 움직임을 관찰한다.

③은 객관적 방법(기계 동원)과 음향 음성학으로 한다. 이 연구에 많이 쓰이는 것으로 음성 분광 사진기(sound spectrgraph)가 있다. 미국에서의 음성학 연구는 주로 이 부분에 집중되어 있다.

④는 주관적 방법(개인 관찰)과 청취 음성학(실험)으로 연구한다. 개인의 주관적인 판단이나 인식을 주로 하기 때문에 연구 성과가 미진한 분야이다.

제3장

음성 기관의 움직임

음성 기관은 말소리 내기에 관여하는 인체의 모든 생리적 부위다. 말소리를 내는 데 관여하는 음성 기관은 세 부분이 있다. 첫째 발동부는 폐(부아)를 중심으로 말소리의 생성에 필요한 공기를 움직이게 하는 곳이다. 이 곳은 기류(에너지)가 처음 시동되는 자리이다. 둘째 발성부는 목청을 둘러싸고 소리를 내는 곳인데 울림(유성) 실현에 관여한다. 셋째 발음부는 입안-코안을 둘러싸고 소리를 다듬는 곳이다. 음성 기관의 구체적인 인체의 모든 생리적인 부위는 아래와 같다(구현옥, 2010:44 재인용).

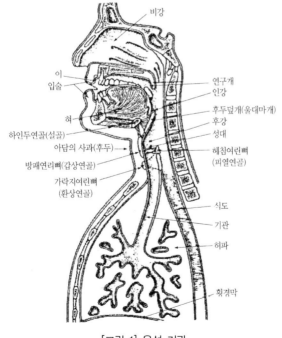

[그림 1] 음성 기관

1. 발동부

〈발동부와 발동〉 말소리의 생성에 필요한 공기흐름(기류)을 일으키는 곳이다. 오르간은 공기를 불어 보내지 않고서는 소리가 나지 않는데, 사람의 말소리도 이와 같이 공기를 불어 보내지 않고서는 소리가 나지 않는다. 곧 이곳이 발동부이다. 발동부에는 세 곳이 있다. 이는 폐(부아소리), 목청(목소리), 입안(입안소리)이다. 발동하는 이 세 곳은 공기(기류)를 일으키는 자리이다. 공기의 방향도 '날숨'과 '들숨'이 있다. 날숨은 발동부에서 일어난 공기가 몸밖으로 나가는 숨이고, 들숨은 발동부에서 일어난 기류가 몸 안으로 들어오는 숨이다. 곧 날숨 소리는 몸 안에서 밖으로 불어내는 공기를 이용해서 내는 소리이고, 들숨 소리는 몸 밖에서 안으로 들이키는 공기를 이용해서 내는 소리다.

〈발동부와 공기에 따른 소리〉 우리가 내고 있는 대부분의 소리는 날숨폐소리이다.

① 날숨폐(부아)소리: 폐에서 몸 밖으로 나오는 공기로 내는 소리인데, 우리가 내고 있는 대부분의 말의 소리가 이에 속한다. 나머지 다섯 가지 소리는 별로 중요하지 않다.
② 날숨목소리: 두 목청을 꼭 붙여 성문을 꼭 닫고, 목청 전체를 위로 치켜올려 공기를 밖으로 터뜨려 내는 소리다. 영어의 'up, get, look'의 끝 [p. t. k]을 프랑스 사람이 발음할 때 낸다.
③ 날숨입안소리: 정상적인 말소리에는 쓰이지 않는다. 혀의 뒤쪽을 목젖 가까이 여린입천장에 꼭 붙여 완전히 막고, 여린입천장(연구개)과 혀를 앞으로 내밀어 공기를 밖으로 불면서 내는 소리다. 침 뱉는 형용을 하면서 입술을 터뜨려 내는 소리이다.

④ 들숨폐(부아)소리: 정상적인 말소리로는 쓰이지 않고, 공기를 폐에 들이키면서 내는 소리다. 이에는 매운 것을 먹었을 때 내는 소리가 있다.

⑤ 들숨목소리: 입안을 닫고 성대를 아래로 내리면 공기가 입안으로 빨려 들어오게 되는데, 이 공기흐름으로 입안 발음부의 막음을 열어서 내는 소리이다. 국어에는 나타나지 않고 아프리카 언어, 미국 인디안, 동남 아시아 언어에서 사용한다.

⑥ 들숨입안소리: 입안의 앞뒤(앞−입술과 혀끝, 뒤−여린입천장)를 막고 혀 뒤를 내려 공간을 확장시키면 공기가 빨려 들어오게 되는데, 이 때 입안 막음을 급히 풀어서 내는 소리이다. 곧 입안에 공기를 빨아 들여 내는 소리이다. 보기로 혀 차는 소리의 '쯧쯧', 키스할 때 나는 소리다.

[표 1] 날·들숨 여섯 가지 소리

기류 자리	날숨	들숨
폐(부아)	① 날숨폐(부아)소리 (대부분의 말소리)	④ 들숨폐(부아)소리 (매운 것을 먹었을 때나, 이가 시릴 때 내는 소리)
목	② 날숨목소리 (두 목청을 닫고 동시에 콧길을 막으면서 후두 전체를 위로 치켜 올려서 공기를 밖으로 터뜨리는 소리)	⑤ 들숨목소리 (입안을 닫고 성대를 아래로 내릴 때 빨려 들어온 공기가 입안의 막음을 열어서 내는 소리)
입안	③ 날숨입안소리 (두 입술을 풀럭거려 내는 소리)	⑥ 들숨입안소리 (입맞추는 소리, 혀차는 소리)

[표 1] 이 6가지 소리의 분류 방법은 고려의 가치가 전혀 없다. 발동부의 직용은 말소리를 분화하는 데는 그리 중요하지 않기 때문이다. 그러므로 이 부분은 말소리를 기술하는 데는 그리 중요하지 않은 것이다.

2. 발성부

발성부는 목청의 움직임으로 몇 가지 소리가 나게 된다. 폐에서 발동된 기류는 말소리의 성격을 띠지 않는다. 변형된 말소리 성격은 후두의 작용에 의해 띠게 된다. 성대는 마주보고 있는 한 쌍의 근육으로 되어 있어서 공기가 지나가는 통로를 열고 닫을 수 있다. 목청(성대)의 움직임은 두 입술의 움직임과 견주어서 생각하면 잘 이해될 것이다.

남자의 성대는 여자보다 길어서 성대를 둘러싼 방패 여린뼈(갑상연골)가 다소 각진 모양을 띠어 겉으로 보아 목 앞부분이 튀어나온 모양을 하고 있으며, 성대는 저음을 생성한다. 남자에게는 1초당 80~200번 정도로 진동하고, 여자는 220~400번까지 진동한다. 성대는 사람마다 그 생김새가 조금씩 다른데 이런 차이에 의해 사람마다 목소리가 다르다. 이처럼 목청(성대)에 의해 일어나는 모든 종류의 공기 조정 작용을 '발성'이다. 발성이 일어나는 곳을 '발성부'라 한다.

목청(성대)의 움직임으로 나는 몇 가지 소리 중 국어에서 정상적인 소리의 구실을 하는 것은 '울림소리(유성), 안울림소리(무성), 갈이소리(마찰)' 3개밖에 없다. 곧 이것들은 소리를 내는 데에 중요한 구실을 한다. 발성부는 정상적인 말소리를 여러 가지로 분화하는 구실을 하기 때문에 발동부보다는 좀 더 중요한 위치이다. 목청에서 나는 소리를 설명해 본다.

〈목청터짐소리(성대파열음)〉 발성부에서 목청터짐소리가 있다. 이는 두 입술을 꼭 닫고 공기를 내뿜으면 입술이 터지면서 소리가 나오게 되는데 이와 비슷한 방법으로 목청을 터뜨리는 소리가 '목청터짐소리'이다. IPA(국제음성부호)로 [ʔ]로 적는다. 매우 놀랐을 때 '앗[ʔat˺]'하는 소리는 그 첫머리에서 목청터짐소리로 시작해서 끄트머리에서 꼭 닫는다. 이때도 소리 효과는 있다.

한국어의 '밥([pap˺])'의 [ㅂ]소리에서의 첫 [ㅂ]은 입술을 터뜨릴 때 들리는 소리이고, 끝의 [ㅂ]은 입술을 닫을 때에 나는 소리이다. 이 두 소리를 [ㅂ]으로 적듯이, 목청 이 두 소리도 [ʔ]로 적는다. 한국어의 된소리는 후두 근육을 켕기(팽팽하게 됨)면서 내는 소리이고, 터짐소리의 [ㄲ, ㄸ, ㅃ, ㅉ] 등은 입안의 터짐(파열)과 동시에 목청 터짐을 수반하는 일이 있다. [pʔ, kʔ, …], [ʔp, ʔk, …]의 소리인데 실제 된소리 표기는 [t˺] 소리이다. 또 목청터짐소리는 정상적인 음소의 구실(존재) 못하고 있으나, 음성의 구실은 하고 있다. 우리말의 된소리는 대개는 음성 기관의 근육, 특히 후두 근육을 켕겨서 (팽팽하게 됨) 내는 소리이다.

〈울림소리(유성)〉 폐에서 공기가 올라오면 그 압력에 의해 성대는 떨어졌다가 다시 붙는 작용을 하게 된다. 이와 같은 작용은 두 입술을 가볍게 닫고 숨을 내뿜으면 입술을 떨어지는 것과 같은데, 여기서 실현되는 이 소리는 '울림'이다. 성대의 울림을 수반한 이 소리 /ㅏ, ㅓ, ㅗ, ㅜ/ 등의 모든 홀소리와 /ㄴ, ㅁ, ㅇ, ㄹ/의 닿소리는 '울림소리(유성음)'이다.

〈안울림소리(무성)〉 목청(성대)을 벌려 성문을 열어 놓고, 공기를 통과시켜서 소리를 내면, 이 때 성대는 울림이 없게 된다. 이 소리가 '안울림소리'이다. 즉 닿소리는 대부분 '안울림소리'인데, 닿소리(자음) /ㄴ, ㅁ, ㅇ, ㄹ/를 제외한 모든 닿소리는 안울림소리에 해당한다.

〈목청갈이소리(마찰음)〉 갈이소리는 목청이 약간 열려서, 공기의 흐름이 목청에서 마찰을 일으키며 내는 소리인데, 즉 우리말의 '하루, 허리, 홀로' 등의 첫소리 /ㅎ([h])/이 해당된다. 우리말의 스침갈이 /ㅎ/은 그 갈이가 그리 똑똑하지 않고 꼭 목청에서만 나는 것 같지도 않으며, 오히려 상당히 넓은 입안 통로를 공기가 지날 때에 인두나 입안 통로의 전체에서 갈이가 일어나는 듯한 느낌을 주는 소리이다. 즉 '회의'의 [ɸ] 소리다. 그리고 '여행, 영향'의 /ㅎ/ 울림소리는 [ɦ]이다.

〈중얼거림소리〉 목청이 더 접근하여 떨어 울고, 탄력성이 없고, 혜침 여린뼈(파열연골) 사이의 목청의 가장자리가 약간 열려서 목청의 떪이 불완전하게 일어나는 소리를 '중얼거림'이라 한다.

〈속삭임소리〉 '목청 성문'이 닫히고, '연골 성문'에 틈이 생겨서, 여기에서 예리한 갈이소리가 들리게 되거나, 성문을 좁히고, 목청을 캥겨서 떨어 울지 못하게 하고서 공기를 내뿜게 되면, 여기서 예리한 갈이소리가 들리게 된다. 이 소리는 '소곤소곤'이다.

〈짜내기소리〉 홀소리를 최대한 낮은 높이로 발음하면 성문이 거의 다 닫히고 방패여린뼈에 근접한 부분에만 좁은 틈이 생기는데 이 틈으로 기류가 통과하면서 나는 소리이다.

[표 2] 발성부에서 분화되는 소리

발성부	성대의 성문이 근접한 상태	울림소리(유성) (홀소리, 닿소리 /ㄴ, ㅁ, ㅇ, ㄹ/, 울림소리 사이의 /ㄱ, ㄷ, ㅂ, ㅈ/)
	성문이 완전히 열린 상태	거센소리(격음) (거센소리 /ㅋ, ㅌ, ㅊ, ㅍ/)
		터짐소리(파열음), 갈이소리(마찰음), 붙갈이소리(파찰음) (말 첫머리의 /ㄱ, ㄷ, ㅂ, ㅈ, ㅅ, ㅎ/)
	방패여린뼈 (갑상연골)부분의 성문은 근접한 상태이나, 헤침여린뼈(파열연골) 부분은 열려 있는 상태	중얼거림소리 (홀소리 사이의 /ㅎ/[ɦ])
		속삭임소리 (옆사람과 작은 소리로 소곤거릴 때 나는 소리)
		짜내기소리 (남자가 소리를 내리깔고 말할 때나, 아주 낮은 가락의 노래를 부를 때 저음부에서 들리는 소리)
	성문이 긴장하여 방패여린뼈 부분만 약간 열려 있는 상태	목청터짐소리(성문파열음) (매우 놀랐을 때 내는 '앗' 소리)

발성부에서 분화되는 소리와 발성의 유형에 따라 성대의 열림 정도를 나타내면 다음과 같다(구현옥, 2010:51).

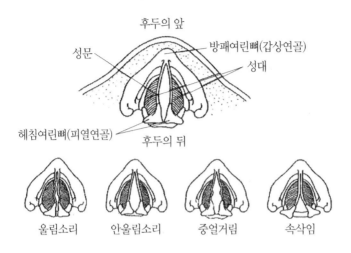

후두의 앞

성문

방패여린뼈(갑상연골)

성대

헤침여린뼈(피열연골)

후두의 뒤

울림소리　　　안울림소리　　　중얼거림　　　속삭임

(구현옥, 2010:51의 재인용)

[그림 2] 목청(성대)과 발성에 따른 열림 정도

3. 발음부(조음부)

발음부는 성대를 넘어선 공기가 다시 위로 올라와서 코나 입을 통하여 밖으로 나오게 되는데, 이 부분을 발음부라 한다. 이 발음부는 발동부나 발성부에 비하면 크게 중요하다. 왜냐하면 많은 소리는 대부분이 발음부에서 분화되기 때문이다. 그리고 발동부나 발성부에서는 극히 적은 소리들이 날 뿐이다. 목청을 넘어온 공기를 변형시켜 특정한 음기를 지닌 말소리로 만드는 작용을 '발음'이라 하고 이러한 발음이 일어나는 곳을 '발음부'라 한다. 발음부가 작용하는 자리를 조음부라 한다. 발음부 중에 입안에서는 빠르게 움직이는 혀와 입술이 있어서 대부분의 말소리가 분화된다. 그러나 코안은 고정되어 있어 목청을 떨어 울려 내는 소리에 대한 공명기의 구실밖에 하지 못한다.

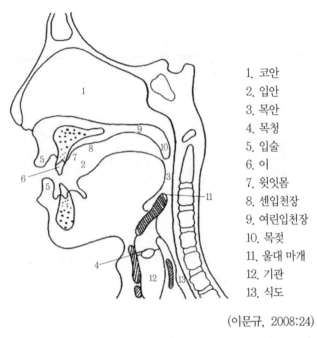

1. 코안
2. 입안
3. 목안
4. 목청
5. 입술
6. 이
7. 윗잇몸
8. 센입천장
9. 여린입천장
10. 목젖
11. 울대 마개
12. 기관
13. 식도

(이문규, 2008:24)

[그림 3] 발음 기관

발음부의 조음부는 다섯으로 나뉜다. 발음기관의 서로 맞서 있는 각 부분이 조음부이다. 조음부는 고정부와 능동부로 나뉜다. 조음부가 맞서 있는 부분의 아래는 능동부이고 위는 고정부이다. 고정부는 윗입술, 윗잇몸, 센입천장(경구개), 여린입천장(연구개), 목젖이 있다. 능동부는 아랫입술, 혀끝, 앞혓바닥, 뒤혓바닥, 혀뿌리로 되어 있다. 고정부는 조음 부분들 가운데 대개는 움직이지 않거나 움직이더라도 능동부보다 덜 민첩한 부분이다. 능동부는 조음 부분 중에서 자유롭게 움직일 수 있는 부분이다.

[표 3] 발음부

고정부	윗입술	잇몸	센입천장	여린입천장	인두벽(목젖)
능동부	아랫입술	혀끝	앞혓바닥	뒤혓바닥	혀뿌리

발음부에는 일차적으로 말소리의 큰 부류인 닿소리와 홀소리가 분화된다. 발음부에서 능동부가 고정부에 닿거나 갈이가 들릴 정도로 가까이 접근하는 움직임을 '막음'이라 한다. 공기의 흐름이 입안의 어떤 자리에서 '막음'을 입은 소리가 '닿소리'이다. 닿소리에는 입안의 막음이 크지 않고 공기가 비교적 순탄하게 통과하는 향음인 /ㅁ, ㅇ, ㄴ, ㄹ/와 장애음인 /ㄱ, ㄷ, ㅂ, ㅅ, ㅈ…/ 등의 소리로 되어 있다.

막음이 없을 정도로 공깃길이 큰 경우를 '홀소리'라 한다. 단 홀소리는 입술이나 혀의 움직임으로 공깃길의 꼴이 약간 바뀐다. 홀소리가 실현될 때 입안에는 막음이 전혀 없는 것이며, 입안에서는 아무런 소리가 나지 않고, 목청을 떨어 울리는 데서 소리가 나게 된다. 홀소리는 /ㅏ, ㅓ, ㅗ, ㅜ, …/ 등으로 되어 있으며, 막음이 없고 목청의 울림이 있는 '울림소리'이다.

닿소리는 발음하는 자리와 방법, 내는 힘에 따라 여러 소리로 나누어진다. 자리에 따라 입술소리, 혀끝소리, 센입천장소리, 여린입천장소리, 목청소리로 나누어지고 방법에 따라서는 터짐소리, 붙갈이소리, 갈이소리, 콧소리, 흐름소리로 나누어진다. 힘에 따라서 예사소리와 후두 근육에 힘을 주어 켕김(긴장)을 가진 된소리, 공기를 세게 내뿜어 거세게 터뜨리게 되면 기(aspirate)가 이어나는 거센소리로 나뉜다.

홀소리는 능동석으로 움직이는 혀의 자리, 혀의 높이, 입술 모양에 따라 분화된다. 곧 혀의 자리에 따라서는 앞홀소리, 가운데홀소리, 뒤홀소리 나누어지는데, 이는 혀가 잇몸에 가까운 쪽과 먼 쪽에 의해서 홀소리가 분화된다. 또 혀의 높이에 따라 높은 홀소리, 반높은-반낮은 홀소리, 낮은 홀소리 나누어지는데 이는 혀와 입천장과의 거리에 의해서 홀소리가 분화된다. 그리고 입술 모양에 따라서는 둥근 홀소리와 안둥근 홀소리로 나뉜다.

이상과 같이 발음부에서 분화되는 말소리는 다음과 같다.

[표 4] 발음부에서 분화되는 소리

발음부	막음 있음	닿소리	발음 자리	입술, 혀끝, 센입천장, 여린입천장, 목청
			발음 방법	터짐, 붙갈이, 갈이, 코, 흐름
			힘	예사, 된, 거센
	막음 없음	홀소리	혀의 자리	앞, 가운데, 뒤
			혀의 높이	높은, 반높은-반낮은, 낮은
			입술 둥긂	둥근, 안둥근

음소와 변이음

1. 음소

가. 음성들의 서로 관계

〈음소와 음성〉 음소(phoneme)는 사람의 머릿속에 기억되어 있는 추상적인 말소리 단위이고, 음성(phone)은 언어 현장에서 실제 사용되는 구체적인 말소리이다.

[표 1] 두 가지 말의 소리

음소	음성
머릿속에 기억된 추상적 말소리	실제 사용하는 구체적 말소리
• 의미의 변별에 관계 • 보편적, 심리적, 유한세계 • 분절적 • 음소(/p/)	• 의미의 변별에 관계없음 • 개별적, 분리적, 무한세계 • 비분절적 • 음성([p]. [b]. [β]. [pˀ])

나. 음성을 보는 눈

소리(음성)를 보는 눈은 세 가지가 있다. 직관적 구별인 심리와 주관이 있고, 소리가 실현되는 분포인 자리가 있고, 말의 뜻을 분화시키는 기능이 있다.

[표 2] 음성의 눈 세 가지

음성의 눈 세 가지	예		
직관적	[pʰ] ⟷ [p] ⟷ [b] 구별 가능 / 구별 불가능		
분포	[pʰ] ⟷ [p] ⟷ [b] 자리 같음 / 자리 다름		
기능	[pʰ] ⟷ [p] ⟷ [b] 변별적(대립) / 비변별적		

〈직관적〉 음소의 판단에는 직관적인 심리·주관이 있다. [pʰ]와 [p] 두 소리 관계는 한국인은 구별하지만 미국인은 구별하지 못한다. 그러나 [p]와 [b]의 두 관계에 있어 한국인은 구별하지 못하나 미국인은 구별 한다. 두 음성의 서로 관계는 객관적인 성질을 가지고 있다. [pʰ]와 [p]는 '과도음(기:氣)'이 있고 없음에 따라 달라진다. 이와 같이 한국인은 '기음(氣音)'이 있고 없음의 소리는 잘 파악하나, 미국인 그러하지 못하다. 그리고 [p]와 [b] 두 소리는 울림의 있고 없음에 따라 달라진다. 미국인은 목청(성대) 떨음의 있고 없음은 쉽사리 구별해서 울림소리를 잘 파악한다. 그러나 한국인은 목청 떨음 있고 없음의 소리를 구별하지 못한다.

여기서 음성에 대한 서로의 관계에 있어 객관적인 성질과 말하는 사람의 주관적인 파악 방법은 반드시 일치하지 않음을 알 수 있다.

〈분포〉 소리가 실현되는 분포 자리에 따라서 소리가 달라진다. [p]와 [b]의 두 관계에 있어, 소리가 실현되는 자리가 전혀 다르기 때문에 같은 환경에서 서로 바뀔 수 없다. 그래서 이 두 소리의 관계를 비변별적이라 한다.

40

〈기능〉 음소는 말의 뜻을 분화하는 기능이 있다. [pʰ]와 [p] 두 소리의 관계는 대립적(변별적)이고, 말의 뜻을 달리하고, 두 음성이 잘 구별된다. 그러나 [p]와 [b] 두 소리는 비변별적이고, 말의 뜻을 달리하지 못하고 구별도 잘하지 못한다.

〈음소와 변이음〉 말소리의 구실은 말의 뜻을 표현하는 것이다. [p]와 [b] 두 음성은 말의 뜻을 표현하지는 못한다. 그래서 [p]와 [b]가 하나의 소리로 뭉치게 되는 것처럼, 두 소리는 하나의 소리로 뭉쳐야 말의 구실을 할 수 있다. 둘 이상의 음성이 말의 뜻을 표현하는 관점에서, 하나의 소리로 뭉쳐진 소리를 '음소(phoneme)'라 한다. 한 음소로 뭉쳐진 두(둘 이상) 음성을 '변이음(allophonic)'이라 한다. 음성의 변이음들이 묶여 음소가 되는 과정은 '[p, b, pʰ] → /p, b, pʰ/ → /p, pʰ/'이다. 곧 음소는 여러 음성의 묶음이다.

〈음소의 정의〉 우리들이 사용하고 있는 말소리는 말의 뜻을 표현하는 것에 큰 존재를 두고 있다. 곧 말소리는 하나의 말을 다른 말과 구별해 주는 데 있고, 말소리의 기능(소임)은 말을 구별하여 주는 데 있다. [p]와 [b] 두 음성은 말의 구실을 다하지 못한다. 이런 두 음성은 말의 뜻을 표현하는 구실을 하기 못하지 때문에 두 소리를 하나의 소리로 뭉쳐버려도 괜찮다.

〈음소〉 음소는 사람의 머릿속에 기억되어 있는 추상적인 말소리 단위이다. 곧 음성들의 묶음을 음소라 한다. 곧 음소는 여러 음성(변이음)들의 묶음이다. 음소는 몇 가지 특징을 가지고 있다.

첫째, 말소리(음성)들은 한 소리로 묶어둘 필요가 있는데, 예로 '비빔밥([pi βimbaPˀ])'의 '/ㅂ/'은 '[p], [β], [b], [Pˀ]' 4개 음성을 하나의 소리로 묶어 /p(ㅂ)/ 음소로 나타낸 것이다. 이는 음성이 말의 뜻을 표현하는 관점으로 하나의 소리로 뭉쳐질 때 그 뭉쳐진 하나의 소리이다.

둘째, 변별적 바탕의 묶음으로서 다른 음소들과 대립된다. 곧 [p](불) : [pˀ] (뿔) : [pʰ](풀)의 이 세 음소가 있는데, [p] : [pˀ] : [pʰ]의 세 소리는 3개의 음소로서 말뜻을 구별하는 소리로서의 기능을 가지고 있다.

다. 음소 파악 방법

음소를 파악하는 학자들의 관점을 살펴보면, 주관적 판단으로 음소를 파악하는 심리적 방법, 심리적인 파악 방법과 정반대되는 관점에서 분포 (자리, 객관적)로 음소를 규정하려는 음성학적 방법, 말뜻 분화로 음소를 파악하는 기능주의적 방법으로 나뉜다(허웅, 1985:63~84).

1) 심리적 방법

쿠르트네이(Courtenay)는 주관적 판단으로 음소를 파악한다. 언어 음성은 물리적인 구체적 말소리와 구체적 말소리가 머릿속에 반영된 정신적인 소리로 구분된다. 즉 '[p], [b]'은 물질적인 소리이고, /p/는 심리적 대등으로 정신적인 소리이다. 쿠르트네이는 이러한 소리의 다름을 착상은 했으나 학문적으로 설명하지 못했다.

비이크(wijk)는 음소는 사람의 정신에 존재하며 더 이상 분석이 불가능한 최소의 단위라 했다.

사피어(sapir)는 쿠르트네이보다 더 나아간 학자이고, 학문적 설명을 했다. 말소리가 존재하는 세계가 둘이 있음을 지적했고, 그 한 가지는 심리적인 것인데 언중의 언어 의식에 쉽사리 떠오를 수 있다고 하였다.

2) 음성학적 방법

존즈(Jones)는 음소를 구체적으로 말한 곳은 없으나, 객관적 방법으로 파악했다. 곧 음소는 '두 음성이 서로 비슷하고, 그 자리가 배타적일 때는 한 음소로 뭉쳐진다'는 것이다. 음성은 상보적 분포이면서 소리가 비슷해야 한다는 조건을 가져야 한다. 그리고 음소는 서로 비슷하면서 그 환경(배치)이 배타적인 몇 개의 음성이 모여서 가족을 이룬 것이다.

3) 기능주의적 방법

트루베츠코이(Trubetzkoy)는 음소는 심리적 성격으로나 음성적 변이에 의해서는 만족스럽게 정의될 수 없고, 말뜻을 변별하는 기능에 의해서만 정의될 수 있다고 한다. '미나리[minaɾi], 개나리[kɛnaɾi]'의 '[mi]와 [kɛ]'는 음운적 대립이다. 각각 이 둘은 변별적 음운적 단위이다. 이들 변별적 음운적 단위들은 더 작은 변별적 음운적 단위들로 분석될 수 있다. '머리[məɾi], 미리[miɾi], 기리[kiɾi]'에서 '[ə] : [i], [m] : [k]'가 이에 해당하다. 이것들을 각각 변별적 음운적 단위인 '음운 대립'이라 하고 있다. 이와 같이 더 이상 쪼갤 수 없는 것을 한 '음소'로 본다.

트루베츠코이의 이런 생각은 '소쉬르'의 언어관에 기반을 두고 있다. 소쉬르의 언어관은 구조주의이다. 곧 언어와 언어를 구성하는 것은 차이(형식)이다. 눈에 안 보이는 이 차이에서 오는 것이 언어라는 구조체를 만들었다. 구조주의는 전체와 관련하여 각 음소의 기능이 중요하다. 트루베츠코이는 구조음운론 방식인데 소쉬르와 마찬가지로 물질적인 것은 완전히 무시했다.

블룸필드(Bloomfield)는 음소는 변별적 소리 바탕의 묶음이라 한다. 형식과 실재에 의한 구조음운론의 방법으로 음운을 연구한다.

4) 종합적 방법(음소 파악)

음소는 한편으로는 여러 변이음들의 묶음이고, 한편으로는 변별적 바탕의 묶음으로서 다른 말들과 대립되어 있음이 그 본질이다.

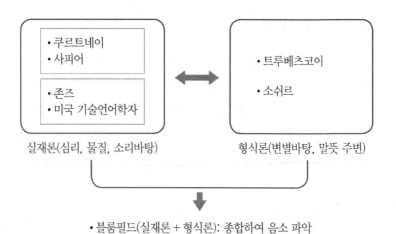

실재론(심리, 물질, 소리바탕)　　　　　형식론(변별바탕, 말뜻 주변)

• 블룸필드(실재론 + 형식론): 종합하여 음소 파악

2. 변이음

'비빔밥([piβ)imbapˀ])'에서 '[p], [β], [b], [pˀ]'는 네 개 서로 다른 음성이
고 변이음이며, /p(ㅂ)/는 네 개 음성이 하나의 소리로 뭉쳐진 음소이다. [p]
와 [b]의 관계를 보면, 두 개의 음성이고, 한 개의 음소이고, 이 두 소리는
말의 뜻을 구별하지 못하고, 이 두 소리는 우리들의 주관적인 판단으로 구별
하지 못하는 같은 소리로 알고 있다.

[p]와 [b]는 말의 뜻을 구별하는 기능이 없기 때문에, 이 두 소리는 하나의
소리로 뭉쳐, 말의 뜻을 가진 소리로 바뀌려는 것이다. 대표 변이음을 가리는
기준이 있는데, 그 쓰이는 환경이 덜 제한된 보편적인 것이어야 하고, 규칙이
간결해야 하고, 설명이 되어야 한다.

첫째, 배치의 제약을 되도록 적게 받는 소리를 잡는다. 예로 /ㅂ/의 변이음
'[p], [b], [β], [pˀ]'의 [b]는 울리소리 사이에서만 나타나는 제약이 있다. 예,
'나비[nabi]'이다. [p]는 그 외 첫소리-비[pi], 먹보[məkˀpo]-에 나타나는

것으로 [b]보다 [p]가 훨씬 자유롭다. 그래서 [p]를 대표 변이음으로 한다. 곧 [p, b] 두 소리가 /p/로 된 것이다.

둘째, 음성적 환경의 영향을 안 입었거나 비교적 적게 입은 것을 으뜸 변이음으로 잡는다. 예로 /ㅅ/의 변이음 '[s], [ʃ], [ɕ]'이 있다. 가운데 [ʃ]는 입술이 둥근 /ɥi, y/ 앞에서, [ɕ]는 /j, i/ 앞에서 나타난다. 또 [s]는 이외의 홀소리 앞에 나타나고. 이는 배치 폭이 넓으므로 대표 변이음으로 한다. [s]를 대표 변이음을 하는 경우, /ɥi, y/ 앞에서 [ʃ]로, /j, i/ 앞에서 [ɕ]로 변이음의 설명이 합리적이다.

셋째, 위의 두 조건이 적용되기 어려우면 임의적으로 어느 하나를 대표변이음으로 잡는다. 예로 편의상 [ə], [ʌ] 중에서 [ə]를 변이음으로 한다.

따라서 변이음은 음소로, '[p], [b], [β], [p˺] → /p(ㅂ)/이고, [s], [ʃ], [ɕ] → /s(ㅅ)/이고, [k], [g], [ɣ], [ɢ], [ɢ], [k˺] → /k(ㄱ)/로' 된 것이다. 이때의 부호는 여러 음성([ ])이 한 음소(/ /)로 묶였다는 표이고, 여러 음성 가운데 대표음(음소)을 정하는 원칙이 있다. 이는 쓰이는 환경이 덜 제한되어야 하고, 규칙이 간결한 것이어야 하고, 설명이 되어야 한다.

음소의 변이음은 하나의 음소가 음성 환경에 따라 서로 다른 음가로 실현되는 소리들이다. 그것들을 보이도록 한다.

가. 닿소리

1) /ㅂ(p)/

[/ㅂ/의 변이음]

	음성부호	[p]	[p˺]	[b]	[β]
/ㅂ/ 의 변 이 음	자리	첫소리	끝소리	울림소리 사이	
	특징	말 가운데 안울림 닿소리 앞	내파음		홀소리 사이, 홀소리와 /ㄹ/ 사이, [b]와 임의 바뀜
	예	바지[padʑi], 불[pul]	삽[sap˺], 밥[pap˺]	냄비[nɛmbi], 강보[kaŋbo]	부부[puβu], 갈비[kalβi]
관련 음소	/ㅃ/	[p']: 예) 뿌리[p'uɾi], 뻐꾸기[p'ək'ugi]			
	/ㅍ/	[pʰ]: 예) 파도[pʰado], 심판[ɕimpʰan]			

2) /ㄷ(t)/

[/ㄷ/의 변이음]

/ㄷ/ 의 변 이 음	음성부호	[t]	[d]	[t˺]
	자리	첫소리	울림소리 사이	끝소리
	특징	음절 첫소리로만 나타남		
	예	달[tal], 동지[toŋdʑi]	한반도[hanbando], 마디[madi]	받다[pat˺ta], 걷다[kət˺ta]
관련 음소	/ㄸ/	[t']: 예) 딸[t'al], 뛰다[t'yda], 부뚜막[put'umak˺]		
	/ㅌ/	[tʰ]: 예) 티[tʰi], 울타리[ultʰaɾi]		

3) /ㅈ(ʧ)/

/ㅈ/ 음소는 센입천장에서 붙갈이소리로 발음되는 것이 원칙이다. 그러나 사람에 따라 혀끝에서 내기도 한다. 특히 서울지역에서 이런 현상이 있다.

	혀끝-잇몸		센입천장	
	안울림	울 림	안울림	울 림
붙갈이	ʦ	dz	ʧ	ʤ
갈 이		z		z

[/ㅈ/의 변이음]

	음성부호	[ʧ]	[ʦ]	[ʤ]	[dz]
/ㅈ/의 변이음	자리	첫소리		울림 사이	
	특징		•[ʧ]와 임의 바뀜 •혀끝에서 발음	센입천장에서 발음	•[ʤ]와 수의적 바뀜 •혀끝에서 발음
	예	줄[ʧul]	줄[ʦul]	아줌마 [aʤumma]	아줌마 [adzumma]
	음성부호	[z]		[z]	
	자리	홀소리 사이			
	특징	[ʤ]와 임의 바뀜, [ʤ]보다 [z]가 더 일반적		[dz]와 임의 바뀜, [dz]보다 [z]가 더 일반적	
	예	아줌마 [azumma]		아줌마[azumma]	
관련 음소	/ㅉ(ʧˀ)/	[ʧˀ]: 예) 짜다[ʧˀada], 가짜[kaʧˀa] [ʦˀ]: 예) 짜다[ʦˀada], 가짜[kaʦˀa]			
	/ㅊ(ʧʰ)/	[ʧʰ] :예) 춤[ʧʰum], 초[ʧʰo] [ʦʰ]. 예) 춤[ʦʰum], 초[ʦʰo]			

4) /ㄱ(k)/

[/ㄱ/의 변이음]

	음성부호	[k]	[kˀ]	[g]	[ɤ]
/ㄱ/의 변이음	자리	첫소리	끝소리	울림소리 사이	
	특징			홀소리 사이, /ㄹ/과 홀소리 사이 [g]와 임의 바뀜	
	예	길[kil]	학교[hakˀkjo]	공기 [koŋgi]	날개[nalɤɛ]
	음성부호	[q]		[G]	
	자리	첫소리			
	특징	[w,u,o] 앞에서 [k]와 임의 바뀜, 과장된 발음		[g]와 임의로 바뀜, 과장된 발음	
	예	관광[qwangwaŋ]		관광[Gwangwaŋ]	
관련 음소	/ㄲ(kˀ)/	[kˀ]: 예) 깨다[kˀɛda], 꽝[kˀwaŋ] [qˀ]: 예) 깨다[qˀɛda], 꽝[qˀwaŋ]			
	/ㅋ(kʰ)/	[kʰ]: 예) 키[kʰi], 쾅[kʰwaŋ] [qʰ]: 예) 키[qʰi], 쾅[qʰwaŋ]			

5) /ㅅ(s)/

[/ㅅ/의 변이음]

	음성부호	[s]	[ʃ]	[ɕ]
/ㅅ/ 변이음	자리	음절 첫소리		
	특징	/a,ə,o,u,e,ɛ,i, ø,w/ 앞	/y/와 반홀소리 /ɥ/ 앞	/i/나 /반홀소리 /j/ 앞
	예	손[son], 수건[sugən]	쉼터[ʃymtʰə]	신[ɕin], 오셔서[oɕjəsə]
관련 음소	/ㅆ(sˀ)/	[sˀ]: /i, j/ 이외 홀소리 앞, 예) 싸움[sˀaum]		
		[ɕˀ]: /i, j/ 앞에 실현, 예) 씨름[ɕˀirim]		

6) /ㅎ(h)/

[/ㅎ/의 변이음]

	음성부호	[h]	[ɸ]	[ç]	[ɦ]
/ㅎ/ 변이음	자리	첫소리	/u, ∅, y, w/ 소리 앞	/i, j/ 앞	울림사이
	특징	[ɸ, ç, ɦ]와 임의	• [h]와 임의 • /ㅎ/를 강조하 려는 소리	[h]와 임의	[h]와 임의
	예	하마[hama], 해[hɛ]	휘파람 [ɸypʰaɾam]	힘[çim],	외할머니 [∅ɦalməɲi]

7) /ㅁ(m)/

/ㅁ/의 음소는 음절의 첫소리나 끝소리 자리에서 모두 [m]으로 실현된다.

[/ㅁ/의 변이음]

	자리	예
/ㅁ/의 변이음	모든 자리	물[mul], 마디[madi], 감[kam]

8) /ㄴ(n)/

[/ㄴ/의 변이음]

	음성부호	[n]	[ɲ]
/ㄴ/의 변이음	자리	/i, j/ 이외 (반)홀소리 앞,	/i, j/ (반)홀소리 앞,
	특징	.	[n]와 임의로 바뀜
	예	나비[nabi·~βi]	선생님[sənsɛ ŋ ɲim]

9) /ㅇ(ŋ)/

이 소리는 첫 자리에서 실현되지 않고, 끝소리로만 나타난다.

[/ㅇ/의 변이음]

	음성부호	[ŋ]	[N]
/ㅇ/의 변이음	자리	끝소리에서만 실현	/u, w/ 소리 뒤
	특징	[N]와 임의 바뀜	• [ŋ]와 임의 바뀜 • 과장된 발음
	예	콩[kʰoŋ], 농담[noŋdam]	관광[kwangwaN]

10) /ㄹ(l)/

이 음소는 말의 첫소리로 나타나지 않는다.

[/ㄹ/의 변이음]

	음성부호	[l]	[ɾ]	[r]	[ʎ]
/ㄹ/의 변이음	자리	끝소리, 닿소리 앞	홀소리 사이		
	특징	홀소리 사이에서 뒤의 소리가 /i, j/ 아닐 때 겹침		• [ɾ]와 임의 바뀜 • 강조된 발음	홀소리 사이에서 뒤의 소리가 /i, j/ 인 경우에 겹쳐서 남
	예	살[sal], 흘러[hillə]	우리[uɾi]	우리[uri]	노래[noʎɛ] 달력[talʎʎjək˺]

이상에서 한국어의 닿소리 음소와 변이음을 살펴봤다. 말의 소리를 자리와 방법, 힘과 울림에 따라 정리해 둔다. 그리고 한국어의 닿소리 음소는 19개이고, 변이음은 50개이다.

[표 3] 한국어 닿소리

방법 \ 힘 \ 울림			입술	혀끝	센입천장(경구개) 앞	센입천장(경구개) 뒤	여린입천장(연구개) 앞	여린입천장(연구개) 뒤	목청
터짐	예사	안울림	p, pˀ	t, tˀ			k, kˀ	q	
		울림	b	d			g	G	
	된		pʼ	tʼ			kʼ	qʼ	ʔ
	거센		pʰ	tʰ			kʰ	qʰ	
붙갈이	예사	안울림		ʦ	ʧ				
		울림		dz	ʥ				
	된			ʦʼ	ʧʼ				
	거센			ʦʰ	ʧʰ				
갈이	예사	안울림	ɸ	s, ʃ	ɕ	Ç			h
		울림	β	z	ʑ		ɣ		ɦ
	된			sʼ	ɕʼ				
코			m	n	ɲ		ŋ	N	
흐름	혀옆(설측음)			l	ʎ				
	떨음(전음)			r					
	두들김(탄설음)			ɾ					

나. 홀소리

1) 홑홀소리와 변이음

가) 변이음 없는 음소

이 음소 / ㅣ, ㅔ, ㅐ, ㅡ, ㅏ, ㅜ, ㅗ/는 변이음이 없다.

음소	음성 부호	특징
/ㅣ/	[i]	안울림 닿소리 사이에서 안울림소리인 [i̥]로 되기도 함.
/ㅔ/	[e]	환경에 따라 다른 소리로 바뀌지 않는다.
/ㅐ/	[ɛ]	환경에 따라 다른 소리로 바뀌지 않는다.
/ㅡ/	[ɨ]	환경에 따라 다른 소리로 바뀌지 않는다.
/ㅏ/	[a]	환경에 따라 다른 소리로 바뀌지 않는다.
/ㅜ/	[u]	환경에 따라 다른 소리로 바뀌지 않는다. 안울림 닿소리 사이에서는 [u̥]로 되는 일도 있음.
/ㅗ/	[o]	환경에 따라 다른 소리로 바뀌지 않는다.

[ɥi]: 둥글게 한 상태에서 혀를 경구개 쪽으로 내밀고 있다가 입술만 펴는 방법.
[wi]: 입술을 펴면서 혀도 /ㅣ/의 위치로 이동시키는 방법.

나) 홀소리 변이음

이 음소 /ㅟ, ㅚ, ㅓ/는 변이음이 있다.

[/ㅟ, ㅚ, ㅓ/ 변이음]

음소	변이음 및 음성 부호	특징	
/ㅟ(y)/	[ɥi]	겹홀소리이고 입술만 움직임.	겹홀소리는 [ɥi]와 [wi] 소리는 화자에 따라 홑홀소리 [y]로도 발음된다.
	[wi]	겹홀소리이고 혀와 입술을 움직임.	
	[y]	홑홀소리임.	
/ㅚ(∅)/	[we]1)	겹홀소리로 발음하기도 함.	
	[∅]	홑홀소리임.	
/ㅓ(ə)/	[ə]	긴소리임.	
	[ʌ]	짧은소리임	

다) 반홀소리의 변이음

[반홀소리 변이음]

음소	변이음 및 음성 부호	특징
/ㅣ(j)/	[j↓]	혀가 [i] 가까운 자리에서 다른 홀소리 자리로 이동하는 소리, 오름겹홀소리의 첫머리에 나타남. ⓵ [ja, jə, jo, ju, je, jɛ] 6개.
	[j↑]	/i/외의 홀소리 자리에서 /i/자리로 옮아가는 과도에서 나는 변이음임. ⓵ '의'의 겹홀소리 [ij] 하나밖에 없음.
/ㅗ·ㅜ(w)/	[ɥ]	/i/ 앞에서 실현되는 변이음, 혀는 /i/ 자리에 고정되고 입술만 둥근에서 안둥근으로 움직임. ⓵ 귀[kɥi]
	[w]	/i/ 이외의 홀소리 앞에서 실현되며 겹홀소리의 첫소리에 나타나는 과도음. ⓵ [wa, wə, we, wɛ].
/ㅡ(ï)/	[ï]	/ㅢ/의 [ïi]로 발음할 때 나타남.

위와 같이 한국어의 홀소리 음소와 변이음을 혀의 위치, 혀의 높이, 입술 모양에 따라 정리하면 [표 4]와 같다.

---

1) 허웅(1985:199)에서는 홑홀소리로 인정하고 있다.

[표 4] 한국어의 홀소리

혀의 위치		앞		가운데		뒤	
혀 높이	입술모양	안둥근	둥근	안둥근	둥근	안둥근	둥근
높은	울림	j/i	y/ɥiːwi	ï/ɨ			ɥːw/u
높은	안울림						
가운데	울림	e	Ø/we	ə			o
가운데	안울림						
낮은	울림	ε		a			
낮은	안울림						

3. 분석 단계

음소 분석은 음소가 환경에 따라 바뀌는 변이음을 하나의 음소로 묶는 작업이다.

가. 최소대립

하나의 소리를 제외하고 나머지는 동일한 두 개의 낱말이 의미상으로 같지 않으면 이를 '최소대립쌍'이라 하고, 이때의 최소대립을 이루는 두 음은 각각 음소가 된다. 한 음소의 차이로 의미가 변별되는 두 낱말을 '최소 차이 대립어' 또는 '준동음어'라 한다. 예를 들어 '풀 : 뿔'은 첫소리 /ㅍ/ : /ㅃ/의 대립으로 두 낱말은 다른 의미를 가지게 되므로 /ㅍ/ : /ㅃ/은 서로 다른 음소이다.

나. 상보적 분포

음성적으로 비슷한 두 개 이상의 음이 동일한 환경에서 결코 실현되지 않는 것을 상보적 분포관계라 한다. 상보적 분포를 보이는 변이음들을 '결합 변이음' 또는 '문맥적 변이음'이라 한다. 또한 이들은 위치에 따라 다르므로 '위치 변이음' 또는 '조건 변이음'이라 한다.

예를 들어 [p]는 첫소리에서는 '밥[pap˺]'의 [p], 홀소리 사이에서는 '부부[pubu]'의 [b], 음절 끝에서는 '밥[pap˺]'의 [p˺]와 같이 실현되는데 이러한 상보적 분포 관계에 있는 비슷한 음들은 하나의 음소로 묶인다.

제5장

/ **닿소리**

닿소리는 발음기관 어느 부분에서 일단 완전히 막혔다가 나오는 소리이고, 공깃길이 아주 좁아서 갈이(마찰)를 일으키고 나오는 소리이다. 그 막음의 자리와 방법에 따라 여러 닿소리로 나누어진다. 그리고 닿소리는 목청의 울림, 또 소리를 내는 힘에 따라서도 다르다. 즉 닿소리의 갈래 기준은 자리, 방법, 힘이다.

1. 닿소리

가. 소리 내는 자리

고정부와 능동부를 조음 자리라 하며 닿소리는 그 내는 자리에 따라 여러 가지로 나뉜다. 고정부는 윗입술, 잇몸, 센입천장, 여린입천장, 인두벽으로 나뉜다. 능동부는 아랫입술, 혀끝, 앞혓바닥, 뒤혓바닥, 혀뿌리로 나뉜다. 고정부와 능동부가 만나는 발음부는 다섯 부분으로 윗입술-아랫입술, 잇몸-혀끝, 센입천장-앞혓바닥, 여린입천장-뒤혓바닥, 인두벽-혀뿌리이다.

1) 두입술소리

두입술소리(양순음)는 두입술 사이에서 나는데, 두입술의 막음이나 접근을 수반하는 소리이다. 한국어에서의 입술소리는 /ㅂ, ㅃ, ㅍ, ㅁ/이 있는데,

/ㅂ, ㅃ, ㅍ/ 소리는 터짐소리이고, /ㅁ/ 소리는 콧소리이다.

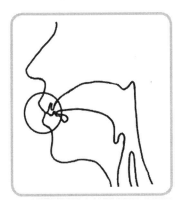

[그림 1] 두입술소리 발음

2) 잇몸소리

잇몸소리(치조음)는 혀끝과 윗잇몸 사이에서 나는 소리인데, 혀끝이 윗잇몸에 닿거나 근접해서 발음하는 소리이다. 잇몸소리는 능동부 혀끝이 고정부 윗잇몸에서 작용하는 소리이다. 이 자리에서는 아주 풍부한 소리가 난다[1]. 곧 이 자리에서 닿소리가 가장 다양하고 그 수도 많이 실현된다. 이 자리에서는 공기가 잘 새지 않고, 다양한 소리를 낼 수 있다. 또한 이 자리는 발음을 할 때 혀끝이 민첩하게 잘 움직이는 부분이다.

한국어의 잇몸소리는 /ㄷ/, /ㄸ/, /ㅌ/, /ㅅ/, /ㅆ/, /ㄴ/, /ㄹ/이 있다. 이 중에서 /ㄷ/, /ㄸ/, /ㅌ/은 터짐소리이고, /ㅅ/, /ㅆ/은 갈이소리이고, /ㄴ/는 콧소리인데 이는 혀끝과 윗잇몸이 만나 '닫음─지속'의 과정을 거친 후 '터

---

1) 이-입술이나 잇사이에서는 해부학적으로 다양한 소리를 낼 수 없게 되어 있다. 이(齒)와 입술은 붙은 두 면의 힘이 약해서 공기가 잘 새고, 이빨의 사이도 아무리 막아도 공기가 잘 새기 때문에 다양한 소리를 낼 수 없다.

뜨림'을 할 때 코로 공기가 흐르는 소리이다. /ㄹ/는 흐름소리이고, 혀끝이
윗잇몸에 닿되 갈이나 닫음은 일어나지 않는 소리이다.

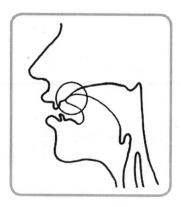

[그림 2] 잇몸소리 발음

3) 센입천장소리

센입천장소리(경구개음)는 앞혓바닥을 센입천장에 대거나 접근시켜 발음
하는 소리이다. 센입천장소리의 특징은 터짐소리와 갈이소리 특징을 모두 가
지고 있다. 센입천장소리는 앞혓바닥과 센입천장이 '닫음—지속—터뜨림' 과
정의 '터뜨림'에서 앞혓바닥이 넓어서 앞혓바닥이 동시에 떨어지지 않고, 일
부가 떨어지고 일부가 센입천장에 붙어 있는 상태에서 나는 '터짐'과 '갈이'가
동시에 일어나는 소리이다. 곧 이 자리에서 '터뜨림'을 한꺼번에 하기가 어렵
기 때문에 터짐소리가 나지 않고 붙갈이소리가 나게 된다. 한국어에서는 붙
갈이소리 /ㅈ, ㅉ, ㅊ/가 있다.

[그림 3] 센입천장소리 발음

4) 여린입천장소리

여린입천장소리(연구개음)는 뒤혓바닥을 여린입천장에 대거나 접근시켜서 발음하는 소리이다. 한국어에서는 / ㄱ/, / ㄲ/, / ㅋ/, / ㅇ/이 있다. / ㄱ/, / ㄲ/, / ㅋ/은 터짐소리로서 '지속-터뜨림'의 '터뜨림'에서 공깃길이 입길인데 반해, 콧소리인 / ㅇ/의 공깃길은 콧길이다.

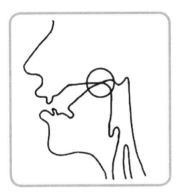

[그림 4] 여린입천장소리 발음

5) 목청소리

목청소리(성대음)는 목청의 성대-성문(聲門)의 막음이나 마찰을 수반하는 소리이다. 한국어의 목청에서 나는 소리는 /ㅎ/이 있다. /ㅎ/는 갈이소리이므로 성대가 서로 닿지 않을 정도로 가까이 접근해서 소리를 낸다.

나. 소리 내는 방법

발음 방법은 어떤 능동부가 어떤 고정부에 가 닿거나 갈이가 들릴 정도로 가까이 접근 하는 움직임이다. 닿소리 내는 방법으로 발음부의 '막음'이 있다. 막음은 크게 '닿기'와 '접근'의 두 가지가 있는데 이를 구체적으로 표를 통해 보인다.

[표 1] 방법에 따른 닿소리 분류

막음	닿기	아주 닿기	입길과 콧길 닫기	빠른 터뜨림	터짐소리 (파열음)
				느린 터뜨림	붙갈이소리 (파찰음))
			입길만 닫기		콧소리(비음)
		부분 닿기	혀옆 열기	혀옆소리 (설측음)	흐름소리 (유음)
			떨기	떨음소리 (전음)	
			두들기기	두들김소리 (탄설음)	
	접근하기				갈이소리 (마찰음)

60

발음 방법인 공깃길에 따라 닿소리를 분류하면 터짐소리, 붙갈이소리, 콧소리, 흐름소리, 갈이소리로 나뉜다.

[보충] 공깃길

말소리를 낼 때는 능동부가 그와 맞서는 조음부를 향해 작용을 하게 되는데 이때의 입안 통로(입이 벌림)이 크기를 '공깃길'이라 한다. 소쉬르는 0도에서 6까지 소리의 크기를 7단계로 분류했다[2]. 그러나 허웅(1985:36)은 소쉬르의 5도를 아래와 같이 5·6도로 구분하여 8단계로 설정하였다.

〈닿소리〉
0도: 터짐소리
1도: 갈이소리
2도: 콧소리
3도: 흐름소리와 떨음소리(/ㄹ/: 홀소리에 가장 가까운 닿소리)

〈홀소리〉
4도: 높은 홀소리 /ㅣ, ㅡ, ㅜ/(혀가 입천장에 가장 가까워진 소리)
5도: 반높은 홀소리 /ㅔ, ㅗ/(4도보다 약간 열려지는 소리)
6도: 반낮은 홀소리 /ㅐ, ㅓ/(반연홀소리)
7도: 낮은 홀소리 /ㅏ/(아주 열린 소리로 혀와 입천장의 거리가 가장 먼 소리)

---

2) Saussure : Cours, 'aperture' 참조

1) 터짐소리

터짐소리는 허파에서 나오는 공기의 흐름을 일단 완전히 막았다가 터뜨리는 소리이다. 곧 '닫음(①)-지속(②)-터뜨림(③)'의 세 단계를 거쳐 만들어지는 소리이다. 입안의 어떤 위치에서 공기의 흐름을 막기 위해 능동부가 고정부를 향해 다가서 붙는데, 이 단계를 '닫음'이라 한다. 다음에는 이 닫음의 상태를 어느 순간까지 유지하는 것이 '지속'이라 한다. 마지막으로 막아 있는 그 자리를 터뜨리게 되는데 이 단계를 '터뜨림'이라 한다.

이 터짐소리가 발음되는 세 단계를 그림으로 보이면 다음과 같다.

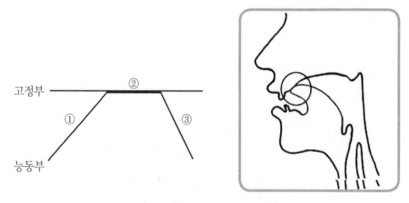

[그림 5] 터짐소리 실현 과정

'닫음-지속-터뜨림'의 세 단계를 다 그치는 소리를 '완전한 터짐소리'라 하고, '닫음'과 '터뜨림'의 단계가 생략된 소리를 '불완전 터짐소리'라 한다. 터뜨림의 발음 움직임이 있는 '터뜨림'이 생략된 소리를 '닫음소리'라 하고, '닫음'의 단계가 있든 없든 '터뜨림'의 단계가 반드시 있는 소리를 '터짐소리'라 한다.

곧 '터뜨림'의 발음 움직임이 있는 것은 '외파음'이고, '터뜨림'의 발음 기관

움직임이 없는 것은 '내파음'이다. '내파음'은 '입, 안, 악'의 끝소리 [ㅂ(p˺)], [ㄷ(t˺)], [ㄱ(k˺)]로 발음되는 음성이다. 외파음은 첫닿소리(초성) 9개가 모두 발음된다.

한국어의 터짐소리는 세 부류가 있다. 이 세 부류의 터짐소리는 조음 자리에서 차이가 있다. 두입술소리로 /ㅂ/, /ㅍ/, /ㅃ/이 있고, 윗잇몸소리로 /ㄷ/, /ㅌ/, /ㄸ/이 있고, 여린입천장소리로 /ㄱ/, /ㅋ/, /ㄲ/이 있다.

[표 2] 터짐소리 종류

	터짐소리	닫음 유무	소리 종류	/ㅂ/의 종류 보기
터짐 소리	완전 터짐소리		터뜨림소리	'바다'의 /ㅂ/
	불완전 터짐 소리	닫음 없음	터뜨림소리	'곰보'의 /ㅂ/
		터뜨림 없음	닫음소리	'입'과 '입도'의 /ㅂ/

2) 갈이소리

갈이소리(마찰음)는 발음부의 조음점인 고정부와 능동부의 사이를 완전히 막지 않고, 좁은 틈을 남겨 놓아 공기가 그 사이로 빠져나가게 하여 마찰을 일으켜 내는 소리이다. 곧 '사람, 쌀'에서 /ㅅ/의 [s]와 /ㅆ/의 [s']는 혀끝잇몸에서 실현된다. 그리고 '실, 씨름'에서 /ㅅ, ㅆ/의 [ɕ, ɕ']는 앞센입천장에서 실현되는 소리이고, '효자, 힘'에서 /ㅎ/의 [ç]는 뒤센입천장에서 실현된다. 그리고 한국어 갈이소리의 음소는 /ㅅ(s), ㅆ(s')/와 /ㅎ(h)/이고, 갈이소리 음성은 [s, s', ɕ, ɕ', ʃ, h, ç, ɸ]이다. '회의 휘파람 이후'에서 /ㅎ/의 [ɸ]는 입술에서 실현되는 갈이소리이다.

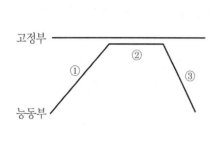
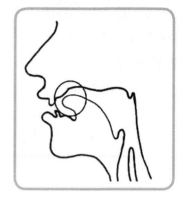

[그림 6] 갈이소리 실현과정

3) 붙갈이소리(파찰음)

붙갈이소리(파찰음)는 터짐소리와 갈이소리가 동시에 실현되는 성격이 있다. 어떤 터짐소리는 터뜨림을 선명하게 하지 않는 경우도 있다. 터뜨림을 선명하게 하면 터뜨림에 아무런 소리가 이어나지 않는다.

그런데 터뜨릴 때에 막았던 자리를 떼면서 그 속도를 약간 느리게 하면 순간적인 갈이가 들리게 된다. 이처럼 터짐이 명백히 드러나지 않는 소리를 '붙갈이소리'라 한다. 한국어에서는 발음부 센입천장과 앞혓바닥에서 이런 방법으로 내는 /ㅈ/, /ㅊ/, /ㅉ/의 소리가 있다. 이를 발음할 때 앞혓바닥은 센입천장에 넓게 닿기 때문에 이 자리를 한 번에 터뜨리기가 어렵다. 그래서 센입천장에서 터짐소리를 만들어 터뜨리면 다른 터짐소리보다는 터뜨림의 속도가 늦어져서 붙갈이소리가 되는 경향이 있다(임용기, 1987:297).

붙갈이소리는 '터짐'과 '갈이'의 성격을 동시에 가진 특징을 가지고 있다. 붙갈이소리 /ㅈ/, /ㅊ/, /ㅉ/을 [tʃ], [tʃʼ], [tʃʰ]로 표기한다[3].

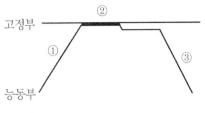

[그림 7] 붙갈이소리 실현과정

4) 콧소리

콧소리(비음)는 입안의 어떤 자리를 막고 뒤혓바닥이 여린입천장 쪽에서
내려 허파의 공기가 콧길로 나오면서 실현되는 소리이다. 대부분의 닿소리는
입길로 공기가 나오면서 실현되나, 콧소리만이 공기가 코안에서 공명 효과를
얻어 콧길로 나오면서 실현된다. 보기로 '문, 강' 등인 / ㄴ, ㅁ, ㅇ /의 소리가
이에 해당된다.

5) 흐름소리(유음)

흐름소리(유음)는 능동부와 고정부의 접촉이 적어 공기가 자유롭게 흐르
는 소리인데, 곧 공기가 입안에서 장애를 받지 않고 흘러나옴으로써 이루어
진 소리이다. 이에는 크게 혀옆소리(설측음), 두들김소리(탄설음)로 나눌 수
있다.

혀옆소리(설측음)는 / ㄹ /([l])이다. '달력, 흘려'의 겹친 / ㄹ /는 뒤의 / ㅣ, j/
가 실현되는 자리에 끌려 혀의 중앙선을 입천장에 갖다 대기 때문에 공기가

---

3) '자다, 짜다, 차다'의 '/ㅈ/, /ㅉ/, /ㅊ/은 혀끝을 잇몸에서 터뜨리되, ㄱ 다음에 갈이가
들리는 '붙갈이'로 내는 일이 있는데, 즉 [ts], [tsʼ], [tsʰ]로 표기한다. [ts]의 울림소리는 [dz]인
데, 보기로 서울 지역에서는 '진지[tsindzi]'의 소리를 특히 젊은 여자 층에서 많이 들을
수 있다.

혀의 양쪽으로 흐른다. 그리고 보기 '달, 물, 돌'의 받침 /ㄹ/와 '달라, 몰라'의 /ㄹ/도 /ㄹ/([l]) 소리이다.

반면에 두들김소리(탄설음)는 홀소리 사이에서 혀끝으로 위잇몸을 두들겨 내는 소리이다. 보기로 '노래, 우리'의 /ㄹ/([ɾ])이다. 한국어에서는 혀옆소리와 두들김소리가 별개의 음소로 존재하지 않는다. 한국어의 흐름소리에는 /ㄹ/가 있다.

다. 소리의 힘에 따른 분류

소리를 발음할 때의 공기를 내뿜는 정도에 따라 '예사소리, 된소리, 거센소리'로 나눈다.

1) 예사소리

예사소리(평음)인 /ㄱ, ㄷ, ㅂ, ㅅ, ㅈ/ 등의 소리는 모두 근육에 힘을 들이지 않고, 내뿜는 공기를 세게 하지 않는 것이다. 곧 예사소리는 소리를 고루는 동안 음성기관의 긴장이 없이 근육을 정상 상태에 두고 공기를 터뜨려 내는 소리다.

예사소리(뒤 [그림 8])는 조음부에서 막음의 터뜨림이 일어난 다음에 이어지는 발성부인 목청에서 진동이 조금 있다가 시작된다. 이 때 목청 진동의 시간은 짧기 때문에, 예사소리는 안울림 과도음(氣)4)을 약간 가진다5). 그러

---

4) 과도음(기:氣, 글라이드:glide), 활음:滑音)은 한 소리에서 다른 소리로 옮아갈 때, 그 자체의 소리가 분명히 드러나지 아니하고 인접한 소리에 곁들어 나타나는 소리이다.
5) 경상도 방언 화자들에서는 과도음(기:氣)을 거의 찾아 볼 수 없고, 서울 지역의 여자들의 발음에서 예사소리 뒤에 기가 상당히 길게 나타내고 있다. '바람'을 '파람'으로, '돈화문'을 '톤화문'으로 발음하는 것을 흔히 볼 수 있다.

나 예사소리와 거센소리가 실현될 때에 목청이 진동하는 시간을 비교해 보면 예사소리가 짧다.

2) 된소리

된소리(경음)인 /ㄲ, ㄸ, ㅃ, ㅉ, ㅆ/의 소리를 낼 때는 힘을 주어 후두 근육을 긴장하게 하고, 또 목청(성대)의 터짐을 일어나게 한다. 긴장이란 소리를 낼 때 모든 음성기관의 근육을 긴장시키는 것을 말한다. 곧 '된소리'는 혀와 입과 목에 긴장을 하는 소리이다.

된소리(뒤 [그림 8])가 실현될 때, 조음부에서 막음을 터뜨리는 때와 발성부인 목청의 진동이 시작되는 때는 비슷하다. 그래서 막음의 터뜨림과 목청의 진동은 거의 동시에 실현된다. 곧 목청의 터뜨림이 일어난 뒤에 안울림 과도음은 존재할 수 없다. 따라서 된소리에서는 과도음(氣)이 전혀 없다. 이 같은 된소리는 목청의 긴장을 수반하므로 성문을 통과하는 공기의 양이 적다.

3) 거센소리

거센소리(격음)는 센소리인데 안울림 과도음(氣)을 가지고 있다. 거센소리(뒤 [그림 8])인 /ㅍ, ㅌ, ㅋ, ㅊ/ 는 소리를 낼 때, 조음부에서 막음을 터뜨린 뒤에 이어 허파에서 올라오는 공기를 목청사이로 지나 입 밖으로 얼마 동안 그냥 흘러 나가게 되는데, 이것이 안울림 과도음(氣)[6]이다. 안울림 과도음(氣)은 /ㅎ/과 비슷한 소리이다. 이 때 입안에 갇혀 있는 공기는 빠른 속도로 몸 밖으로 빠진다.

---

6) 터짐소리의 터짐이 일어난 다음에 이어지는 홀소리를 실현할 때 홀소리를 고루기 위해 성문은 열려 있고 성문이 열린 상태에서 목청의 떨림이 좀 늦게 일어나게 되면 '터뜨림'과 울림 사이에 허파의 공기가 얼마 동안 그냥 흘러 나오는 안울림의 미끄럼(glide)이 생기게 되는데, 이 안울림의 미끄럼을 과노음(氣:aspiration)라 한다.

거센소리는 조음부에서 터뜨림이 끝나고 난 뒤 이어 발성부 목청의 진동이 한참 있다가 나타나는 것이 특징이다. 곧 발음부 터뜨림 뒤, 목청 진동 이전에 장시간 동안 공기의 흐름이 과도음(氣)이다[7].

과도음(氣)을 수반한 소리로는 거센소리인 /ㅍ, ㅌ, ㅋ, ㅊ/가 있고, 된소리인 /ㄲ, ㄸ, ㅃ, ㅆ, ㅉ/는 전혀 기를 수반하지 않은 소리이다. 그러나 예사소리인 /ㄱ, ㄷ, ㅂ, ㅅ, ㅈ/는 매우 약한 기를 가지고 있는데, 그래서 이 소리를 유기음(有氣音)이라 할 수 있다. 아래의 [그림8]과 같이 목청이 진동하는 시간에 따라 '예사소리, 된소리, 거센소리'가 결정되는 것이다(임용기 외, 1987:224~297).

- [ㅂ(b)]: 처음부터 끝까지 목청 떨음을 가지고 있는 울림소리이다.
- [ㅃ(p')]: 터뜨림과 동시에 목청 떨음이 시작되므로 과도음(氣)이 없다.
- [ㅂ(p)]: 터뜨림 자리에서 얼마쯤 뒤에 목청 떨음이 시작된다. 약간 과도음(氣)이 발생한다.
- [ㅍ(pʰ)]: 입안의 터뜨림이 끝나고 난 뒤 한참 있다가 목청이 떨기 시작한다. 때문에 과도음(氣)이 많이 발생한다.

〈한국어 닿소리 체계〉 한국어 닿소리는 장애음과 향음으로 나누어진다. 장애음이 분화하는 조건은 소리 내는 자리와 소리 내는 방법(공깃길), 내는 힘의 세 가지이다. 자리는 입술소리, 잇몸소리, 센입천장소리, 여린입천장소리, 목청소리로 나누어진다. 소리 내는 방법은 터짐소리, 붙갈이소리, 갈이소리, 콧소리, 흐름소리로 나누어진다. 내는 힘은 예사소리, 된소리, 거센소리로 나눈다. 향음의 분화 조건은 '자리'와 '방법'으로 나누어진다.

---

7) 과도음인 기(ㅎ)가 나타나는 데에 소요되는 시간은 10분의 1초~20분의 1초 정도가 된다는 보고 있다.

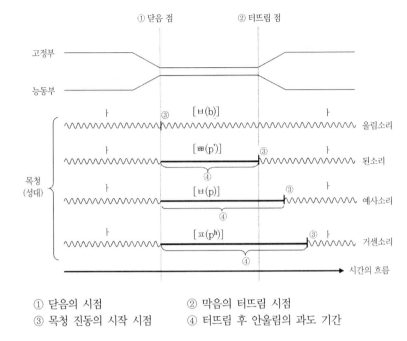

① 닫음 점   ② 터뜨림 점

고정부

능동부

목청
(성대)

ㅏ ③ [ㅂ(b)] ㅏ 울림소리

ㅏ [ㅃ(p')] ③ ㅏ 된소리
④

ㅏ [ㅂ(p)] ③ ㅏ 예사소리
④

ㅏ [ㅍ(pʰ)] ③ ㅏ 거센소리
④

시간의 흐름

① 닫음의 시점   ② 막음의 터뜨림 시점
③ 목청 진동의 시작 시점   ④ 터뜨림 후 안울림의 과도 기간

[그림 8] 입안 소리고룸과 목청 떨음과의 상관적 시간차

[표 3] 닿소리의 조직

방법	힘	자리	입술 (순)	혀끝 (설단)	센입천장 (경구개)	여린입천장 (연구개)	목청 (성대)
장애음	터짐소리 (파열음)	예사소리(평음)	ㅂ	ㄷ		ㄱ	
		된소리(경음)	ㅃ	ㄸ		ㄲ	
		거센소리(격음)	ㅍ	ㅌ		ㅋ	
	붙갈이 소리 (파찰음)	예사소리			ㅈ		
		된소리			ㅉ		
		거센소리			ㅊ		
	갈이소리 (미찰음)	예사소리		ㅅ			ㅎ
		된소리		ㅆ			
향음	콧소리(비음)		ㅁ	ㄴ		ㅇ	
	흐름소리(유음)			ㄹ			

2. 닿소리 발음 교육 방법

〈닿소리 글자〉 닿소리 글자를 학습할 때는 아래 [표4]과 같이 일반적인 순서를 기본으로 한다. 순서는 '예사소리(평음) → 거센소리(격음) → 된소리(경음)'로 하는 방법이다. 한글은 조음의 자리가 글자의 모양과 개연성이 있다. 훈민정음에 의하면 어금닛소리 'ㄱ'는 혀뿌리가 목구멍을 막는 꼴을 본뜨고, 혓소리 'ㄴ'는 혀가 윗잇몸에 붙는 꼴을 본뜨고, 입술소리 'ㅁ'는 입의 모양을 본뜨고, 잇소리 'ㅅ'는 이의 모양을 본뜨고, 목소리 'ㅇ'은 목의 모양을 본떴다고 한다. 그래서 한글은 상형글자로 말하기도 한다.

[표 4] 닿소리 목록과 닿소리 글자 이름

ㄱ	ㄴ	ㄷ	ㄹ	ㅁ	ㅂ	ㅅ	ㅇ	ㅈ	
기역	니은	디귿	리을	미음	비읍	시옷	이응	지읒	
ㅋ		ㅌ			ㅍ			ㅊ	ㅎ
키읔		티읕			피읖			치읓	히읗
ㄲ		ㄸ			ㅃ	ㅆ		ㅉ	
쌍기역		쌍디귿			쌍비읍	쌍시옷		쌍지읒	

닿소리 글자의 음가는 독자적으로 실현할 수 없다. 그래서 닿소리 글자의 음가를 실현하는 방법은 닿소리에 홀소리를 결합하는 방식이다. 교사는 학습자에게 이런 방식으로 닿소리를 인지하게 한다. 곧 교사는 닿소리에 홀소리 'ㅡ' 소리를 이용해 '그, 느, 드, 드, 르, 크, 쁘, …'와 같은 음절을 만들어 각각의 음가를 제시하는 방식이다.

닿소리 글자 'ㅇ[ŋ]'는 끝소리(종성)에서만 쓰인다. 음절의 첫소리(초성)에 쓰인 'ㅇ' 글자는 아무런 음가([ŋ])가 없는 부호에 불과하다. 곧 닿소리의 음가를 구별하여 발음을 할 때 '아'는 [ㅏ], '이'는 [ㅣ], '오'는 [ㅗ]로 발음한다.

〈국어사전의 닿소리 글자 순서〉 닿소리 글자를 국어사전에 올릴 때의 순서는 'ㄱ, ㄲ, ㄴ, ㄷ, ㄸ, ㄹ, ㅁ, ㅂ, ㅃ, ㅅ, ㅆ, ㅇ, ㅈ, ㅉ, ㅊ, ㅋ, ㅌ, ㅍ, ㅎ'으로 한다.

〈닿소리 발음과 변별 바탕〉 한국어 닿소리의 음가를 익히고, 닿소리를 정확하게 발음하는 것이 중요하다[8]. 그렇게 하려면 무엇보다 한국어 닿소리의 갈래 기준(변별 바탕)을 알아야 되는데, 곧 변별 바탕은 '자리(위치), 방법(공깃길), 힘(공기 양)'으로 되어 있다. 닿소리 발음 교육을 할 때, 교사는 학습자에게 닿소리 음소의 변별 바탕(자리, 방법, 힘)이 어떻게 되어 있는가를 정확히 지도해야 한다.

- 조음 자리(위치): 입술, 혀끝, 센입천장, 여린입천장, 목청
- 조음 방법(공깃길): 터짐소리, 붙갈이소리, 갈이소리), 콧소리, 흐름소리
- 힘(공기 양): 예사소리, 된소리, 거센소리

이 3가지 변별 바탕 가운데서 '힘(예사소리, 된소리, 거센소리)'은 닿소리를 구별하는데 큰 중요한 역할을 한다. 곧 이 소리들은 조음 위치와 조음 방법이 같으면서 '과도음(기:氣)과 긴장'의 유무에 따라 예사소리, 된소리, 거센소리로 결정된다.

---

8) 한국어 닿소리는 19개의 음소인데, 닿소리가 습득되는 순서는 아래와 같다(권경안 외, 1979: 39과 권경안, 1981: 45 참조).
  (1) 3세 이전 습득: /ㅁ/, /ㄴ/, /ㅃ/, /ㅂ/, /ㅍ/, /ㄸ/, /ㄷ/, /ㅌ/, /ㄲ/, /ㄱ/, /ㅋ/, /ㅇ/, /ㅎ/
  (2) 4세 습득: /ㅈ/, /ㅉ/, /ㅊ/
  (3) 5세 초기 습득: /ㅅ/, /ㅆ/
  (4) 5세 중기 습득: /ㄹ/

가. 터짐소리와 붙갈이소리 교육 방법

[터짐소리(파열음) 교육 요령]

- 터짐소리는 '닫음—지속—터뜨림'의 세 단계를 거쳐 만들어지는 소리이다.
- 허파에서 나오는 공기의 흐름을 일단 완전히 막는다(막음).
- 공기의 막음을 계속 유지한다(지속).
- 막았던 공기를 터뜨린다(터뜨림).
- 공깃길은 없다.
- 종류: /ㅂ, ㅃ, ㅍ/, /ㄷ, ㄸ, ㅌ/, /ㄱ, ㄲ, ㅋ/

[붙갈이소리(파찰음) 교육 요령]

- '터짐'과 '갈이'의 성격을 동시에 가지고 있다.
- 터뜨릴 때에 막았던 자리를 떼면서, 그 속도를 약간 느리게 하면 순간적인 갈이(마찰)가 들리게 된다.
- 공깃길은 없다
- 종류 : /ㅈ, ㅊ, ㅉ/

1) 예사소리(평음): /ㅂ, ㄷ, ㅈ, ㄱ/

[발음 요령]

- 학습자에게 발음을 실현하는 자리인 고정부와 능동부를 인지시킨다.

	ㅂ	ㄷ	ㅈ	ㄱ
고정부	윗입술	윗잇몸	센입천장	여린입천장
능동부	아랫입술	혀끝	앞혓바닥	뒤혓바닥

- 허파에서 나오는 공기의 흐름을 일단 막는다.
- 내뿜는 공기를 세게 하지 않는다.
- 작은 소리로 내도록 하는 것도 도움이 된다.
- 목청의 터뜨린 자리에서 얼마쯤 뒤에 목청 떨음이 시작된다.

[듣고 따라 하기 연습]

다음은 [ㅂ, ㄷ, ㅈ, ㄱ]의 발음을 위한 준비로 잘 듣고 따라 해 본다.

[ㅂ]:	바 바 바	부 부 부	버 보 배 비
[ㄷ]:	다 다 다	두 두 두	더 도 데 되
[ㅈ]:	자 자 자	주 주 주	저 조 제 자
[ㄱ]:	가 가 가	구 구 구	거 고 기 개

[낱말 읽기 연습]

다음은 [ㅂ, ㄷ, ㅈ, ㄱ]가 들어 있는 낱말을 잘 듣고 따라 해 본다.

[ㅂ]:	바 바 바	부 부 부	버 보 배 비		
[ㄷ]:	다 다 다	두 두 두	더 도 데 되		
[ㅈ]:	자 자 자	주 주 주	저 조 제 자		
[ㄱ]:	가 가 가	구 구 구	거 고 기 개		
[ㅂ]:	비밀	부모	배달	발음	병아리
[ㄷ]:	다음	디자인	도둑	대학	동물
[ㅈ]:	자다	조국	존대	저금	재수
[ㄱ]:	가을	거리	그림	개미	군인

[문장 읽기 연습]

다음은 [ㅂ, ㄷ, ㅈ, ㄱ]가 들어 있는 문장을 잘 듣고 따라 해 본다.

- [ㅂ]: **부두**에 **바람**이 많이 **부네요**.
- [ㄷ]: **만두**를 **데워 드세요**.
- [ㅈ]: **어제**는 하루 **종일** 잠만 **잤어요**.
- [ㄱ]: **감기**가 **걸려서 고생**을 했어요.

2) 된소리(경음): /ㅃ, ㄸ, ㅉ, ㄲ/

외국어에서는 예사소리와 된소리, 예사소리와 거센소리, 된소리와 거센소리가 대부분 대립하지 못 한다. 곧 외국인 한국어 학습자는 이 두 말의 소리를 구별하지 못 하고, 듣지도 못 한다.

그래서 한국어 교사가 외국인 한국어 학습자들에게 예사소리, 된소리, 거센소리를 지도할 때 상당한 어려움을 갖고 있다. 한국어 닿소리와 홀소리를 지도할 때 먼저 한국어 학습자들에게 듣기의 활동이 대단히 중요하다는 것을 강조해야 한다. 학습자에게 듣기 활동 학습이 제대로 이루어져야 학습자 스스로 바른 발음 산출이 가능하기 때문이다. 발음 교육은 음성을 대상으로 하기 때문에 발음을 듣는 능력과, 발음을 정확하게 구사할 수 있는 능력이 요구된다.

[발음 요령]

- 학습자에게 발음을 실현하는 자리인 고정부와 능동부를 인지시킨다.

	ㅃ	ㄸ	ㅉ	ㄲ
고정부	윗입술	윗잇몸	센입천장	여린입천장
능동부	아랫입술	혀끝	앞혓바닥	뒤혓바닥

74

- 허파에서 나오는 입안 공기의 흐름을 일단 막는다.
- 입안에서 공기 막음의 지속 뒤에 터뜨림과 동시에 목청 떨음이 시작되므로 과도음(기:氣)이 전혀 없다.
- 고정부와 능동부 근육을 긴장시켜 발음 한다.

[듣고 따라 하기 연습]

다음은 [ㅃ, ㄸ, ㅉ, ㄲ]의 발음을 위한 준비로 잘 듣고 따라 해 본다.

[ㅃ]:	빠 빠 빠	뽀 뽀 뽀	쀄 뿌 뻐 뻬
[ㄸ]:	따 따 따	또 또 또	띠 떠 떼 뛰
[ㅉ]:	짜 짜 짜	쪼 쪼 쪼	찌 쭈 쯔 째
[ㄲ]:	까 까 까	꼬 꼬 꼬	끼 꺼 끄 꾀

[낱말 읽기 연습]

다음은 [ㅃ, ㄸ, ㅉ, ㄲ]가 들어 있는 낱말을 잘 듣고 따라 해 본다. 여기서 교사는 학습자들에게 최소대립 된 낱말이 들어 있는가를 확인하게 하고, 최소대립 되어 있는 낱말을 서로 읽게 하는 것이다. 최소대립 되어 있는 낱말의 발음에 따라 낱말의 뜻이 달라진다는 것을 인식시킨다.

이와 같은 방법으로 예사소리에서 된소리로, 된소리에서 예사소리로 번갈아가며 발음하는 연습을 한다.

[ㅃ/ㅂ]:	뿔/불	뿌리/부리	배다/빼다
[ㄸ/ㄷ]:	떨다/덜다	따르다 /다르다	딴지/단지
[ㅉ/ㅈ]:	찌리/지리	찌우다/지우다	찐다/진다
[ㄲ/ㄱ]:	꼬막/고막	도기/도끼	금꼬리/금고리

[문장 읽기 연습]

다음은 [ㅃ, ㄸ, ㅉ, ㄲ]가 들어 있는 문장을 잘 듣고 따라 해 본다. 학습자에게 낱말에서 문장 층위로 확대하여 최소대립이 되어 있는 낱말의 발음에 따라 낱말의 뜻이 달라진다는 것을 인식한다.

이와 같은 방법으로 문장에서도 예사소리에서 된소리로, 된소리에서 예사소리로 번갈아가며 발음하는 연습을 한다.

- [ㅃ/ㅂ]: 산의 **불**, 소의 **뿔**.
- [ㄸ/ㄷ]: **도산**은 개울을 건너고, **따발총**은 쏜다.
- [ㅉ/ㅈ]: 계획을 **잘 짜야** 한다.
- [ㄲ/ㄱ]: **아까**부터 냄새**가** 났다

3) 거센소리(격음): /ㅍ, ㅌ, ㅊ, ㅋ/

된소리와 거센소리를 실현하는 방법으로, ① 교사의 입 가까이 얇은 종이를 대고, 교사는 '풀(草), 뿔(角)' 같이 거센소리와 된소리의 낱말을 발음해, 학습자가 종이의 움직임을 확인한다. ② 뒤에 학습자는 교사가 시범한 내용을 그대로 해서 거센소리와 된소리의 발음 차이를 스스로 느낄 수 있도록 한다.

[발음 요령]

- 학습자에게 발음을 실현하는 자리인 고정부와 능동부를 인지시킨다.

	ㅍ	ㅌ	ㅊ	ㅋ
고정부	윗입술	윗잇몸	센입천장	여린입천장
능동부	아랫입술	혀끝	앞혓바닥	뒤혓바닥

- 허파에서 나오는 공기의 흐름을 일단 막으며, 공기의 흐름은 세게 한다.
- 목청의 터뜨림이 끝나고 난 뒤 한참 있다가 목청이 떨기 시작하는 소리

이다.

• 교사는 학습자에게 된소리와 거센소리의 과도음(기:氣)에 대한 학습을 해야 하다.

[듣고 따라 하기 연습]

다음은 [ㅍ, ㅌ, ㅊ, ㅋ]의 발음을 위한 준비로 학습자는 교사의 발음인 거센소리를 잘 듣고 따라 발음 한다.

[ㅍ]:	파 파 파	포 포 포	피 퍼 푸 패
[ㅌ]:	타 타 타	토 토 토	티 터 테 트
[ㅊ]:	차 차 차	초 초 초	치 추 체 채
[ㅋ]:	카 카 카	코 코 코	키 쿠 크 캐

[낱말 읽기 연습]

다음은 [ㅍ, ㅌ, ㅊ, ㅋ]가 들어 있는 낱말을 잘 듣고 따라 발음 한다. 여기서 교사는 학습자들에게 최소대립 된 낱말이 들어 있는가를 확인하게 하고, 최소대립 되어 있는 낱말을 서로 읽게 하는 것이다. 최소대립 되어 있는 낱말의 발음에 따라 낱말의 뜻이 달라진다는 것을 인식시킨다.

이와 같은 방법으로 거센소리에서 예사소리로, 예사소리에서 거센소리로 번갈아가며 발음하는 연습을 한다.

[ㅍ/ㅂ]:	풀/불	포도/보도	아파/아바
[ㅌ/ㄷ]:	태/대	토끼/도끼	탈/달
[ㅊ/ㅈ]:	추다/주다	치다/지다	차다/자다
[ㅋ/ㄱ]:	크림/그림	칼/갈	캐다/개다

[문장 읽기 연습]

　다음은 [ㅍ, ㅌ, ㅊ, ㅋ]가 들어 있는 문장을 잘 듣고 따라 해 본다. 학습자에게 낱말에서 문장 층위로 확대하여 최소대립 되어 있는 낱말의 발음에 따라 낱말의 뜻이 달라진다는 것을 인식한다.

- [ㅍ/ㅂ]: **팔**과 **발**이 모두 **아파요**.
- [ㅌ/ㄷ]: **물통**은 **동쪽**에 있다.
- [ㅊ/ㅈ]: **철수**는 기차로 도는 **자전거**로 통학한다.
- [ㅋ/ㄱ]: 영수는 **굴**에서 **쿨쿨** 잠을 잔다.

4) 예사소리, 된소리, 거센소리의 종합적 발음 연습

　이는 학습자가 예사소리, 된소리, 거센소리를 종합적으로 듣고 발음하는 방법이다. 곧 학습자가 예사소리, 된소리, 거센소리를 정확하게 구분하여 발음할 수 있도록 연습하고, 낱말의 뜻을 인식시키는 것이다.

[듣고 따라하기 연습]

　학습자가 교사의 정확한 발음을 듣고 따라하는 활동이다. 교사는 학습자에게 예사소리, 된소리, 거센소리의 첫소리인 /ㅂ : ㅃ : ㅍ/, /ㄷ : ㄸ : ㅌ/, /ㅈ : ㅉ : ㅊ/, /ㄱ : ㄲ : ㅋ/의 음소에 홀소리 /ㅡ/ 소리를 연결해서 음절이 만들어진다는 인지력을 학습한다.

[ㅂ/ㅃ/ㅍ]: 브	쁘	프
[ㄷ/ㄸ/ㅌ]: 드	뜨	트
[ㅈ/ㅉ/ㅊ]: 즈	쯔	츠
[ㄱ/ㄲ/ㅋ]: 그	끄	크

[낱말 읽기 연습]

교사는 학습자들에게 최소대립 된 낱말이 들어 있는가를 확인하게 하고, 대립되어 있는 낱말을 서로 읽게 하는 것이다. 또 예사소리, 된소리, 거센소리를 정확하게 발음할 수 있도록 연습을 해야 한다. 낱말을 읽는 활동을 통해 '예사소리, 된소리, 거센소리'의 다름에 따라 낱말의 뜻이 달라진다는 것을 인식시킨다.

[ㅂ/ㅃ/ㅍ]:	불이다	뿔이다	풀이다
[ㄷ/ㄸ/ㅌ]:	달기	딸기	탈기
[ㅈ/ㅉ/ㅊ]:	자다	짜다	차다
[ㄱ/ㄲ/ㅋ]:	가다	까다	카다

[첫소리(초성) 닿소리 쓰기 연습]

학습자는 아래 표의 빈칸에 닿소리와 홀소리 결합으로 만든 음절을 쓰도록 한다. 단 '× 표시'는 불가능인 음절이다. 이런 학습 활동을 통해 학습자가 된소리와 거센소리 체계의 이해와 음절 구성에 제약이 있음을 알게 한다.

홀소리 \ 닿소리	ㅏ	ㅑ	ㅓ	ㅕ	ㅗ	ㅛ	ㅜ	ㅠ	ㅡ	ㅣ
ㄲ						×		×		
ㄸ		×		×		×		×		
ㅃ										
ㅉ		×		×				×	×	
ㅋ						×		×		
ㅌ		×		×		×		×		
ㅍ								×		
ㅊ		×		×		×		×		

[받아쓰기 연습]

  교사가 다음의 낱말을 읽어주면 학습자는 그에 해당하는 낱말을 듣고 쓰도록 하는 활동이다. 교사는 학습자가 개별 소리를 어떻게 알고 있는가를 확인하는 활동이다.

나나	포도	아프다	꼬리	고기	토끼	자다	살
코기리	뻐꾸기	따조	털모자	다리	찬다	쌀	

나. 갈이소리(마찰음) 교육 방법

  갈이소리 /ㅅ, ㅆ, ㅎ/ 소리는 고정부와 능동부의 사이를 완전히 막지 않고, 좁은 틈 사이에서 공기를 빠져나가게 하는 소리다. 이때의 공깃길은 아주 작다.

1) [ㅅ, ㅆ]의 발음 요령

• 학습자에게 발음을 실현하는 자리인 고정부와 능동부를 인지시킨다.

	ㅅ	ㅆ
고정부	윗잇몸	윗잇몸
능동부	혀끝	혀끝

• /ㅅ, ㅆ/: 혀끝과 윗잇몸의 좁은 틈에서 공기가 빠져나간다.
• /ㅅ/: 혀끝을 윗잇몸에 가까이 접근시켜 발음하는데 약한 소리이다.
• /ㅆ/: 혀끝을 윗잇몸에 가까이 접근시켜 발음하며, 후두(성대) 근육에 긴장을 수반하는 소리이다.

[[ㅅ, ㅆ]을 듣고 따라 하기 연습]

다음은 [ㅅ, ㅆ]의 발음을 위한 준비로 잘 듣고 따라 해 본다.

• [ㅅ]는 소리를 내다가 이어 홀소리 'ㅏ'를 붙여 발음 한다. 같은 방법으로 홀소리 'ㅏ, ㅓ, ㅗ, ㅜ, ㅐ' 등을 붙여 발음하게 한다.
• [ㅆ]는 [ㅅ]과 같은 방법으로 'ㅏ, ㅓ, ㅗ, ㅜ, ㅐ' 등을 붙여서 발음하게 한다.
• [ㅅ, ㅆ]가 / ㅣ / 또는 반홀소리 /j/ 앞에서는 [s]와 [s']로 실현되지 않고 [ɕ]와 [ɕ']로 실현 된다[9].

[ㅅ]:	사 사 사	소 소 소	새 새 새	사 소 수 새
[ㅆ]:	싸 싸 싸	쏘 쏘 쏘	쎄 쎄 쎄	싸 쏘 쑤 쎄
[ㅅ]:	시 시 시	실 실 실		
[ㅆ]:	씨 씨 씨	씰 씰 씰		

[낱말 읽기 연습]

다음은 [ㅅ]과 [ㅆ]의 발음 교육 방법을 익히는 것이다. 이는 [ㅅ]과 [ㅆ]가 들어간 최소대립어(예: 사다/싸다)를 제시하고, 학습자들에게 읽게 한다. 또 학습자는 교사의 발음을 듣고 따라 한다. 최소대립 되어 있는 낱말의 발음에 따라 낱말의 뜻이 달라진다는 것을 인식시키게 한다.

교사는 학습자가 말의 첫머리에 [ㅅ]과 [ㅆ]가 들어간 낱말을 듣고, [ㅅ]과 [ㅆ] 가운데 어느 것이 들어간 지를 알아맞히는 게임을 하거나, 받아쓰기를 해 발음을 정확하게 구별해 듣고 있는 지를 확인한다. 그리고 [ㅅ]소리에서 [ㅆ]소리로, [ㅆ]소리에서 [ㅅ]소리로 반복하는 방법으로 [ㅅ]과 [ㅆ] 발음 연

---

9) [ɕ]와 [ɕ'] 소리는 뒤에 오는 /i/와 /j/에 끌려 앞센입천장에서 실현된다.

습을 한다.

[ㅅ/ㅆ]:	사리/싸리	서라/써라	살/쌀
[ㅆ/ㅅ]:	싸다/사다	쏘다/소다	쌔근쌔근/새근새근
[ㅅ/ㅆ]:	시/씨	시름/씨름	시다/씨다

[문장 읽기 연습]

[ㅅ]과 [ㅆ]가 들어 있는 문장을 잘 듣고 따라 하게 한다. 학습자에게 [ㅅ]과 [ㅆ]가 들어 있는 낱말에서 문장 층위로 확대해 문장을 읽게 한다. 이때도 최소대립어가 있는 낱말은 발음에 따라 낱말의 뜻이 달라진다는 것을 인식시킨다.

- 나는 **살**이 안 쪄서 **쌀밥**을 먹어야 되겠다.
- 영수는 **새근새근** 자고, 철수는 **쌔근쌔근** 잔다.
- 피리 소리는 **슬프고**, 내 맘도 **쓸쓸하구나**.
- **시장**에 가면 꽃의 **씨**를 구할 수 있다.
- **씨름 시합**이 벌써 끝냈다.

2) [ㅎ]의 발음 요령

한국어의 /ㅎ/는 변이음이 많다. 그래서 /ㅎ/ 소리의 발음 지도는 어려움이 많다.

- 학습자에게 발음을 실현하는 자리인 고정부와 능동부를 인지시킨다.

	ㅎ
고정부	인두벽
능동부	혀뿌리

82

- 혀뿌리와 인두벽 좁은 공간 사이로 공기가 나가면서 마찰되는 /ㅎ/소리가 난다.
- 입의 안쪽에서부터 공기를 세게 내보게 한다.

[[ㅎ]를 듣고 따라 하기 연습]

하 하 하	허 허 허	호 호 호	헤 헤 헤
하	허	호	후	흐	히	헤	해	휘	회
하	호	흐	헤	휘	허	후	히	해	회

[낱말 읽기 연습]

학습자는 [ㅎ(h)]가 들어 있는 낱말을 가지고 연습하는데10), 교사는 발음을 잘 듣고 따라 하게 한다.

① 하나 하루 허리 헌책 흥미 행복 해외
② 히히 히죽히죽 힘 천천히 향수 효자 휴일
③ 혼사 이후 오후 회사 휘파람
④11) 대학 휴학 은행 남한 방학 결혼

[문장 읽기 연습]

다음은 [ㅎ(h)]가 들어 있는 문장을 잘 듣고 따라 하게 한다.

---

10) ② 낱말의 [ㅎ(h)]는 홀소리 / ㅣ/와 /j/ 앞에서 [ç]와 임의로 바뀌고, ③ [ㅎ(h)]는 /ㅗ, ㅜ, ㅚ, ㅟ/의 둥근 홀소리 앞에서 [ɸ]와 임의로 바뀌고, ① [ㅎ(h)]는 이 외의 환경에서 발음되고, 일반적인 발음이다.

11) ④의 낱말의 [ㅎ(h)]는 홀소리와 받침 /ㄴ, ㅁ, ㅇ, ㄹ/ 사이에 울림소리로 되는데, 이는 약한 소리로 발음하게 한다.

- **하얀색**의 옷을 입고 있다.
- 친구의 이야기를 듣고 **히죽히죽** 한다.
- 1개월만 있으면 **방학**이 된다.
- 겨울의 날씨는 **남한**이 **북한**보다 따뜻하다

다. 흐름소리(유음) 교육 방법

[[ㄹ]의 발음 요령]

- 학습자에게 발음을 실현하는 자리인 고정부와 능동부를 인지시킨다.

	ㄹ	
	ㄹ([l])	ㄹ([r])
고정부	윗잇몸	윗잇몸
능동부	혀끝	혀끝

- 이 두 소리의 조음 자리는 같은데, [ㄹ([l])]는 혀끝을 윗잇몸에 갖다 붙이면서 혀 옆 사이로 공기를 내뿜는 소리이고, [ㄹ([r])]는 혀끝으로 윗잇몸을 두들기는 소리다.
- /ㄹ([l])/: 혀옆소리로 받침에서 발음되고, 홀소리 사이에서 뒤홀소리가 /i/와 /j/가 아닐 때 겹침으로 발음하게 한다.
- /ㄹ([r])/: 두들김소리로 홀소리 사이에서 단독으로 발음하게 한다.

1) [ㄹ([l])] 발음

다음은 ① 받침 [ㄹ([l])]의 발음과 ② 홀소리 사이에서 겹으로 쓰인 [ㄹㄹ([ll])]의 발음을 잘 듣고 말하게 한다.

[[ㄹ(l)] 발음 준비 연습]

① 일 일 일   알 알 알   울 울 울   엘 엘 엘
    갈 갈 갈   날 날 날   달 달 달   살 살 살

② 알라   얼러   울루   일리   올로   을르

[[ㄹ(ㅣ)] 있는 낱말 읽기 연습]

① 길 꿀 돌 술 별 얼 불 뿔 풀
    갈비   월급   실망   한글   시골   연필

② 얼룩   몰래   벌레   불룩   물론   놀라다

[[ㄹ(l)] 있는 문장 읽기 연습]

① 점심은 **갈비탕**으로 **할까요**?

　　친구들과 **놀** 때는 **즐겁다**.

② 버스에 **얼른** 타라.

　　배가 **불러서** 더 **먹을** 수가 없어요.

2) [ㄹ(r)] 발음

다음은 홀소리 사이에서 단독으로 쓰인 [ㄹ(r)]의 발음을 잘 듣고 말하게 한다.

[[ㄹ(r)] 발음 준비 연습]

이리 이리 이리   아라 아라 아라   우루 우루 우루
어러 어러 어러   에레 에레 에레   애래 애래 애래

[[ㄹ(r)] 있는 낱말 읽기 연습]

소리	거리	바람	사람	사랑	노래
놀이	고리	발음	얼음	할아버지	

[[ㄹ(r)] 있는 문장 읽기 연습]

- 저 사람에게 **물어** 보세요.
- 그 사람의 **이름**은 예쁘다.
- **오늘**은 바람이 많이 **불어요**.
- 30분만 **걸어**가면 학교가 보입니다.

3) [ㄹ(l)]와 [ㄹ(r)]의 구별 발음

다음은 홀소리 사이의 [ㄹ(r)] 발음과 받침 [ㄹ(l)] 발음을 잘 구별해 듣고 말하게 한다.

멀리/머리 흘러/흐르다 몰래/모래 얼른/어른 달라요/달아요

- 이 **일**은 시간이 많이 **걸릴** 거야
- **서울**은 유달리 **다리**가 많다.
- 소식을 **어른**에게 **얼른** 전해라.

1. 홀소리

홀소리(모음)는 입안에서 공기가 나아갈 때 어떠한 장애도 받지 않으면서 발음을 실현하는 소리이다. 홀소리는 닿소리에 비해 공깃길이 크다.

홀소리에는 홑홀소리(단모음)와 겹홀소리(중모음)가 있다. 홑홀소리는 처음부터 끝까지 입술과 혀가 움직이지 않으면서 입술과 혀를 그대로 유지하면서 발음을 한다. 그러나 겹홀소리는 발음하는 동안 입술과 혀를 움직인다.

[보충] 존즈(D. Jones)의 '기본홀소리'

닿소리는 입안에서 막음이 있으므로, 어떤 닿소리가 어디서 어떻게 나는지를 쉽게 알 수 있다. 그러나 홀소리는 입안에서 막음을 입지 않으므로, 즉 능동부와 고정부 사이에 틈이 크므로 어떤 홀소리가 어디서 어떻게 나는지 쉽게 알 수 없다. 이것이 홀소리 기술의 어려운 점이다.

따라서 홀소리를 기술할 때는 혀의 자리가 비교적 고정될 수 있는 소리를 미리 결정해, 실제 말소리를 서로 대조하여 기술하는 방법을 취한다. 이러한 홀소리 기술 방법을 위하여 고안된 것이 존즈(D. Jones)의 '기본홀소리'이다. '기본홀소리'에는 '으뜸 기본홀소리'와 '버금 기본홀소리'가 있다.

〈으뜸 기본홀소리〉 '으뜸 기본홀소리' ①번의 [i]는, 홀소리의 성질을 잃지 않을 정도로 ―마찰이 일어나지 않을 정도로― 앞혓바닥을 센입천장으로 향해 되도록 가까이 앞으로 내밀어서, 입술을 둥글지 않게 해서 내는 소리이다. 프랑스말의 'si[si]', 도이치말의 'Biene[biːnə]'가 이에 가깝다.

다음 '기본홀소리' ⑤번의 [ɑ]는 뒤혓바닥을 되도록이면 뒤로 물리고 낮출 대로 낮추어서, 입술을 둥글지 않게 하여 내는 소리이다. 프랑스말의 'pas[pɑ], pâle[pɑːl]'이 이에 가깝다.

②번 [e], ③번 [ɛ], ④번 [a]의 세 홀소리는 앞홀소리로서, ①번과 ⑤번 사이에 들어가게 된다. 이 때 이들 다섯 소리 모두는 거리감이 같아지도록 한다. 또 이 거리감을 계속 유지 하면서 뒤혓바닥을 높이고 입술을 둥글게 하여 세 소리를 내면 ⑥번 [ɔ], ⑦번 [o], ⑧번 [u]가 된다. 이 여덟 소리를 '으뜸 기본홀소리'라 한다.

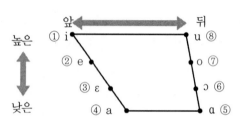

* i, e, ɛ, a, ɑ : 안둥근 홀소리
　ɔ, o, u : 　둥근 홀소리

〈버금 기본홀소리〉 혀의 자리와 높이는 그대로 유지하면서 입술의 모양 만 바꾸면 −안둥근 소리(①번에서 ⑤번)는 둥근 소리로, 둥근 소리(⑥번에 서 ⑧번)는 안둥근 소리로− 역시 여덟의 소리를 낼 수 있게 된다. 이것을 '버금 기본홀소리'라 한다.

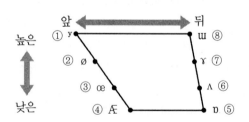

* y, ø, œ, Æ, ɒ : 둥근 홀소리
　ʌ, ɣ, ɯ : 　안둥근 홀소리

〈홀소리 네모꼴〉 홀소리를 낼 때 혀가 능동적으로 움직이는 부분의 중간 점은 대체로 혀의 곡선 중에서 가장 높은 자리가 되기 때문에 이 점을 혀의 '맛높은 점(가장 높은 점)'이라 한다. '기본홀소리'의 '맛높은 점'을 옆에서 보면 대체로 네모가 된다고 한다.

이 네모꼴을 '홀소리 네모꼴'이라 하며, 소리 연구에 널리 이용하고 있다. 곧 [i], [a], [ɑ], [u]에 있어서의 혀의 최고점의 자리를 정하고, [i]~[a]선을 삼등분하여 [e], [ɛ]를 정하고, [u]~[ɑ]선을 역시 삼등분하여 [o], [ɔ]를 정한다.

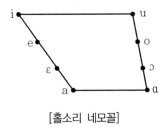

[홀소리 네모꼴]

가. 홑홀소리

한국어 홑홀소리(단모음)는 / ㅏ, ㅓ, ㅗ, ㅜ, ㅡ, ㅣ, ㅐ, ㅔ, ㅚ, ㅟ/의 10개로 되어 있다. 홑홀소리는 모두 혀와 입술이 제 자리에 잠깐이나마 머무르는 지속음이다. 홀소리가 달라지는 변별 조건은 혀의 자리(앞-뒤), 혀가 입천장에 가까워 있는 혀의 높낮이, 입술의 모양이다.

1) 혀의 자리(앞-뒤)

홀소리는 혀의 앞뒤의 자리에 따라 앞홀소리, 가운데홀소리, 뒤홀소리로 나눈다. 앞홀소리는 혀의 앞쪽이 가장 높을 때 발음되는 소리이고, 앞혓바닥이 능동적으로 움직인다. 뒤홀소리는 혀의 뒤쪽이 가장 높은 때 발음되는 소리인데, 뒤혓바닥이 능동적으로 움직인다. 그리고 가운데홀소리는 혀의 가운데가 가장 높을 때 발음되는 소리이고, 혓바닥의 중간 부분이 능동적으로 움직인다. /ㅟ/, /ㅚ/는 혀의 자리가 각각 /ㅣ/와 /ㅔ/에 가까운데 다만 입술의 둥긂이 다르다.

[표 1] 혀의 앞-뒤 구분

구 분	보 기
앞홀소리	ㅣ, ㅟ, ㅔ, ㅚ, ㅐ
가운데홀소리	ㅡ, ㅓ[ə], ㅏ
뒤홀소리	ㅜ, ㅗ, ㅓ[ʌ]

2) 혀의 높낮이

혀의 능동부가 입천장을 향해 가까워지는 정도를 혀의 높낮이라 할 수 있다. 이에는 높은 홀소리, 반높은 홀소리, 낮은 홀소리로 분화된다. 높은 홀소리는 혀가 입천장 가까이 높아져 발음되는 소리이고, 반높은 홀소리는 혀가 높지도 낮지도 않은 상태에서 발음되는 소리이고, 낮은 홀소리는 혀가 입의 바닥으로 낮아져 발음되는 소리이다.

높은 홀소리인 /ㅣ, ㅟ, ㅡ, ㅜ/는 높이로 같고, 공깃길이 홀소리들 가운데 가장 좁다. 반높은 홀소리인 /ㅔ, ㅚ, ㅓ[ə], ㅗ/는 혀가 좀 낮아져서, 공깃길이 좀 더 열린다. '섬:, 벌:, 없:다, 선:수, 멀:다' 등의 'ㅓ[ə]'는 긴소리로 반높은 홀소리이다. 낮은 홀소리인 /ㅐ, ㅏ, ㅓ[ʌ]/는 혀의 바닥과 입천장 사이의 거리가 가장 멀어서 공깃길이 가장 크다. '정신, 정치, 허리, 머리' 등의 'ㅓ[ʌ]/'는 짧은 소리이다.

오늘날 젊은 층의 발음 형태를 보면, 소리의 길이에 대한 구분은 거의 이루어지지 않는다.

[표 2] 혀의 높낮이 구분

구 분	보 기
높은 홀소리	ㅣ, ㅟ, ㅡ, ㅜ
반높은 홀소리	ㅔ, ㅚ, ㅓ[ə], ㅗ
낮은 홀소리	ㅐ, ㅏ, ㅓ[ʌ]

3) 입술 모양

홀소리는 입술이 둥글어진 소리를 둥근 홀소리라 하고, 그러 하지 않는 소리를 안둥근 홀소리로 나눈다. 둥근 홀소리는 입술이 둥글게 오므라서 발음되는 소리이고, 안둥근 홀소리는 입술이 양옆으로 펴져 발음되는 소리이다.

[표 3] 입술 모양 구분

구 분	보 기
둥근 홀소리	ㅟ, ㅚ, ㅜ, ㅗ
안둥근 홀소리	ㅣ, ㅔ, ㅐ, ㅡ, ㅓ[ə/ʌ], ㅏ

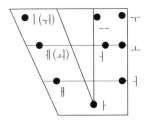

[그림 1] 홀소리 사각도

앞에서 살펴본 홑홀소리의 분화 조건인 세 가지 기준에 따라 한국어의 홑홀소리를 분류 한다[1].

[표 4] 홑홀소리 분류

혀의 자리	앞(전설)		가운데(중설)		뒤(후설)	
입술 모양 혀의 높이	안둥근 (평순)	둥근 (원순)	안둥근	둥근	안둥근	둥근
높은 홀소리(고모음)	ㅣ[i]	ㅟ[y]	ㅡ[ɨ]			ㅜ[u]
반높은 홀소리(중모음)	ㅔ[e]	ㅚ[ø]	ㅓ[ə]			ㅗ[o]
낮은 홀소리(저음)	ㅐ[ɛ]		ㅏ[a]		ㅓ[ʌ]	

나. 겹홀소리

겹홀소리(중모음)는 소리를 내는 동안에 입술 모양이 바뀌고, 혀의 자리와 높이가 변하면서 실현하는 소리이다. 이처럼 겹홀소리를 발음할 때 음성 기관이 움직이는 이유는 겹홀소리가 홑홀소리와 반홀소리의 결합으로 이루어지기 때문이다. 겹홀소리는 반홀소리와 홑홀소리가 결합하여 하나의 소리처럼 느껴지는 소리이다.

한국어의 /ㅑ, ㅕ, ㅛ, ㅠ, ㅒ, ㅖ, ㅘ, ㅙ, ㅝ, ㅞ, ㅢ/는 그 앞뒤가 달라서 첫머리에서 /j, w, ɨ/가 실현되면서 바로 /a, ə, o, u, ɛ, e/의 홑홀소리로 옮아가서 뒤에서는 /a, ə, o, u, ɛ, e/ 소리만이 나게 된다. 이때에 나타나는 /ㅑ, ㅕ, ㅛ, ㅠ, ㅒ, ㅖ/의 /j/ 소리, /ㅘ, ㅙ, ㅝ, ㅞ/의 /w/ 소리, /ㅢ/의

---

1) 지역 방언에서의 홑홀소리 체계는 다르다. 중부와 전라 노년층 방언은 10음소 체계, 제주도 노년층은 9음소 체계, 중부·전라·제주의 중년층은 7음소 체계로 밝혀져 있다(배주채, 2003:48~49). 경남 방언에서는 일반적으로 6~8음소 체계로 알려져 있다.

/i/ 소리는 반홀소리(활음—glide)이다. 반홀소리는 음성 기관이 일정한 자리를 취함이 없이 움직이는 도중에서 실현되는 소리이다.

반홀소리는 홑홀소리의 앞에 올 수도 있고 뒤에 올 수도 있다. 이때 반홀소리는 말 그대로 미끄러지듯 발음되는 소리이다. 반홀소리는 발음될 때 고정된 위치에서 오래 머무르지 않고 잠시 스쳐갈 뿐이다.

1) / j (ㅣ)/계 겹홀소리

/j/계 겹홀소리는 / ㅑ(ja), ㅕ(jə), ㅛ(jo), ㅠ(ju), ㅒ(jɛ), ㅖ(je)/ 소리이다. 이는 소리가 실현할 때 혀의 자리와 높이가 / ㅣ(j)/ 소리에서 / ㅏ, ㅓ, ㅗ, ㅜ, ㅒ, ㅖ/의 자리와 높이로 옮아가는 동안에 나는 소리이다. /j/계 겹홀소리는 반홀소리 /j/와 홑홀소리 / ㅏ, ㅓ, ㅗ, ㅜ, ㅒ, ㅖ /가 결합된 소리인데, 곧 / ㅣ + ㅏ → ㅑ(ja), ㅣ + ㅓ → ㅕ(jə), ㅣ + ㅗ → ㅛ(jo), ㅣ + ㅜ → ㅠ(ju), ㅣ + ㅒ → ㅒ(jɛ), ㅣ + ㅖ → ㅖ(je)/의 소리이다. 이때 /j/는 짧게 발음하고 'ㅏ, ㅓ, ㅗ, ㅜ, ㅖ, ㅒ'는 길게 발음한다.

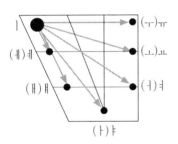

[그림 2] /j(ㅣ)/계 겹홀소리

2) /w(ㅜ/ㅗ)/계 겹홀소리

/w(ㅜ/ㅗ)/계의 겹홀소리는 / ㅘ(wa), ㅝ(wə), ㅙ(wɛ), ㅞ(we), ㅟ(wi)/가

있다. 이는 소리를 실현할 때, 혀의 자리와 높이가 /ㅜ(w)/에 머물지 않고, /ㅏ, ㅓ, ㅐ, ㅔ, ㅣ/의 자리와 높이로 옮아가는 동안에 나는 소리이다. 이 소리는 반홀소리 /w/와 홀홀소리 /ㅏ, ㅓ, ㅐ, ㅔ, ㅣ/가 결합된 소리이다. 곧 /ㅗ(w)+ㅏ(a)→ㅘ(wa), ㅜ(w)+ㅓ(ə)→ㅝ(wə), ㅗ(w)+ㅐ(ɛ)→ㅙ(wɛ), ㅜ(w)+ㅔ(e)→ㅞ(we), ㅜ(w)+ㅣ(i)→ㅟ(wi)/의 소리이다. 이때 /w/는 짧게 발음하고 /ㅏ, ㅓ, ㅐ, ㅔ, ㅣ/는 길게 발음한다.

겹홀소리 /ㅟ, ㅚ/는 '표준 발음법 제4항 [붙임]'에서는 홀홀소리로 하되, 겹홀소리로 발음할 수 있게 하고 있다.

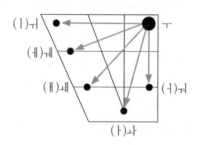

[그림 3] /W(ㅜ/ㅗ)/계 겹홀소리

3) /ï(ㅡ)/계 겹홀소리

/ï(ㅡ)/계 겹홀소리는 /ㅢ(ïi)/ 음소 하나밖에 없다. 이 소리는 소리를 실현할 때 혀의 자리와 높이가 /ㅡ/에 머무르지 않고, /ㅣ/의 자리와 높이로 옮아가는 동안에 나는 소리이다. 반홀소리 /ï/와 홀홀소리 /ㅣ(i)/가 결합된 소리인데, 곧 /ㅡ(ï)+ㅣ(i)→ㅢ(ïi)/이다.

사람에 따라 /ㅢ/를 [ïi](상승겹홀소리) 또는 [ij](내림겹홀소리)로 내는 경우가 있다. 그러나 우리는 /ㅢ/를 상승겹홀소리([ïi])로 기술하고 있다.

겹홀소리 /ㅢ/는 '표준 발음법 제5항 다만 3, 단만 4'에서 [ㅣ]로, 또는 [ㅔ]로 발음하게 하고 있다.

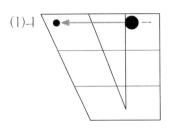

[그림 4] / ï (ㅡ)/계 겹홀소리

반홀소리와 홑홀소리의 조직을 분류하면 다음과 같다. 특히 아래의 [표5]에서 빈칸이 많음을 볼 수 있다. 이 빈칸들은 반홀소리와 홑홀소리의 결합이 음성적으로 불가능한 것이다. / ㅣ(i)/ 및 /ㅟ(y)/가 /j/와 /w/에 결합될 수 없는 제약이 있다. 곧 실현될 수 있는 환경이 만들어지지 않는 것 때문이다.

[표 5] 겹홀소리 분류

반홀소리＼홑홀소리	ㅣ /i/	ㅔ /e/	ㅐ /ɛ/	ㅟ /y/	ㅚ /ø/	ㅡ /ï/	ㅓ /ə/	ㅏ /a/	ㅜ /u/	ㅗ /o/
ㅣ (/j/)		ㅖ	ㅒ				ㅕ	ㅑ	ㅠ	ㅛ
ㅜ/ㅗ(/w/)		ㅞ	ㅙ				ㅝ	ㅘ		
ㅡ(/ï/)	ㅢ									

다. 홀소리 체계

1) 홑홀소리 체계

한국어 홑홀소리는 혀의 높낮이, 혀의 자리, 입술 모양에 의해 분화된다. 홑홀소리는 혀의 '앞뒤, 자리'에 따라서 앞의 혀와 뒤의 혀가 대립하고 있다. 혀의 높낮이에 따라 '높은, 반높은, 낮은'이 대립하는 체계를 이루고 있다. 입술의 모양에 따라 '둥근, 안둥근'이 대립한다. 한국어 홑홀소리의 체계는 비교적으로 균형 잡힌 체계라고 할 수 있다. 10음소의 홑홀소리 체계는 지금 학교 문법과 표준 발음법에서 따르고 있다. 한국어 홑홀소리의 체계는 다음과 같다.

[표 6] 홑홀소리 체계

혀의 자리	앞		뒤	
입술 모양 혀의 높이	안둥근	둥근	안둥근	둥근
높은	ㅣ	ㅟ	ㅡ	ㅜ
반높은	ㅔ	ㅚ	ㅓ	ㅗ
낮은	ㅐ		ㅏ	

그러나 지금 학교 문법과 표준 발음법에서 따르고 있는 10음소 홑홀소리 체계는 언어 현실과는 상당한 차이를 보이고 있다. 곧 지역 방언에서는 홑홀소리인 /ㅟ/와 /ㅚ/ 음소를 겹홀소리인 각각 [wi]와 [we]로 발음 하고 있다. 때문에 /ㅟ/와 /ㅚ/를 완전한 홑홀소리의 체계로 넣기가 어렵다. 이런 점 때문에 '표준 발음법(제4항의 붙임)'에서는 이 둘을 겹홀소리로 발음할 수 있도록 허용하고 있다.

2) 겹홀소리 체계

한국어는 11개의 겹홀소리가 있다. 반홀소리는 /j, w, ï/ 3개의 음소로 설정했다.

- /j/계 겹홀소리: /ㅑ, ㅕ, ㅛ, ㅠ, ㅖ, ㅒ/
- /w/계 겹홀소리: /ㅘ, ㅝ, ㅙ, ㅞ/

- /ï/계 겹홀소리: /ᅴ/

문제는 /ᅴ(ïi)/이다. /ᅴ/는 /ᅳ(ï)/가 성절음이 되고 /ᅵ(j)/가 비성절음이 되어 '내림겹홀소리'가 되는 경우이고[2], /ᅴ/의 /ᅳ(ï)/는 비성절음이고 /ᅵ(i)/ 소리가 성절음이 되어 '오름겹홀소리'가 되는 경우이다. 곧 현재 /ᅴ(ïi)/는 '오름겹홀소리'이다[3].

겹홀소리는 빈칸이 많아 다소 안정적이지 못한 면이 있는데, 이는 반홀소리와 홀소리의 결합이 음성적으로 불가능한 것에 기인한 것이다. 겹홀소리의 체계를 정리하면 다음과 같다.

[표 7] 겹홀소리 체계

반홀소리	/j/계			/w/계		/ï/계	
높낮이 \ 앞뒤혀	앞혀	뒤혀		앞혀	뒤혀	앞혀	뒤혀
		안둥근	둥근				
높은			ㅠ			ㅢ	
반높은	ㅖ	ㅕ	ㅛ	ㅞ	ㅝ		
낮은	ㅒ	ㅑ		ㅙ	ㅘ		

---

2) 15~18세기에는 내림겹홀소리가 주된 소리였지만 현재에는 '표준 발음법 제2장 5항 다만 3'에 의해 오름겹홀소리도 인정된다.

3) 'ㅢ'는 화자에 따라 내림겹홀소리로도 발음되는데 이 경우는 /ᵻj/로 표기된다.

2. 홀소리 발음 교육 방법

〈홀소리 순서 이름〉 홀소리는 21개로 되어 있다. 홀소리의 순서와 홀소리 음소의 이름은 '한글 맞춤법(1988년)'에서 아래와 같이 정했다.

ㅏ(아) ㅑ(야) ㅓ(어) ㅕ(여) ㅗ(오) ㅛ(요) ㅜ(우) ㅠ(유) ㅡ(으) ㅣ(이) ㅐ(애) ㅒ(애) ㅔ(에) ㅖ(예) ㅘ(와) ㅙ(왜) ㅚ(외) ㅝ(워) ㅞ(웨) ㅟ(위) ㅢ(의)

〈사전에 올릴 때 순서〉 사전에 올릴 때의 홀소리 순서는 다음과 같다.

ㅏ ㅐ ㅑ ㅒ ㅓ ㅔ ㅕ ㅖ ㅗ ㅘ ㅙ ㅚ ㅛ ㅜ ㅝ ㅞ ㅟ ㅠ ㅡ ㅢ

가. 혀의 자리와 높이, 입술의 변화가 없는 홀소리 교육

한국어 홑홀소리는 /ㅏ, ㅓ, ㅗ, ㅜ, ㅐ, ㅔ, ㅡ, ㅣ, ㅚ, ㅟ/의 10개로 되어 있다. 홑홀소리는 모두 혀와 입술이 제자리에 잠깐이나마 머무르는 지속음이 다. 홀소리가 달라지는 변별 조건은 혀의 자리(앞-뒤), 혀가 입천장에 가까 워 있는 혀의 높낮이, 입술의 모양이다. 곧 홑홀소리의 변별바탕(변별 조건) 을 보이면, 혀의 자리는 '혀의 앞, 혀의 가운데'로 대립되고, 혀 높낮이는 '높 은, 반높은, 낮은'로 대립해 있고, 입술의 모양은 '둥근, 안둥근'으로 대립되 어 있다.

홀소리 발음 교육을 할 때, 교사는 학습자에게 음소의 변별 바탕(변별 조 건)을 정확히 지도해야 한다. 교사는 홑홀소리가 발음되는 가운데 혀의 자리 와 혀의 높낮이, 입술 모양이 절대로 바뀌지 않는다는 것을 분명히 지도해야 한다.

1) 홑홀소리의 발음과 연습

홑홀소리 교육은 정확한 말소리를 습득하는 데에 주안점을 둔다. 홑홀소리는 혀의 높낮이와 앞뒤, 입술의 모양과 벌림 차이에 따라 소리는 달라진다. 홑홀소리의 발음 방법으로 학습자에게 홀소리의 변별바탕을 설명하고 난 뒤, '발음 요령을 설명하고→듣기를 한 뒤→발음 연습'을 하는 순서로 학습하게 한다.

학습자들의 듣기 연습이나 발음 연습을 할 때에는 자료를 통해 소리들의 다름을 비교하도록 하는 것이 좋다. 그것은 소리의 차이를 느끼게 하는 데에 좋은 효과가 있기 때문이다. 학습자에게 듣는 연습을 통해 말소리의 차이를 인식시키는 학습이 중요하다. 발음 교육에서는 무엇보다 말의 듣기와 발음의 연습을 되풀이 하도록 해야 한다.

홀소리를 지도 할 때는 학습자를 개별적으로 지도하는 것보다 소집단으로 묶어 지도하는 것도 좋다. 그것은 학습자에게 발음 실현을 시킨 뒤에 홀소리를 서로 비교해 가면서 바른 발음을 익힐 수 있기 때문이다.

홀소리를 지도할 때 학습자들에게 혼란과 부담을 줄이기 위해 홑홀소리와 겹홀소리로 나누어 제시하고 있다. 아래 홑홀소리 목록을 제시한 것은 아래의 '국어의 로마자 표기법'의 '제1장 제1항'에 의한 것이다. 그러나 홑홀소리 교육의 순서는 편의상 'ㅣ, ㅔ, ㅐ, ㅟ, ㅚ, ㅡ, ㅓ, ㅏ, ㅜ, ㅗ' 순으로 논의한다.

홑홀소리 목록	ㅏ	ㅓ	ㅗ	ㅜ	ㅡ	ㅣ	ㅐ	ㅔ	ㅚ	ㅟ

가) / ㅣ / 발음

[변별 바탕]

혀의 자리	혀의 높낮이	입술 모양
앞	높은	안둥근(폄)

[발음 요령]

- 아래턱과 위턱이 거의 맞닿을 정도로 아래턱을 올린다.
- 앞혀를 갈이소리가 나지 않을 정도로 센입천장을 향하여 높게 한다.
- 입술은 윗니가 보일 정도로 조금 열고 평평하게 한다.

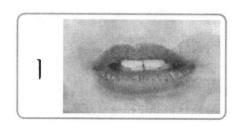

[낱말과 문장을 듣고 말하기 연습]

- ㅣ
- 시(때), 비(눈-), 기(깃발), 시장(장마당), 비밀, 기름, 지방색
- 이빨 빠진 호랑이가 이리로 기어 온다.

나) / ㅔ / 발음

[변별 바탕]

혀의 자리	혀의 높낮이	입술 모양
앞	반높은	안둥근(폄)

[발음 요령]

• 아래턱을 / ㅣ/를 낼 때보다 약간 더 벌린다.
• 앞혀를 센입천장 쪽으로 올리되 / ㅣ/보다 더 낮춘다.
• 입술은 아랫니가 거의 다 보이게 하되 손가락 한 개 물 정도로 벌린다.

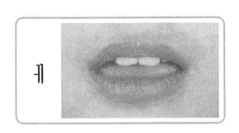

[낱말과 문장을 듣고 말하기 연습]

• ㅔ
• 게(꽃-), 세(-사람), 네(-사람), 제비(조류), 세다(셈), 게시판, 메우다
• 게으른 아이에게 게를 먹여도 좋겠지?

다) / ㅐ / 발음

[변별 바탕]

혀의 자리	혀의 높낮이	입술 모양
앞	낮은	안둥근(폄)

[발음 요령]

• 아래턱을 / ㅔ/를 발음할 때보다 훨씬 더 내린다.
• 앞혀를 / ㅔ/를 발음힐 때보다 훨씬 디 낮은 위치로 내리고 약간 뒤로 물린다.

- 입술을 편 상태로 자연스럽게 하고 손가락 두 개를 물 정도로 벌린다.

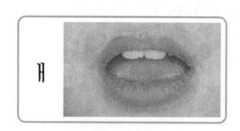

[낱말과 문장을 듣고 말하기 연습]

- ㅐ
- 개, 배(먹는-), 새(나는-), 생선, 재주(-꾼), 내용
- 새장 속의 새가 재미있게 노래한다.

라) /ㅟ/ 발음

[변별 바탕]

혀의 자리	혀의 높낮이	입술 모양
앞	높은	둥근(오므림)

[발음 요령]

- /ㅣ/와 같이 아래턱과 위턱이 거의 맞닿을 정도로 아래턱을 올린다.
- /ㅣ/와 같이 앞혀를 갈이소 리가 나지 않을 정도로 센입 천장을 향하여 높게 한다.
- 입술은 둥글게 하여 오므린다 (입술 모양만 /ㅣ/와 다름).

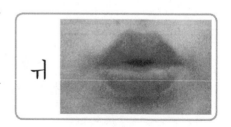

102

- ㅟ
- 귀, 쥐, 뒤, 뛰다, 귀순, 휘발유
- 나는 귀가 멀어 뒤에서 하는 말은 잘 듣지 못한다.

마) /ㅚ/ 발음

[변별 바탕]

혀의 자리	혀의 높낮이	입술 모양
앞	반높은	둥근(오므림)

[발음 요령]

- 아래턱을 /ㅔ/와 같이 /ㅣ/를 낼 때보다 약간 더 벌린다.
- 앞혀를 /ㅔ/와 같이 센입천장 쪽으로 올리되 /ㅣ/보다 더 낮춘다.
- 입술[4]은 둥글게 하여 오므린다(입술의 모양만 /ㅔ/와 다름).

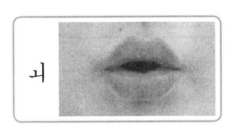

[낱말과 문장을 듣고 말하기 연습]

- ㅚ

---

4) 이하 입술의 사진은 '말하기·듣기·쓰기 5-2 교과서(교육부:1997)'의 내용을 활용했다.

- 죄, 되(한 -), 쇠, 꾀보, 괴물, 최씨, 회의
- 최씨는 꾀가 많아 죄를 면했다.

바) /ㅡ/ 발음

[변별 바탕]

혀의 자리	혀의 높낮이	입술 모양
가운데	높은	안둥근(폄)

[발음 요령]

- /ㅣ/를 발음할 때와 같이 아래턱이 거의 닫혀 있는 상태이다.
- 뒤혀를 여린입천장을 향하여 높이 올린다.
- 입술은 평평하게 펴지게 하고 아랫니가 조금 보이게 자연스럽게 벌린다.

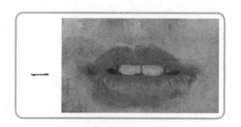

[낱말과 문장을 듣고 말하기 연습]

- ㅡ
- 들(-꽃), 글, 금, 그림(-의 떡), 쓸다, 끌다, 음식
- 슬슬 얼음을 끌어내어 작품을 만들어 보자

사) / ㅓ/ 발음

[변별 바탕]

혀의 자리	혀의 높낮이	입술 모양
가운데	반높은	안둥근(예사)

[발음 요령]

- 아래턱은 위로 올리고 윗니와 아랫니 사이에 새끼손가락 정도의 틈이 나게 한다.
- 가온혀(중설) 부분을 입천장의 가운데의 반 닫힌 위치까지 올린다.
- 입술은 편 모양을 하되 /ㅔ/에서와 같이 윗니가 보일 정도로 벌린다.

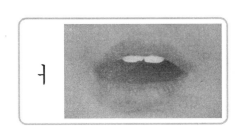

[낱말과 문장을 듣고 말하기 연습]

- ㅓ
- 설(명절), 천(일천), 벌(-받다), 멀다, 넉 달, 머리, 허리
- 언제나 그리운 어머니 얼굴

아) / ㅏ/ 발음

[변별 바탕]

혀의 자리	혀의 높낮이	입술 모양
가운데	낮은	안둥근(예사)

[발음 요령]

- 아래턱을 완전히 아래로 내린다.
- 혀의 높이는 아주 낮게 하고 혀를 약간 뒤쪽으로 잡아당긴다.
- 입술을5) 자연스레 크게 벌린다.

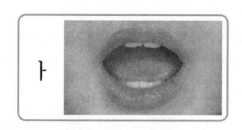

[낱말과 문장을 듣고 말하기 연습]

- ㅏ
- 말(동물), 팔, 칼, 아기, 방송, 장수(장군), 간다.
- 어제 밤에 밤을 구워 맛있게 먹었다.

자) /ㅜ/ 발음

[변별 바탕]

혀의 자리	혀의 높낮이	입술 모양
뒤	높은	둥근(내밂)

---

5) 이하 입술의 사진은 '말하기·듣기 2-1 교과서(교육부:1996)'의 내용을 활용했다.

- 아래턱을 거의 닫게 하고, 이가 보이지 않게 한다.
- 뒤혀가 여린입천장을 향하여 거의 닫힌 위치까지 올라가게 한다.
- 입술은 둥글게 오므려 앞으로 많이 내민다.

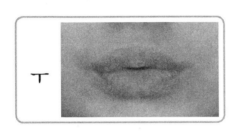

[낱말과 문장을 듣고 말하기 연습]

- ㅜ
- 수(숫자), 줄(-을 매다), 불, 부자(-집), 수박, 구두(신발), 진주(-목걸이)
- 술안주로는 두부와 굴이 매우 좋다.

차) /ㅗ/ 발음

[변별 바탕]

혀의 자리	혀의 높낮이	입술 모양
뒤	반높은	둥근(내밂)

[발음 요령]

- 아래턱을 반높은 위치에서 윗니와 아랫니 사이를 약간 벌린다.
- 뒤혀를 여린입천장으로 향하여 반높은 위치로 올린다.

• 입술을 둥글게 내민다.

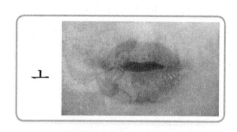

[낱말과 문장을 듣고 말하기 연습]

• ㅗ
• 소(가축), 돌(-멩이), 솔(소나무), 오십(숫자), 총장, 공사(도로-), 보리밭
• 고속도로는 사람이 보행을 할 수 없는 도로다.

2) 혼동하기 쉬운 홑홀소리 발음

한국어 홑홀소리 가운데에서 /ㅓ, ㅡ, ㅐ, ㅔ, ㅚ, ㅟ/ 6개의 음소는 말할이가 발음을 할 때 혼동을 느끼는 경우가 있다. 곧 말할이가 /ㅓ/와 /ㅡ/, /ㅐ/와 /ㅔ/, /ㅚ/와 /ㅔ/, /ㅟ/와 /ㅣ/의 각각 짝을 이룬 두 음소를 구별해서 말하고 들을 때 어려움이 많다. 이들 모두는 말할이가 발음을 편하게 하려는 것 때문에 나타난 것이다. 두 음소를 구별해서 발음하지 못하는 이유는 음소의 변별 바탕(혀와 입술 움직임)을 무시한 발음의 결과이고, 다른 하나는 아예 한 음소를 탈락해 버리기 때문이다.

곧 이 모든 현상은 말할이가 발음을 할 때 혀와 아랫입술의 움직임이 제대로 작동되지 않기 때문에 나타난 문제이다. 변별이 어려운 두 음소의 발음을 지도할 때, 교사는 학습자들에게 입술의 둥글고 안둥긂, 혀의 높낮이(공깃길), 혀의 앞뒤(자리)에 따라 홀소리의 음색이 결정된다는 인지력을 지도해야 한다.

이 두 음소를 구별하여 발음하려면 중요한 것은 혀의 높낮이를 다르게 하는 방법이다. 그리고 /ㅚ/와 /ㅔ/, /ㅟ/와 /ㅣ/ 음소를 구별해 발음을 할 때는 특히 입술의 둥긂과 안둥긂에 따라 두 음소가 대립된다는 것을 지도해야 한다.

한국어는 10음소 홑홀소리 체계로 되어 있다. 그러나 경남 방언은 하위 지역에 따라 6~8음소 체계로 되어 있다[6]. 아동이 사용하는 언어 체계는 7세가 되면 거의 습득된다. 곧 경남에서 태어나 성장하는 아이들은 부모 또는 조부모가 사용하는 방언에 영향을 받으면서 말이 습득되는 것이다. 그래서 경남 하위지역에서 근무를 하는 교사는 발음 교육을 체계적으로 해야 할 것이다.

가) /ㅓ/와 /ㅡ/의 발음

/ㅓ/와 /ㅡ/의 두 음소는 아래와 같이 변별 바탕은 혀의 자리와 입술 모양은 같다. 그러나 두 소리의 혀의 높낮이는 서로 다르다. 따라서 이 두 음소 발음 지도의 방법은 발음할 때 혀의 높고 낮음에 따라 달라진다는 것을 지도해야 한다. 그리고 혀의 자리와 입술 모양은 변별의 조건이 안 되므로, 학습자에게 혀의 자리와 입술에 대해서는 특별한 지도를 할 필요가 없다.

곧 /ㅓ/와 /ㅡ/의 발음에 있어, /ㅓ/ 음소는 반높은 혀로 발음하게 하고, /ㅡ/ 음소는 높은 혀로 발음하도록 지도하게 한다. /ㅓ/와 /ㅡ/ 두 음소가

---

6) 경남 하위 지역(방언)에서는 서로 다른 홑홀소리 체계를 보이고 있다.

경남 하위 지역 방언	실현 음소	
남해, 하동, 사천, 고성, 통영	/ㅏ, ㅓ, ㅗ, ㅜ, ㅡ, ㅣ, ㅐ, ㅔ/	8음소
진주(서부), 산청, 함양, 거제	/ㅏ, ㅓ, ㅗ, ㅜ, ㅣ, ㅐ, ㅔ/	7음소
진주(동부), 울산, 양산, 김해, 밀양, 창녕, 창원, 함안, 의령, 합천, 서창	/ㅏ, ㅓ, ㅗ, ㅜ, ㅣ, ㅐ/	6음소

들어간 최소 대립어(예, 걸/글)를 제시해 발음하고, 학생들에게는 따라 읽게 한다. /ㅓ/와 /ㅡ/ 두 음소를 발음할 때, 입술이 벌어지는 틈의 차이(입술 크기)를 비교하면서 거울을 보면서 확인시킨다.

/ㅓ/와 /ㅡ/의 변별 바탕은 아래와 같다.

	혀의 자리	혀의 높낮이	입술 모양
/ㅓ/ 음소	가운데	반높은	안둥근(예사)
/ㅡ/ 음소	가운데	높은	안둥근(예사)

[문장을 듣고 말하기 연습]

- 담을 **헐어서** 다시 **흙**칠을 한다.
- **얼빠진** 인간들이 **을**사조약을 맺었다.
- **더러는** 아직도 **들**에 남아 있다고 한다.
- **슬슬 설** 준비를 해 보아야지.
- 이 **글씨는** 너무 **거**칠다.

나) /ㅐ/와 /ㅔ/의 발음

/ㅐ/와 /ㅔ/ 두 음소의 변별 바탕은 혀의 높낮이만 다르고 다른 변별 바탕은 같다. /ㅐ/와 /ㅔ/ 두 음소의 발음 지도를 할 때는 혀의 높낮이를 집중적으로 지도한다. /ㅐ/ 음소는 낮은 혀로 발음하게 하고, /ㅔ/ 음소는 반높은 혀로 발음하도록 지도하게 한다.

교육 방법으로 교사는 /ㅐ/와 /ㅔ/ 두 음소가 들어간 최소 대립어(예: 개/게)를 제시해 발음하고, 학생들에게는 따라 읽게 한다. /ㅐ/와 /ㅔ/ 두 음소를 발음할 때, 입술이 벌어지는 틈의 차이를 비교하면서, 거울을 보면서 확인시킨다. /ㅐ/와 /ㅔ/ 두 소리를 번갈아 가면서 발음하는 연습을 반복한다.

/ㅐ/와 /ㅔ/ 두 음소의 발음에 차이가 있다는 사실을 청각적으로 인식시킨다.

/ㅐ/와 /ㅔ/의 변별 바탕은 아래와 같다.

	혀의 자리	혀의 높낮이	입술 모양
/ㅐ/ 음소	앞	낮은	안둥근(폄)
/ㅔ/ 음소	앞	반높은	안둥근(폄)

[문장을 듣고 말하기 연습]

· **내**가 **내**가 올라가면 **네**가 **네**가 내려 간다.
· **네**가 **네**가 올라 가면 **내**가 **내**가 내려 간다.
· **개**가 **게**를 물고 있다. **개**가 **게**를 물었느냐? **게**가 **개**를 물었느냐?

다) /ㅚ/와 /ㅔ/의 발음

/ㅚ/와 /ㅔ/의 두 음소는 입술의 모양에 따라 달라진다. /ㅚ/와 /ㅔ/ 두 음소의 변별 바탕은 입술 모양이 다르고, 혀의 자리와 혀의 높낮이의 변별 바탕은 같다. 따라서 /ㅚ/ 음소는 입술의 모양을 둥글게(오므림) 해서 발음하게 하고, /ㅔ/ 음소는 입술의 모양을 안 둥글게(폄) 해서 발음하도록 한다.

/ㅚ/와 /ㅔ/ 두 음소를 발음할 때, 입술이 벌어지는 틈의 차이(입술 크기)를 비교하면서, 거울을 보면서 확인시킨다.

/ㅚ/와 /ㅔ/의 두 음소 변별 바탕은 아래와 같다.

	혀의 자리	혀의 높낮이	입술 모양
/ㅚ/ 음소	앞	반높은	둥근(오므림)
/ㅔ/ 음소	앞	반높은	안둥근(폄)

[문장을 듣고 말하기 연습]

- **체**육 시간은 **최**고로 재미있다.
- **쇠** 바구니 속**에** 참외가 **세** 개 있다.
- **최**현배 선생님은 **위**대한 애국자였다.
- 참**외**는 **쇠** 바구니 속**에** 들어 있다.
- 오늘은 **회**사**에** 출근을 하지 않는다.
- 오늘은 **회**사에서 **헤**어지기로 하자.

라) / ㅟ/와 / ㅣ/의 발음

/ㅟ/와 / ㅣ/ 두 음소의 발음은 /ㅚ/와 /ㅔ/의 발음에서와 같이 입술의 모양이 달라진다. /ㅟ/ 음소는 입술의 모양을 둥글게(오므림) 해서 발음하게 하고, / ㅣ/ 음소는 입술의 모양을 안 둥글게(폄) 해서 발음하도록 지도한다. /ㅚ/와 /ㅟ/ 두 음소는 변별 조건인 입술 둥근(오므림) 소리라는 공통적인 면을 가지고 있다.

/ㅟ/와 / ㅣ/ 두 음소를 발음할 때, 입술이 벌어지는 틈의 차이(입술 크기)를 비교하면서, 거울을 보면서 확인시킨다.

/ㅟ/와 / ㅣ/의 두 음소 변별 바탕은 아래와 같다.

	혀의 자리	혀의 높낮이	입술 모양
/ㅟ/ 음소	앞	높은	둥근(오므림)
/ ㅣ/ 음소	앞	높은	안둥근(폄)

[문장을 듣고 말하기 연습]

- 엉금엉금 **기**어가는 **귀**여운 아기.
- **집**에는 생**쥐**가 **있**고, **길**에는 들**쥐**가 **있**다.

- **친**구를 **뒤**로하고 **휘**파람 불면서 떠나는 **김**삿갓!
- **의**것은 누구를 **위**한 것**인**가?
- **친**구를 **위**로 하**기**는 대단**히** **쉽지** 않다.
- 너를 **위**한 **일**은 **뒤**에 하겠다.

나. 혀의 자리와 높이, 입술의 변화가 있는 홀소리 교육

겹홀소리는 소리를 내는 동안에 입술 모양이 바뀌고, 혀의 자리와 높이가 변하면서 실현되는 소리이다. 겹홀소리는 홑홀소리와 반홀소리의 두 소리가 결합해서 이룬 소리이다. 곧 겹홀소리는 하나의 소리처럼 느껴지는 소리이다.

한국어의 겹홀소리는 /ㅑ, ㅕ, ㅛ, ㅠ, ㅐ, ㅖ, ㅘ, ㅙ, ㅝ, ㅞ, ㅢ/ 11개인데, 반홀소리는 /j, w, ï/ 3개가 있다. /j/계 겹홀소리는 /ㅑ, ㅕ, ㅛ, ㅠ, ㅖ, ㅒ/ 6개 음소이고, /w/계 겹홀소리는 /ㅘ, ㅝ, ㅙ, ㅞ/ 4개 음소이고, /ï/계 겹홀소리는 /ㅢ/ 1개 음소이다[7].

---

7) 한국어는 11음소 겹홀소리 체계로 되어 있다. 그러나 경남 방언은 하위 지역에 따라 5~9음소 체계로 되어 있다. 경남 하위 지역(방언)별 겹홀소리 체계는 아래와 같다.

경남 하위 지역		실현 음소	
/ㅣ(j)/계	진주, 산청	/ㅑ, ㅠ, ㅕ, ㅛ/	4음소
	하동(동부), 통영	/ㅑ, ㅠ, ㅕ, ㅛ, ㅖ/	5음소
	하동(서부)	/ㅑ, ㅠ, ㅕ, ㅛ, ㅒ, ㅖ/	6음소
/ㅜ(w)/계	진주(동부), 산청	/ㅘ/	1음소
	진주(서부), 하동(동부), 통영	/ㅝ, ㅘ/	2음소
	하동(서부)	/ㅞ, ㅝ, ㅘ/	3음소

1) 겹홀소리의 발음 교육

겹홀소리는 발음이 실현되는 동안 혀의 자리와 높이, 입술의 모양이 바뀌는 소리이다. 교사는 학습자에게 겹홀소리는 발음할 때 혀의 자리와 입술의 모양이 바뀐다는 것을 분명히 지도해야 한다.

겹홀소리 목록은 앞서 제시한 홑홀소리 목록에서처럼 '국어의 로마자 표기법'의 '제1장 제1항'에 의거해 이 순서에 따라 겹홀소리 발음 교육 방법을 논의한다.

겹홀소리 목록	ㅑ	ㅕ	ㅛ	ㅠ	ㅒ	ㅖ	ㅘ	ㅙ	ㅝ	ㅞ	ㅢ

겹홀소리 발음 교육에 있어서 중요하게 지도해야 할 것이 있다. 즉 학습자에게 겹홀소리는 어떤 반홀소리와 어떤 홑홀소리가 결합된 소리라는 것을 인지시켜야 한다. 겹홀소리 지도 방법은 홑홀소리와 같이 학습자에게 겹홀소리 발음 요령을 지도하면서 낱말과 문장을 통해 연습하게 한다. 이것도 발음 연습을 되풀이해야 한다.

겹홀소리의 발음 교육 방법으로 / ㅑ / 소리의 발음 방법을 예로 보인다.

- 1단계: 두 개의 소리를 끊어서 발음한다. 예: [ㅣ, ㅏ]
- 2단계: 두 개의 소리를 이어서 발음한다. 예: [ㅣ-ㅏ]
- 3단계: 앞소리를 짧게 발음한다. 예: [ㅣ-ㅏ]
- 4단계: 두 소리를 빨리 발음한다. 예: [ㅑ]

가) / j /계의 겹홀소리 발음

/j/계의 겹홀소리를 발음 할 때, 발음의 출발은 / ㅣ /를 발음하는 것처럼 혀

가 앞·높은 상태에서 시작한다. 곧 /j/계의 겹홀소리는 / ㅣ / 소리에서 시작해서 / ㅏ, ㅓ, ㅗ, ㅜ, ㅒ, ㅖ / 음소가 실현되는 혀의 자리와 혀의 높낮이로 옮기는 방법으로 발음하게 지도한다.

(1) / ㅑ / 발음

/ ㅑ(ja)/ 소리는 / ㅣ /와 / ㅏ / 소리가 결합되어 이루어진 소리로 느끼게 된다.

[발음 요령]

- 혀는 / ㅣ / 소리의 높이와 자리에서 먼저 발음하다가 점차 / ㅏ / 소리의 높이와 자리로 이동하면서 소리 낸다.
- 입술은8) / ㅣ / 소리의 낼 때의 모양에서 / ㅏ / 소리 낼 때의 모양으로 바꿔 가면서 소리 낸다.
- 이 과정을 빠르게 반복하면서 / ㅑ /를 발음하게 한다.

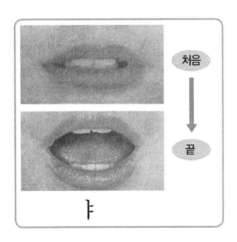

---

8) 이하 입술의 사진은 '말하기·듣기 교과서(교육부:1996)'의 내용을 활용했다.

[낱말과 문장을 듣고 말하기 연습]

- ㅑ
- 약(감기-), 뺨, 야구, 약속, 양씨, 갸웃거리다
- **야**윈 **뺨**에 빠르게 흐르는 두 줄기 눈물

(2) / ㅕ / 발음

/ ㅕ(jə)/ 소리는 / ㅣ /와 / ㅓ / 소리가 결합되어 이루어진 소리로 느끼게 된다.

[발음 요령]

- 혀는 / ㅣ / 소리의 높이와 자리에서 먼저 발음하다가 점차 / ㅓ / 소리의 높이와 자리로 이동하면서 소리 낸다.
- 입술은 / ㅣ / 소리 낼 때의 모양에서 / ㅓ / 소리 낼 때의 모양으로 바꿔 가면서 소리 낸다.
- 이 과정을 빠르게 반복하면서 / ㅕ /를 발음하게 한다.

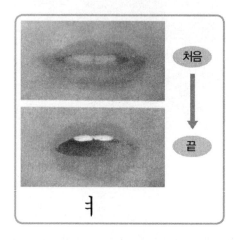

116

[낱말과 문장을 듣고 말하기 연습]

- ㅕ
- 엿, 혀, 뼈, 역사, 연못, 열다(열매가—), 벼슬
- 헛소리와 **혓**소리는 구**별**해서 발음하**여**야 한다.

(3) /ㅛ/ 발음

/ㅛ(jo)/ 소리는 / ㅣ /와 /ㅗ/ 소리가 결합되어 이루어진 소리로 느끼게 된
다.

[발음 요령]

- 혀는 / ㅣ / 소리의 높이와 자리에서 먼저 발음하다가 점차 /ㅗ/ 소리의
  높이와 자리로 이동하면서 소리 낸다.
- 입술은 / ㅣ / 소리 낼 때의 모양에서 /ㅗ/ 소리 낼 때의 모양으로 바꿔가
  면서 소리 낸다.
- 이 과정을 **빠르게** 반복하면서 /ㅛ/를 발음하게 한다.

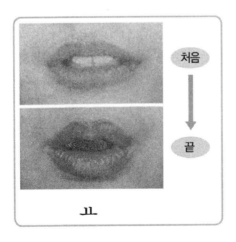

처음

끝

ㅛ

[낱말과 문장을 듣고 말하기 연습]

- ㅛ
- 욕, 표, 푯대, 효도, 교실, 묘기, 뾰족하다
- 저 애는 호도 한 개로 어버이께 **효**도한 자식이다.

(4) /ㅠ/ 발음

/ㅠ(ju)/ 소리는 / ㅣ /와 /ㅜ/ 소리가 결합되어 이루어진 소리로 느끼게 된다.

[발음 요령]

- 혀는 / ㅣ / 소리의 높이와 자리에서 먼저 발음하다가 점차 /ㅜ/ 소리의 높이와 자리로 이동하면서 소리 낸다.
- 입술은 / ㅣ / 소리 낼 때의 모양에서 /ㅜ/ 소리 낼 때의 모양으로 바꿔가면서 소리 낸다.
- 이 과정을 빠르게 반복하면서 /ㅠ/를 발음하게 한다.

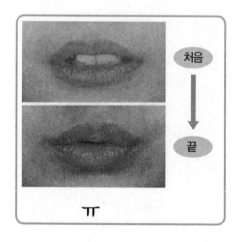

[낱말과 문장을 듣고 말하기 연습]

- ㅠ
- 윷, 귤, 육성, 윤씨, 휴가, 오륜, 법규
- 괭이로 굴 파는 사람이 **귤** 파는 장사를 나무란다.

(5) / ㅒ / 발음

/ ㅒ (jɛ)/ 소리는 / ㅣ /와 / ㅐ / 소리가 결합되어 이루어진 소리로 느끼게 된
다.

[발음 요령]

- 혀를 / ㅣ / 소리의 높이와 자리에서 먼저 발음하다가 점차 / ㅐ / 소리의
  높이와 자리로 이동하면서 소리 낸다.
- 입술은 / ㅣ / 소리 낼 때의 모양에서 / ㅐ / 소리 낼 때의 모양으로 바꿔가
  면서 소리 낸다.
- 이 과정을 빠르게 반복하면서 / ㅒ /를 발음하게 한다.

[낱말과 문장을 듣고 말하기 연습]

- ㅒ
- 걔(그 아이), 걜(그 아이를)
- **걔**는 개를 참으로 사랑한다.

(6) / ㅖ / 발음

/ ㅖ (je)/ 소리는 / ㅣ /와 / ㅔ / 소리가 결합되어 이루어진 소리로 느끼게 된
다.

[발음 요령]

- 혀는[9] / ㅣ / 소리의 높이와 자리에서 먼저 발음하다가 점차 / ㅔ / 소리의 높이와 자리로 이동하면서 소리 낸다.
- 입술은 / ㅣ / 소리 낼 때의 모양에서 / ㅔ / 소리 낼 때의 모양으로 바뀌가면서 소리 낸다.
- 이 과정을 빠르게 반복하면서 / ㅖ /를 발음하게 한다.

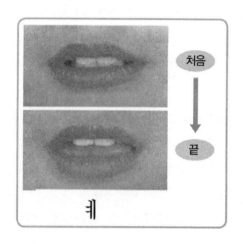

[낱말과 문장을 듣고 말하기 연습]

- ㅖ
- 옛(-날), 공예, 혜택, 비례, 결례, 계시다.
- **예**고 없는 전투는 역사에 없다.

나) /w/계의 겹홀소리 발음

겹홀소리 '/ㅝ(wə), ㅞ(we), ㅟ(wi), ㅘ(wa), ㅙ(wɛ)/'를 발음 하는 시작은

---

9) 입술의 사진은 '말하기·듣기·쓰기 4-2 교과서(교육부:2003)'의 내용을 활용했다.

/ㅜ(w)/에서 출발하게 해서[10], /ㅓ, ㅔ, ㅣ, ㅏ, ㅐ/ 음소가 실현되는 혀의
자리와 높낮이로 옮기는 방법으로 발음하게 지도한다.

(1) /ㅘ/ 발음

/ㅘ(wa)/ 소리는 /ㅗ(w)/와 /ㅏ(a)/ 소리가 결합되어 이루어진 소리로 느
끼게 된다.

[발음 요령]

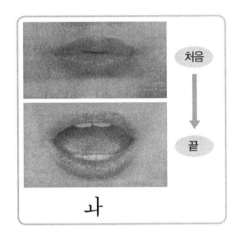

- 혀는 /ㅜ(w)/ 소리의 높이
  와 자리에서 먼저 발음하다
  가 점차 /ㅏ/ 소리의 높이
  와 자리로 이동하면서 소리
  낸다.
- 입술은[11] /ㅜ(w)/ 소리 낼
  때의 모양에서 /ㅏ/ 소리
  낼 때의 모양으로 바꿔 가
  면서 소리 낸다.
- 이 과정을 빠르게 반복하면
  서 /ㅘ(wa)/를 발음하게 한다.

---

10) /w/계의 겹홀소리를 표기하고 있는 형태로 보면 반홀소리 'ㅜ(w)'와 'ㅗ(w)' 두 소리가 있다. 음성적
    으로 반홀소리 'ㅜ'와 'ㅗ' 두 소리는 반홀소리 [w]의 소리와는 다르다. 그러므로 반홀소리 [w]는
    편의상 표기 'ㅜ' 소리를 가지고 설명한다.
11) 입술의 사진은 '말하기·듣기 2-2 교과서(교육부:1996)'의 내용을 활용했다.

[낱말과 문장을 듣고 말하기 연습]

- ㅘ
- 왔다, 왈패, 광(—을 내다), 환희, 좌우, 촬영, 과자
- **과**자를 가자로 발음하면 말뜻이 달라진다.

(2) /ㅙ/ 발음

/ㅙ(wɛ)/ 소리는 /ㅗ(w)/와 /ㅐ(ɛ)/ 소리가 결합되어 이루어진 소리로 느끼게 된다.

[발음 요령]

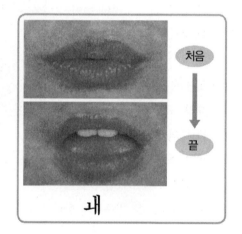

- 혀는 /ㅜ(w)/ 소리의 높이와 자리에서 먼저 발음하다가 점차 /ㅐ/ 소리의 높이와 자리로 이동하면서 소리 낸다.
- 입술은[12] /ㅜ(w)/ 소리 낼 때의 모양에서 /ㅐ/ 소리 낼 때의 모양으로 바꿔 가면서 소리 낸다.
- 이 과정을 빠르게 반복하면서 /ㅙ(wɛ)/를 발음하게 한다.

---

12) 입술의 사진은 '말하기·듣기·쓰기 4-2 교과서(교육부:2003)'의 내용을 활용했다.

[낱말과 문장을 듣고 말하기 연습]

- ㅙ
- 왜가리, 돼지, 횃대, 쇄국, 쐐기, 꽹과리, 괜찮다
- 우리 집 개도 **괘**도를 그린다.

(3) /ㅝ/ 발음

/ㅝ(wə)/ 소리는 /ㅜ(w)/와 /ㅓ(ə)/ 소리가 결합되어 이루어진 소리로 느끼게 된다.

[발음 요령]

- 혀는 /ㅜ(w)/ 소리의 높이
  와 자리에서 먼저 발음하다
  가 점차 /ㅓ/ 소리의 높이
  와 자리로 이동하면서 소리
  낸다.
- 입술은13) /ㅜ(w)/ 소리 낼
  때의 모양에서 /ㅓ/ 소리
  낼 때의 모양으로 바꿔 가
  면서 소리 낸다.
- 이 과정을 빠르게 반복하면
  서 /ㅝ(wə)/를 발음하게 한다.

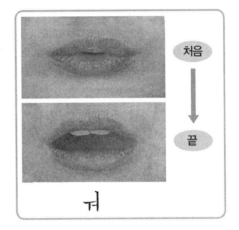

---

13) 입술의 사진은 '말하기·듣기 2-2 교과서(교육부:1996)'의 내용을 활용했다.

[낱말과 문장을 듣고 말하기 연습]

- ㅝ
- 꿩, 원고, 월간, 공원, 훤하다, 뒤라, 권유
- **권**투를 잘 하는 건장한 사나이가 있다.

(4) /ㅞ/ 발음

/ㅞ(we)/ 소리는 /ㅜ(w)/와 /ㅔ(e)/ 소리가 결합되어 이루어진 소리로 느끼게 된다.

[발음 요령]

- 혀는 /ㅜ(w)/ 소리의 높이와 자리에서 먼저 발음하다가 점차 /ㅔ/ 소리의 높이와 자리로 이동하면서 소리 낸다.
- 입술은14) /ㅜ(w)/ 소리 낼 때의 모양에서 /ㅔ/ 소리 낼 때의 모양으로 바꿔 가면서 소리 낸다.
- 이 과정을 빠르게 반복하면서 /ㅞ(we)/를 발음하게 한다.

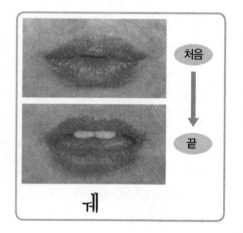

---

14) 입술의 사진은 '말하기·듣기·쓰기 4-1 교과서(교육부:2003)'의 내용을 활용했다.

[낱말과 문장을 듣고 말하기 연습]

- ㅞ
- 웬일, 웬만큼, 훼방, 궤도, 훼손
- **궤**도를 이탈한 게으른 우주인

(5) /ㅟ(wi)/ 발음

/ㅟ(wi)/ 소리는 /ㅜ(w)/와 /ㅣ(i)/ 소리가 결합되어 이루어진 소리로 느끼게 된다.

[발음 요령]

- 혀를 /ㅜ(w)/ 소리의 높이와 자리에서 먼저 발음하다가 점차 /ㅣ/ 소리의 높이와 자리로 이동하면서 소리 낸다.
- 입술은 /ㅜ(w)/ 소리 낼 때의 모양에서 /ㅣ/ 소리 낼 때 입술 모양으로 바꿔 가면서 소리 낸다.
- 이 과정을 빠르게 반복하면서 /ㅟ(wi)/를 발음하게 한다.

[낱말과 문장을 듣고 말하기 연습]

- ㅟ
- 위로, 위하여, 위신, 위험하다, 추위, 주위
- 이대로는 **위**대한 것이 될 수 없다.

(6) /ㅚ(we)/ 발음

/ㅚ(we)/ 소리는 /ㅗ(w)/와 /ㅔ(e)/ 소리가 결합되어 이루어진 소리로 느끼게 된다.

[발음 요령]

- 혀를 /ㅜ(w)/ 소리의 높이와 자리에서 먼저 발음하다가 점차 /ㅔ/ 소리
  의 높이와 자리로 이동하면서 소리 낸다.
- 입술은 /ㅜ(w)/ 소리 낼 때의 모양에서 /ㅔ/ 소리 낼 때 입술 모양으로
  바꿔 가면서 소리 낸다.
- 이 과정을 빠르게 반복하면서 /ㅚ(we)/를 발음하게 한다.

[낱말과 문장을 듣고 말하기 연습]

- ㅚ(we)
- 되[twe], 죄송[ʧwesoŋ]
- 학생의 성적이 **퇴**보[tʰwepo]를 했다.

다) / ï(ㅡ)/계의 겹홀소리 발음

/ ï(ㅡ)/계의 겹홀소리를 발음 할 때 발음의 출발은 /ㅡ/가 발음되는 자리
에서 시작한다. 곧 /ㅡ/ 소리를 먼저 시작해서 / ㅣ/ 음소가 실현되는 혀의
자리와 혀의 높낮이로 옮기는 방법으로 발음하게 지도 한다.

(1) /ㅢ/ 소리 발음

/ㅢ(ïi)/ 소리는 /ㅡ(ï)/와 / ㅣ(i)/ 소리가 결합된 소리로 느끼게 된다.

[발음 요령]

- 혀는 /ㅡ(ï)/ 소리의 높이와 자리에서 먼저 발음하다가 점차 / ㅣ/ 소리의
  높이와 자리로 이동하면서 소리 낸다.
- 입술은15) /ㅡ(ï)/ 소리 낼 때의 모양에서 점차 / ㅣ/ 소리 낼 때의 모양으

126

로 바꿔 가면서 소리를 낸다.

- 이 과정을 빠르게 반복하면서 /ㅢ(ii)/를 발음하게 한다.

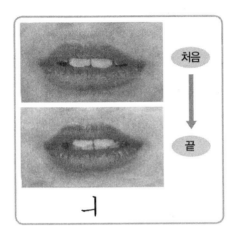

[낱말과 문장을 듣고 말하기 연습]

- ㅢ
- 의사(내과ㅡ), 의원, 늴리리야, 띄우다, 강의
- 의사가 아파트로 이사를 간다.

2) 혼동하기 쉬운 겹홀소리 발음

가) /ㅟ(y)/와 /ㅟ(wi)/의 발음

정부의 '표준 발음법'에서는 /ㅟ/ 음소는 홑홀소리로 규정하고 있다. 그러나 /ㅟ/는 홑홀소리 /ㅟ(y)/로 발음되기도 하고, 또는 겹홀소리 /ㅟ(wi)/로 발음되기도 한다. 그러나 이 두 음소는 /ㅟ(wi)/ 겹홀소리와 /ㅟ(y)/ 홑홀소

---

15) 입술의 사진은 '말하기·듣기·쓰기 3-1 교과서(교육부:2003)'의 내용을 활용했다.

리는 임의적으로 변이된다. 이 현상은 일반적인 경향이다. 실제로 근래 젊은 층의 사람들에서는 대개 겹홀소리 /ㅟ(wi)/로 발음되고 있다.

홑홀소리 /ㅟ(y)/의 발음과 겹홀소리인 /ㅟ(wi)/로 발음 할 때는 아래와 같은 방법으로 지도한다.

[홑홀소리 /ㅟ(y)/ 발음 요령]

- 홑홀소리로 발음한다.
- 발음을 할 때 혀와 입술을 고정시켜 발음한다.
- 이 과정을 빠르게 반복하면서 /ㅟ(y)/를 발음하게 한다.

[겹홀소리 /ㅟ(wi)/ 발음 요령]

- 겹홀소리로 발음한다.
- 발음을 할 때, 혀는 /ㅜ/ 소리 낼 때의 높이와 자리에서 점차 /ㅣ/ 소리 낼 때의 높이와 자리로 이동하면서 소리를 낸다.
- 홑홀소리 /ㅟ(y)/ 소리와 겹홀소리 /ㅟ(wi)/ 소리가 섞여 있는 낱말이나 문장을 통해 발음 연습한다.
- 이 과정을 빠르게 반복하면서 /ㅟ(wi)/를 발음하게 한다.

[낱말과 문장을 듣고 말하기 연습]

- ㅟ(y)/ㅟ(wi)
- 뒤[ty]/뒤[twi], 뉘[ny]/뉘[nwi)], 쉬파리[sypʰali]/쉬파리[swipʰali]
- 큰 **쥐[ʧy/ʧwi]**를 잡았다.

나) /ㅚ(∅)/와 /ㅚ(we)/의 발음

'표준 발음법'에서는 /ㅚ/ 음소는 홑홀소리로 규정하고 있다. 그러나 /ㅚ/

128

음소는 홑홀소리인 /ㅚ(∅)/ 소리와 겹홀소리인 /ㅚ→ㅞ(we)/ 소리가 임의
적으로 변이되고 있다. 이 현상은 일반적인 경향이다. 그러나 근래 젊은 층의
사람들에서는 대개 겹홀소리 /ㅞ(we)/로 발음되고 있다.

홑홀소리 /ㅚ(∅)/의 발음과 겹홀소리 /ㅚ→ㅞ(we)/로 발음을 할 때는 아
래와 같은 방법으로 지도한다.

[홑홀소리 /ㅚ(∅)/ 발음 요령]

- 홑홀소리로 발음한다.
- 발음을 할 때 혀와 입술을 고정시켜 발음한다.

[겹홀소리 /ㅚ(we)/ 발음 요령]

- 겹홀소리로 발음한다.
- 발음을 할 때, 혀는 /ㅜ(w)/ 소리 낼 때의 높이와 자리에서 점차 /ㅔ/소
  리 낼 때의 높이와 자리로 이동하면서 소리 낸다.
- 홑홀소리인 /ㅚ(∅)/ 소리와 겹홀소리인 /ㅚ(we)/ 소리가 섞여 있는 낱
  말이나 문장을 통해 발음 연습한다.

[낱말과 문장을 듣고 말하기 연습]

- ㅚ(∅)/ㅚ(we)
- 되[t∅]/되[twe], [죄송[ʧ∅soŋ]/죄송[ʧwesoŋ]
- 학생의 성적이 **퇴**보[tʰ∅po/tʰ**we**po]를 했다.

음성을 구성하는 요소를 소리바탕이라 한다. 소리바탕에는 본디 소리바탕과 뜨내기 소리바탕으로 나뉜다. 본디 소리바탕은 본디부터 갖추어져 있는 것으로 본디 소리바탕이 하나라도 바뀌면 다른 음성이 된다. 반면에 뜨내기 소리바탕은 본디부터 갖추어져 있지 않은 것으로 뜨내기 소리바탕이 바뀌어도 다른 음성으로 실현되지 않는다. 즉, 본디 소리바탕은 닿소리와 홀소리의 음성을 이루는 구성요소로서 분절자질을 말한다. 그리고 뜨내기 소리바탕은 길이, 높이, 세기 등의 음성구성 요소로서 운율자질을 말한다. 음소와 운소의 개념에 대해 설명하도록 한다. 음운은 음소와 운소를 하나로 묶어 부르는 용어이다. 곧 '음소'의 '음'과 '운소'의 '운'을 따와 '음운'이 불려진다.

음소는 낱말의 의미를 분화시키는 변별적 기능을 가진 분절자질을 말한다. 음소는 머릿속에 갈무리된 추상적인 소리로서 의미의 변별에 영향을 준다. 예로 '물, 불, 풀'에서 /ㅁ(m), ㅂ(p), ㅍ(pʰ)/처럼 낱말의 의미 차이를 가진다.

운소는 말소리의 운율적 자질인 '길이, 높이, 세기' 등이다. 곧 운소는 낱말의 의미를 분화시키는 변별적인 기능을 가지고 있다. 운소는 말마다 다를 수 있다. 한국어에서의 운소는 '길이'인데, 방언에 따라서는 운소가 '높이'로 실현되기도 한다. 또 중국어의 운소는 '성조(높낮이)'이고, 영어는 '강세'이다.

음소와 운소는 낱말의 의미를 분화한다는 공통점을 가지고 있다.

〈분절음〉 발성의 분절적 발음 작용에 의해 음이 생성되는 것을 말하며 닿소리와 홀소리를 가리킨다.

〈초분절음〉 '길이, 높이, 세기' 등은 분절음처럼 계기적으로 쪼개어서 분석되지 않고, 반드시 분절음(홀소리)에 얹혀 나타난다. 이를 '초분절음'이라 한다.

1. 낱말 대립

가. 길이

여기서 소리의 길이(length)는 음장(音長) 또는 장단(長短)이다. 소리의 길이는 조음 운동의 지속 시간에 의해서 결정된다. 소리의 길이는 주로 홀소리에서의 길이이다. 소리의 길이는 낱말의 뜻을 구별하는 데 쓰인다. 홀소리에는 두 가지의 길이가 있고, 실제로 화자들은 분명히 홀소리에 두 가지의 길이가 있음을 파악하고 있으며, 또 길이의 다름은 말의 뜻을 분화하는 구실을 하고 있다[1].

한국어에서는 홀소리의 길이가 운소 기능을 가지고 있고, 지금의 '표준 발음법'에서 홀소리의 길이를 운소로 인정하고 있다('표준 발음법 제3장 제6항' 참고). 길이가 뜻의 변별에 구실하는 낱말은 예(1)과 같다.

---

1) 실제로, 젊은 층 서울토박이들과 제주도 사람들은 홀소리의 긴소리와 짧은소리를 제대로 구별하지 못 하는 경향이 있다.

예 (1) 밤(夜) − 밤:(栗)[2]

눈(眼) − 눈:(雪)

말(馬, 斗) − 말:(言)

배(船, 復) − 배:(倍)

발(足) − 발:(簾)

장사(商) − 장:사(壯士)

무력(無力) − 무:력(武力)

홀소리 길이는 대체로 낱말의 첫음절에서만 실현되고 말 첫머리가 아닌 자리에서는 짧은 홀소리로 바뀐다. 예(2)를 보인다.

예 (2) 눈보라[눈:보라] − 첫눈[천눈]

밤나무[밤:나무] − 군밤[군밤]

말씨[말:씨] − 고운말[고운말]

멀리[멀:리] − 눈멀다[눈멀다]

'표준 발음법 제3장 제6항'에 의해 합성어의 경우 첫음절이 아니더라도 긴소리가 발음된다고 규정하고 있다. 예(3)를 보인다.

예 (3) 반신반의[반:신바:늬 /반:신바:니]   재삼재사[재:삼재:사]

또 / ㅣ, ㅗ, ㅜ/로 끝나는 풀이씨 줄기에 씨끝 '아/어'가 결합되어 한 음절로 줄여지면 긴소리로 발음된다. 예(4)를 보인다.

---

2) 길이를 표시할 때 긴소리 부호 (:), 긴소리가 걸린 음절 위에 선(-)을 표시한다.

例 (4) 보아 → 봐[봐:]   기어 → 겨[겨:]   되어 → 돼[돼:]

예외로 '오아 → 와, 지어 → 져, 찌어 → 쪄, 치어 → 쳐'는 긴소리로 안 된다.

첫음절에 주어지는 긴소리를 가진 음절이라도 다음과 같은 경우에는 짧게 발음한다('표준 발음법 제3장 제7항').

첫째, 1음절 풀이씨 줄기에 홀소리로 시작된 씨끝이 결합되는 경우, 짧게 발음한다.

> 감다[감:따]-감으니[가므니]   알다[알:다]-알애[아라]
> 남다[남:따]-남으면[나므면]   신다[신:따]-신어[시너]

예외적 현상으로 다음과 같이 짧게 발음이 안 된다.

> 끌:다-끌:어   작:다-작:아   벌:다-벌:어,
> 곱:다-곱:아서   얻:다-얻:으니   엷:다-엷:어

둘째, 입음(피동)이나 시킴(사동)의 접미사(가지)가 결합되는 경우에도 원래의 길이가 짧아진다.

> 감다[감:다]-감기다[감기다]   꼬다[꼬:다]-꼬이다[꼬이다]
> 밟다[밟:다]-밟히다[밟히다]   울다[울:다]-울리다[울리다]

예외로, 다음과 같이 짧게 발음이 안 된다.

끌리다[끌:리다]   없애다[없:애다]

나. 높이

소리의 높낮이는 진동체의 일정 시간 안의 진동의 수에 의해서 결정되는
것이다. 이 진동이 얼마 동안 지속되는 것에 의해 높이가 이루어 진 것이다.
곧 음파의 진동수가 늘어날수록 높은 소리가 된다. 진동수는 일반적으로 남
자는 1초당 80~200번의 열고 닫는 동작을 반복, 여자는 높게는 400번의 진
동수를 나타낸다.

홀소리가 뜻을 구분하는 구실을 하면 성조(聲調, tone)라고 하는데, 성조
언어의 대표는 중국어와 중세(15C) 한국어이다. 한국어에 나타나는 성조는
음절이 아닌 어절 단위로 배당되는데 이러한 언어를 어절성조언어(단어성조
언어)라 부른다(구현옥, 2010:147). 중세 한국어의 성조는 평성(0점) 거성(1
점), 상성(2점) 3단계로 설정해 되어 있고, 말뜻의 변별에 관여했다. 그러나
현대 한국어에서는 성조가 없어져 말뜻에 변별을 일으키지 못하고 있으나,
일부 지역 방언에서만 존재해 있다3). 훈민정음에는 이 방점들의 높이 표시
에 대한 설명까지 나와 있다. 가장 낮은 소리인 평성은 점을 찍지 않는다(활
리(L)). 가장 높은 소리인 거성에는 한 점을 찍는다(·갈 刀(H)). 낮다가 높아
지는 소리인 상성에는 두 점을 찍는다(:돌 石(M)). 이 방점을 현대 성조 방언
의 성조와 비교하면 정연한 관계를 확인 할 수 있다.

---

3) 경상도, 강원도의 일부, 함경북도 등에서 방언의 성조가 있다.

경상도 방언의 높이는 아래와 같이 '고조(High)-중조(Middle)-저조(Low)' 세 단계로 되어 있다. 높이에 의해 한 낱말 안에서 각 음절의 높이가 상대적으로 일정하게 정해져 있는데, 여기서는 풀이씨의 경우는 매우 복잡하므로 임자씨 경우만을 들어 설명하기로 한다. 예(5)를 보인다.

🟤 (5) ㄱ. 한 음절 낱말

말(言, L) - 말(斗, M) - 말(馬, H)
배(倍, L) - 배(復, M) - 배(船, H)
손(巽, L) - 손(手, M) - 손(客, H))
눈(雪, L) - 눈(眼, M)
밤(栗, L) - 밤(夜, M)

ㄴ. 두 음절 낱말

바람(MH), 눈썹(MH), 가을(MH), 다리(MH)
하늘(HM), 머리(HM), 얼음(HM), 아들(HM)
피리(HH), 그물(HH), 구름(HH)
사람(LM), 서울(LM), 임자(LM)

ㄷ. 세 음절 낱말

까마구(까마귀, MHM), 미나리(MHM), 꼬사리(고사리, MHM)
버부리(벙어리, HMM), 가무치(가물치, HMM)
하래비(할아비, HHM), 무지개(HHM)
거무리(거머리, LMM), 굼빙이(굼벵이, LMM)

다. 세기

소리의 세기(stress)는 진동체의 진폭의 크기에 의해서 결정되는 것이다. 소리에 진폭이 있기 때문에 소리의 세기는 있다. 세기는 달리 음강 또는 강약이라 한다. 강세를 받은 소리는 그렇지 않은 소리보다 보통 높고 길게 발음된다. 이 강세는 월이나 낱말에 얹혀서 실현한다. 세기가 말뜻을 변별하는데 관여하는 언어를 '세기 언어' 또는 '강세 언어'라 한다. 영어나 독일어가 대표적인 강세 언어다.

'세기 언어'에 대해 더 설명을 하면, 영어의 경우 낱말 단위에서 강세가 어디에 놓여 있는가에 따라서 말뜻을 분화하고 있다. 그러나 많은 다른 말에서는 소리의 세기가 말뜻을 변별하는 역할을 하지 못하는 것이 일반적이다.

한국어의 경우를 살펴본다. 한국어에 있어서는 대체로 말마디의 첫 음절을 세게 발음하는 것이 일반적 경향이다. 예(6)를 보인다.

⑩ (6) '머리, '사람, '손님, '간다, '본다

예(6)의 경우는 세기의 차이는 그렇게 크지 않으며, 세기는 말뜻으로 분화하는 변별적 기능을 가지지 못한다.

⑩ (7) '눈:−눈, '발:−발, '밤:−밤, '솔:−솔

예(7)의 긴 소리는 짧은 소리보다 세게 발음되므로, 세기가 변별적으로 기능하는 것 같이 보이나, 이 경우의 세기는 긴 소리에 수반된 것으로 보아진다. 곧 길이가 변별바탕이고, 세기는 그에 따르는 나머지바탕으로 보는 것이 좋다. 그것은 긴 소리는 반드시 세게 내지 않더라도 변별적으로 기능할 수 있기 때문이다.

따라서 한국어의 세기(stress)는 운소로서 기능하지 못하고, 한국어는 '세

기 언어(stress language)'는 아니다(허웅, 1985:246-347).

2. 억양

　억양(intonation)은 소리의 높낮이가 문법적 표현에 이용되는 것이다. 곧 초분절음(소리의 높낮이)이 월에 얹혀서 월의 뜻을 구별시키는데 이용되는 것이다.

　한국어에는 주로 씨끝에 억양이 얹혀서 의미를 달리 한다. 억양의 끄트머리를 올리는 경우(↑)와 내리는 경우(↓), 수평으로 말을 끄는 경우(→)가 있다. 이는 문법과 관련을 가진다. 곧 이러한 높낮이는 말의 뜻을 알아듣는 것에 중요한 구실을 할 수 있고, 말의 뜻(말본의 뜻)을 분화하는 구실을 하는 일도 있다. 이를테면 '밥을 먹어↑'의 오름은 물음, '밥을 먹어↓'의 내림은 시킴이나 서술, '밥을 먹어→'의 수평은 주로 말을 이어나갈 때 쓰인다.

　곧 말끝 높이에 따라 여러 가지 뜻으로 이해된다.

　　↑ 물음의 뜻(문을 열까?).
　　↓ 시킴의 뜻(문을 열어라.).
　　↓ 서술의 뜻(문을 연다.).
　　→ 말이 이어나감을 암시(문을 열어(서) 본다.).

그리고 예(8)를 보인다.

⑩ (8) ㄱ. 밥을 먹는다. ↓
　　　　밥을 먹어라! ↓

　　　ㄴ. 밥을 먹었니? ↑
　　　　네가 가느냐? ↑
　　　　오늘? ↑

　　　ㄷ. 밥을 먹고→(또 빵을 먹는다. ↓)
　　　　발을 디뎌→내려서니→(절벽이로다. ↓)

예(8) ㄱ은 말끝 높이가 내림인데 대체로 서술과 시킴에 쓰인다. 글의 월에서 서술은 '‧'으로 나타내고, 시킴은 '!'로 나타내는 일이 있다. 예(8) ㄴ의 말끝 높이가 오름인데 대체로 물음을 나타내게 된다. 글의 월에서 주로 '?'로 나타낸다. 그러나 물음은 반드시 '↑'로 끝맺어지는 것은 아니다. 곧 분명히 물음임을 나타내는 말이 있는 월에서는 그 끄트머리는 낮아지는 것이 원칙이다.

⑩ (9) 어데 가오 ↓
　　　무엇을 찾습니까 ↓

예(9) 보기의 이러한 물음은 '어데'와 '무엇'을 알고자 하는 것이다.

⑩ (10) 어데 가오 ↑
　　　무엇을 찾습니까 ↑

예(10) 보기처럼, '어데'나 '무엇'을 알고 싶어 하는 물음이 아니고, '가는 지', '찾는지'를 알려고 하는 물음에 있어서는 오름 가락으로 끝맺어진다.

그리고 '양자 택일의 물음'에 있어서는, 첫 물음은 오름으로, 끝 물음은 내림으로 발음된다. 곧 '이것이 물이냐 ↑ 술이냐 ↓'가 그 경우다(허웅, 1985:243~246).

이러한 억양의 풀이씨는 씨끝이 월의 끄트머리에서 말본 범주가 불분명할 때 중요한 역할을 한다. 즉 '너 어제 학교에 갔었어' 이 보기의 경우에는 서술, 물음, 서술 중 어느 것을 두고 한 말인지가 불분명하다. 그래서 이런 경우를 파악할 때는 억양이 더 필요한 것이다.

3. 소리 길이와 억양의 발음 교육 방법

한국어에서는 낱말의 대립을 가져오는 운소는 '길이(장단)'가 있고, 소리의 높낮이가 문법적 표현에 이용되는 '억양'이 있다.

가. 말소리의 길이 교육 방법

한국인에게는 학교의 국어 교육에서 운소인 소리의 길이를 가르치고 있다. 그러나 외국인을 위한 한국어 교육에서는 중점적으로 다루지 않고 있다. 한국어는 말소리의 긴소리와 짧은소리에 따라 낱말의 뜻이 달라지는 특징이 있다. 때문에 학교에서는 학습자에게 말소리의 길이를 교육하고 있다. 한국인은 운소인 소리의 길이를 너무 의식해서 억지로 소리를 짧거나 길게 발음해서 오히려 발음이 자연스럽지 못한 경우가 있다.

교사가 학습자에게 말소리 길이를 교육할 때, 어떤 낱말이 긴소리고, 어떤 낱말이 짧은 소리인지를 구분할 표지가 없다는 것이 어려운 문제이다. 그래서 말소리의 교육에서는 사전이나 좋은 교재, 표준어를 정확하게 구사하는 표준어 화자와의 꾸준한 접촉을 통해 인위적으로 배우는 것이 효과적이다.

그래서 운소(길이)의 교육 방법은 어휘와 문장 속에서 자연스럽게 짧거나 길이를 구별하여 발음할 수 있도록 낱말과 문장을 듣고 말하고 읽는 연습을 하는 학습이 좋다.

1) 길고 짧은 소리의 낱말 듣기·읽기

학습자는 교사가 제시한 그림 카드를 보고, 말소리 길이를 구별해 낱말을 읽는다. 학습자는 교사가 읽은 낱말을 따라 읽는다. 낱말을 통해 길고 짧음의 소리를 학생들에게 인지시킨다. 아래와 같이 그림이나 실물 자료 등을 학생들에게 제시하여 해당 낱말과의 관련성을 학습자 스스로가 인지할 수 있도록 해야 하고, 학습자가 낱말 뜻을 정확히 구별하게 학습한다.

[그림의 낱말 듣기·읽기]

[낱말 듣기·읽기]

길고 짧은 소리에 따른 최소대립쌍을 가진 낱말을 주로 듣고 읽게 하는 학습이다. 이는 교사가 낱말을 읽고 난 뒤에 학습자는 교사가 읽은 것을 듣고 읽는다. 학습에 활용하는 낱말은 기본 어휘를 중심으로 제시하는 것이 좋다.

긴소리	짧은 소리
눈ː(雪-snow) 밤ː(栗-chestnut) 말ː(言-language) 배ː(倍-double) 발ː(簾-blind) 일ː(勞動-job) 장ː사(壯士-strong man) 무ː력(武力-bayonet)	눈(眼-eye) 밤(夜-night) 말(馬-horse) 배(船-ship, 復-stomach) 발(足-foot) 일(一-one) 장사(商-business) 무력(無力-inability)

2) 문장 듣기·읽기

낱말의 뜻은 같은 홀소리에서 길이에 따라 달라진다. 홀소리 길이를 지도
할 때, 형태나 서로 다른 뜻을 가진 동음어를 구분 짓는 방법으로는 앞뒤 문
맥을 통하여 그 뜻을 파악하는 것이 효과적이다. 곧 음운 환경이 동일한 다
양한 낱말 발음 및 문장을 통해 발음의 자연성을 익히게 해야 한다.
　발음 연습 단계에서 자신의 발음 내용을 소집단이나 짝지를 통해 상호 교
정과 확인을 하는 활동이 중요하다.

[문장 듣기]

교사가 소리의 길이에 따라 낱말이 달라지는 다음 문장을 학습자에게 읽어
준다. 다음에 학습자는 아래의 문장에 밑줄을 그은 낱말의 말소리 길이(또는
짧음)에 대해 잘 들으면서, 길게 또는 짧게 소리 나는 낱말에 표시를 한다.
그리고 그 낱말의 뜻을 생각하게 한다.

- **말**은 **말**을 전혀 할 수 없다.
- **밤**에 **밤**을 구워서 먹는다.

- 옷의 소나무 **솔**잎을 **솔**로 없앤다.
- **사**과를 하면서 **사**과를 한 개 주었다.
- 땅에 **묻**은 보물을 자꾸 **묻**는다.
- 노인 허리가 **굽**은데 도자기를 **굽**는다.

[문장 읽기]

교사가 다음 문장에서 밑줄을 그은 낱말 가운데 긴소리(:)로 표시한 음절은 길게 소리를 내게 한다. 학습자는 교사를 따라 말소리의 길게 또는 짧게 발음하면서 낱말의 뜻을 생각하면서 읽는다. 읽는 방법은 학생 전체가 읽기, 조별로 읽기, 짝끼리 읽기, 한명이 읽고, 나머지는 따라 읽기 등이 있다.

- **말**은 **말**:을 전혀 할 수 없다.
- **밤**에 **밤**:을 구워서 먹는다.
- 옷의 소나무 **솔**잎을 **솔**:로 없앤다.
- **사**:과를 하면서 **사**과를 한 개 주었다.
- 땅에 **묻**은 보물을 자꾸 **묻**:는다.
- 노인 허리가 **굽**은데 도자기를 **굽**:는다.

[맞는 낱말을 ( )에 넣어 문장 완성하기]

말소리의 길이/짧음을 구별하는 낱말의 교육을 할 때는 그 낱말이 나타난 문장을 활용하면 좋은 방법이 된다.

교사는 학습자가 아래 표의 ①, ② 낱말 가운데서 맞는 것을 선택해서 ( )에 넣도록 하게 한다.

①말/ ②말:	가. 철수는 ( )을 잘 한다. 나. 철수는 ( )을 탈 수 없다.

142

①밤/ ②밤:	가. 우리 학교의 (　　)는 좋다. 나. (　　)의 껍질이 단단하다.
①눈/ ②눈:	가. 강원도에 (　　)이 많이 온다. 나. 내 동생은 (　　)이 크다.
①걷다/ ②걷:다	가. 학교까지 좀 (　　)는 것이 좋겠다. 나. 비가 오면 빨래를 (　　)는다.
①적다/ ②적:다	가. 이름표에 이름을 (　　)는다. 나. 장군에게는 밥이 (　　)다.

3) 긴소리가 짧은 소리로 바뀐 낱말의 듣기·읽기

[긴소리가 짧은 소리로 바뀐 낱말의 문장 읽기]

가) 긴소리가 짧은 소리의 발음

　같은 뜻을 가진 낱말이 첫음절에서는 길게 발음되다가 첫음절이 아닐 경우에는 짧은 소리로 바뀌므로 교사는 학습자가 문장의 밑줄 친 어휘를 길고/짧게 발음하게 한다.

- 보람이는 **말**장난도 잘 하고, 거짓**말**도 잘 한다.
- 이 **밤**나무에는 알**밤**이 열렸다.
- **눈**사람은 싸라기**눈**으로 만들 수 없다.

나) 움직씨·그림씨·홀소리 씨끝 있을 경우 발음

　움직씨(동사)나 그림씨(형용사)가 홀소리 씨끝(어미, 접미사)을 만나면 첫음절의 긴소리가 짧게 되고, 시킴(사동)의 가지(접미사)에서 긴소리가 짧게 되는데 학습자가 아래 문장의 밑줄 친 어휘를 길고/짧게 발음하게 한다.

- 나는 눈을 **감**고, 너는 눈을 **감**아라.
- 대학생은 **젊**으나, 노인은 **젊**지 않다.
- 철수는 **울**리고, 영희는 슬프게 **울**다.
- 발은 긴 줄로 **감**기고, 손은 짧은 줄로 **감**다.

[맞는 긴/짧은 소리 낱말을 확인하기]

이는 학습자가 음절의 자리에 따라 소리가 바뀐다는 인식과 용언의 활용 형태에서 낱말이 긴/짧은 소리로 바뀐다는 것을 인지하게 하는 학습이다. 긴 소리와 짧은 소리를 비교하게 한다.

교사는 학습자가 아래 표의 빈칸에 '×' 또는 'O'을 선택해 표시하게 한다.

긴소리가 짧은 소리로 바뀐 경우			
첫음절	긴소리(×) 짧은소리(O)	풀이말(용언)	긴소리(×) 짧은 소리(O)
눈산 싸라기**눈**	( ) ( )	**알**다 **알**아라	( ) ( )
귓속**말** **말**솜씨	( ) ( )	**닮**았다 **닮**다	( ) ( )
여왕**벌** **벌**꿀	( ) ( )	**감**다 **감**기다	( ) ( )
묻다 캐**묻**다	( ) ( )	**밟**히다 **밟**다	( ) ( )

나. 억양의 발음 교육 방법

일선 교사의 대부분은 발음 교육이 어렵다고 하소연 한다. 특히 학습자가 음소(분절음)를 익히는 것보다 운소(초분절음)를 익히는 것이 더 어렵다고 느끼고 있다. 실제로 말할이가 억양을 잘 못 구사하게 되면 말할이 의도와는 관계없이 다르게 말이 전달되어 의사소통에 지장을 초래한다.

억양 발음 교육 방법은 몇 가지의 원리가 있다.

① 억양은 문맥을 통해 교육한다.
② 억양 교육은 의사소통에 목적을 두고 있어야 한다.
③ 억양은 실제 말과 함께 교육되어야 한다.

[문장을 통한 듣기·말하기]

교사는 학습자에게 억양이 다른 문장(월)을 들려주고, 그러면 학습자는 들은 문장의 종류를 구분해, 아래에서 해당하는 문장에 표시(√)를 한다.

문장(월)	물음월	서술월	시킴월
• 지금 학교 가 • 밥 먹어			
• 지금 학교 가 • 아무것도 먹지 마			
• 지금 학교 가 • 밥을 먹는다		√	

[반복해서 문장을 읽기(말하기)] 4)

교사는 학습자에게 억양 곡선이 그려진 문장을 제시하면 학습자는 해당하는 것을 읽는다(말한다).

---

4) 허 용 외, 2009: 146~147.

- 부산에 가, (물음월)
- 부산에 가. (서술월)
- 부산에 가. (시킴월, 명령하게)
- 부산에 가. (꾀임월, 부드럽게)

[억양의 '내림(⎯⎯↘)·올림(⎯⎯↗)' 이해와 억양 활용]

① 아래 문장 "학교에 잘 다녀왔니?"를 말 할 때, 문장 끝 부분의 내림(⎯⎯↘)과 올림(⎯⎯↗) 중 맞는 것에, 교사는 학습자가 '(○)'표를 하게 한다.

- (내림) 학교에 잘 다녀왔니? (   )
- (올림) 학교에 잘 다녀왔니? (   )

② 아래 문장 "네, 잘 다녀왔습니다."를 말 할 때, 문장 끝 부분의 내림(⎯⎯↘)과 올림(⎯⎯↗) 중 맞는 것에, 교사는 학습자가 '(○)'표를 하게 한다.

- (내림) 네, 잘 다녀왔습니다. (   )
- (올림) 네, 잘 다녀왔습니다. (   )

[다음 문장 밑줄 친 부분의 억양을 잘 듣고 따라 해 본다.]

- 서술월: 열심히 공부를 **합니다.**
- 물음월: 요즘도 **바빠?**
- 물음월: 집에 **갈까 말까.**
- 시킴월: 오늘은 아무 것도 **먹지 마.**
- 꾀임월: 나와 같이 서울 **가자.**

1. 음절의 성격

가. 음절의 개념

낱말 '사람(ㅅㅏㄹㅏㅁ)', '먹다(ㅁㅓㄱㄷㅏ)'는 여러 가지 음소가 이어져 이루어진 것이다. 이 음소 소리들의 크기는 제 각각 다르다. 그 소리는 공깃길 (허웅, 1985:36)과 울림에 따라서 크기가 달라진다.

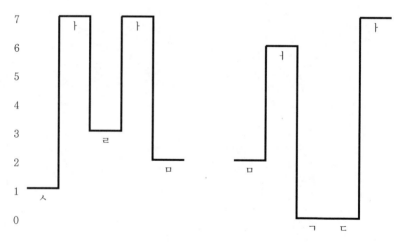

[그림 1] 공깃길 크기

위의 그림을 보면 /ㅏ, ㅏ, ㅓ, ㅏ/가 놓인 자리는 꼭대기가 되고, /ㅅ, ㄹ, ㅁ, ㅁ, ㄱ, ㄷ/가 놓인 자리는 골짜기이다. 이 꼭대기를 이룬 소리는 그 둘레의 소리보다 크게 들리는 소리로서 이것을 '성절음'이라 하고, 골짜기를 이룬 다른 소리들은 '비성절음'이라 한다.

말은 성절음과 비성절음이 교체되어 나타나고, 그래서 큰 소리와 작은 소리가 규칙적으로 교체되어 나타난다. 이에서 일종의 율동(리듬)이 생겨나도록 되어 있는데, 이 율동의 한 단위가 '음절'이다. 곧 음절은 한 꼭대기를 중심으로 이루어진다. 꼭대기가 있는 곳마다 음절이 하나씩 이루어지므로, 꼭대기를 이루는 소리를 '성절음'이라 한다(허웅, 1984:97).

음절은 여러 음소가 모여서 이루어진다. 한국어에서 닿소리와 반홀소리는 스스로 음절을 만들지 못 하고 반드시 홀소리와 결합해야만 음절이 이루어지는 것이다.

나. 음절 특징

음절의 특징 몇 가지를 들어 본다.

첫째, 음절은 하나 이상의 분절음으로 구성되어 있다. 예로 '아버님'은 세 음절로 구성되어 있는데, 첫음절은 하나의 분절음 /ㅏ/로만 구성되어 있고, 두 번째 음절은 두 개의 소리 /ㅂ/과 /ㅓ/로 구성되어 있고, 세 번째의 음절은 세 개의 소리 /ㄴ, ㅣ, ㅁ/로 구성되어 있다.

둘째, 음절은 더 이상 쪼갤 수 없는 최소의 발음 가능한 단위이다. 음절을 둘 이상으로 쪼개면 쪼개진 조각 중 적어도 하나는 발음할 수 없는 것이 된다. 예로 자체 발음 가능한 '박'은 'ㅂ-악'과 '바-ㄱ'로 나뉜다. 곧 이것은 발음의 유무로 쪼개어져 음절은 최소의 발음가능한 단위이다.

셋째, 음절은 '(첫소리)+가운뎃소리+(끝소리)'의 구조를 가지는데 가운뎃소리는 필수적인 성분이고, 가운뎃소리에는 반드시 성절음[1]이 하나가 들어 있다.

넷째, 음절의 운율적 요소(길이, 높임, 강세)는 일반적으로 홀소리에 걸린다기보다는 음절을 단위로 실현된다고 본다.

2. 음절의 구조

가. 음절 구성 성분

음절의 성분은 크게 첫소리(초성), 가운뎃소리(중성), 끝소리(종성)로 나눌 수 있다.

[표 1] 음절 성분

구 분	요 소	기 능	자 격
첫소리(초성, C)	수의적 요소	없을 수 있음	닿소리
가운뎃소리(중성, V)	필수적 요소	반드시 있음	홀소리
끝소리(종성, C)	수의적 요소	없을 수 있음	닿소리

한국어의 최대 음절 구조는 CVC이고, 최소 음절 구조는 V이다. 가능한 음절 구조는 V, CV, VC, CVC의 네 가지이다. 음절 구조 가운데 V, CV는 끝소리가 없는 열린음절(개음절)이고, VC, CVC는 끝소리가 있는 닫힌음절(폐음절)이다.

---

1) 성절음은 음절의 만듦에 꼭 필요한 소리이다. 곧 음절은 성절음과 비성절음으로 이루어져 있는데, 성절음(홀소리)은 음절의 핵심이 되고 비성절음(닿소리)은 음절의 주변이다.

나. 음절 구조 성분 위계

음절의 구성 성분인 첫소리, 가운뎃소리, 끝소리가 어떤 관계를 맺는가에 따라 위계가 다를 수 있다. 그에는 음절의 계층적 구조로 평면적 음절 구조와 분지적 음절 구조(우분지, 좌분지)가 있다.

1) 평면적 구조

평면적 음절 구조는 첫소리, 가운뎃소리, 끝소리가 대등하게 음절을 만든다. 음절 구조는 첫소리, 가운뎃소리, 끝소리가 각각의 요소가 어느 한 요소에 의존하지 않고 독자적으로 형성한다.

2) 분지적 구조

분지적 음절 구조는 음절 교점을 중심으로 구성 요소가 양분되는 모습을 보이는데 이를 '분지적 음절 구조'라 한다.

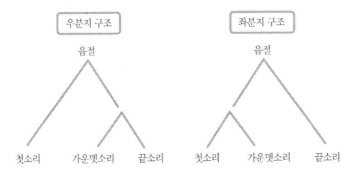

〈우분지 구조〉 가운뎃소리와 끝소리를 하나의 단위로 묶고, 여기에 첫소리를 결합하여 음절을 형성한다. 우분지 구조를 설정하려면 가운뎃소리와 끝소리를 하나의 단위처럼 밀접한 관계를 유지해야 한다. 예로 '연구실'의 '연'은 '가운뎃소리+끝소리'를 한 단위로 본 것이다.

〈좌분지 구조〉 첫소리와 가운뎃소리를 하나의 단위로 묶고, 여기에 끝소리를 결합하여 음절을 형성한다. 좌분지 구조를 설정하려면 첫소리와 가운뎃소리가 하나의 단위처럼 밀접한 관계를 유지해야 한다. 예로 '박정수'의 '수' 경우는 '첫소리+가운뎃소리'를 한 단위로 본 것이다.

3. 음절 유형

가. 음절 구조 유형

한국어의 구조는 '(닿소리)홀소리(닿소리)'로 이루어진다. 한국어의 음절 유형은 V형, CV형, VC형, CVC형의 네 유형이 있다.

[표 2] 음절 유형

음절 구조 유형		예
가운뎃소리	V	이, 아, 오, 우
첫소리+가운뎃소리	CV	가, 다, 니, 며
가운뎃소리+끝소리	VC	잎, 앞, 악, 앙
첫소리+가운뎃소리+끝소리	CVC	담, 감, 김, 님

한국어에서 첫소리에 올 수 있는 닿소리 19개, 가운뎃소리에 올 수 있는 홀소리 21개, 끝소리에 올 수 있는 닿소리 7개가 있다. V형 음절은 21개이고, CV형 음절은 399(19×21)개이고, VC형 음절은 147(21×7)개이고, CVC형 음절은 2793(19×21×7)개이다. 따라서 계산적인 한국어의 모든 음절 수는 3,360개가 된다. 그런데 정철의 '국어 음소 배열의 연구'에서 우리말에서 실현되고 있는 음절 수는 1,096개로 계산하고 있다[2].

[보충] 언어의 음절

일본말은 음절 구조가 원칙적으로 CV형이어서 V가 다섯이고, C가 아홉 정도밖에 되지 않는다. 일본말의 음절 수는 모두 50개이다. 글자 50개만 있으면 일본말은 적을 수 있다. 울림소리(탁음)가 있기 때문에 그 수는 약간 늘어나기는 하지만 그렇게 크게 늘어나지 않는다. 일본은 한자의 글자를 단순화하는 방법으로 '가나'라는 음절글자를 만들어 사용하고 있으며, 앞에서와 같이 일본말은 음절수가 적은 말이다. 그래서 일본말 글자는 음절글자를 할 수 있는 것이다.

한국어는 홀소리 사이에서 끝소리와 첫소리(끝-첫)에 올 수 있는 닿소리는 두 개 이상 올 수 없다. 그러나 영어에서는 홀소리 사이에서 닿소리가 올 수 있는 닿소리는 셋 또는 넷까지 온 예를 볼 수 있다. 예로 'spring[spriŋ], glimpsed[glimpst]' 등을 볼 수 있다. 따라서 영어의 음절의 수는 한국말보다 훨씬 많기 때문에 영어의 글자는 음절글자가 아닌 음소글자를 만들어 사용하는 것이다.

---

2) 일본말의 음절 조직은 매우 간단하다. 음절구조가 원칙적으로 CV형이어서 V가 다섯, C가 아홉 정도밖에 되지 않는다. 곧 일본말의 음절수는 모두 50개이다.

나. 음절 제약

한국어의 음절 유형은 음절 구성 성분과 관련된 제약에 좌우된다. 음절의 어떤 음소는 음절의 특정 위치에 나타나지 못하거나 특정한 음소와의 배열이 허용되지 않기도 한다. 따라서 음소(닿소리, 홀소리)와 음소가 이어날 때 제약이 있다(허웅, 1985:229~241).

〈첫-가운뎃소리 이음〉 말 첫머리의 첫소리(19개)와 가운뎃소리(21개)가 이어 날 때 음소의 제약을 살펴보면 다음과 같다.

ㄱ. 일반적으로 /ㅖ/, /ㅒ/에는 첫소리가 잘 연결되지 않는다(예: *볘, *몌).

ㄴ. 혀끝소리는 /j/계 겹홀소리에는 앞서지 않는다. 말 가운데에서 /ㅅ/와 /ㄷ/는 이어날 수 있고 /ㄴ/는 자유롭게 연결된다(예: *뎌, *셰).

ㄷ. /ㅢ/겹홀소리는 그 자체가 불안정해서 첫소리를 연결하는 일이 별로 없다(예: *믜, *픠, *릐, 예외: 늬, 띄).

ㄹ. 일반적으로 /w/계 겹홀소리도 닿소리가 잘 연결되지 않는 경향이 있는데, 특히 입술소리에서 심하다(예: *뷰, *뮤, *뷔, *뮈).

ㅁ. /ㅇ/, /ㄹ/은 말 첫머리에서 첫소리가 될 수 없다(예: *리, *류).

[표 3] 말 첫머리의 첫소리-가운뎃소리의 이음(허웅, 1985:238)

첫가	ㅂ	ㅃ	ㅍ	ㅁ	ㄱ	ㄲ	ㅋ	ㄷ	ㄸ	ㅌ	ㄴ	ㅈ	ㅉ	ㅊ	ㅅ	ㅆ	ㅎ	ㅇ	ㄹ
ㅣ	○	○	○	○	○	○	○	○	○	○	×	○	○	○	○	○	○	○	○
ㅔ	○	○	○	○	○	○	○	○	○	○	○	○	○	○	○	×	○	○	○
ㅐ	○	○	○	○	○	○	○	○	○	○	○	○	○	○	○	○	○	○	○
ㅟ	×	×	×	×	○	○	○	○	○	○	○	×	○	○	○	○	×	○	×
ㅚ	○	×	×	×	○	○	○	○	○	○	○	○	○	○	○	○	×	○	○
ㅡ	×	×	○	○	○	○	○	○	○	○	○	○	○	○	○	×	×	×	×
ㅓ	○	─	○	○	○	○	○	○	○	○	○	○	○	○	○	○	○	○	○
ㅏ	○	○	○	○	○	○	○	○	○	○	○	○	○	○	○	○	○	○	○
ㅜ	○	○	○	○	○	○	○	○	○	○	○	○	○	○	○	○	○	○	○
ㅗ	○	○	○	○	○	○	○	○	○	○	○	○	○	○	○	○	○	○	○
ㅞ	×	×	○	○	○	×	×	×	×	×	×	○	×	×	×	×	○	○	○
ㅒ	×	×	×	×	○	×	×	×	×	×	○	×	×	×	×	×	○	×	×
ㅕ	○	○	○	○	○	○	○	○	×	×	×	×	×	×	×	×	○	○	○
ㅑ	○	○	○	○	○	○	○	○	×	×	×	×	×	×	×	×	×	○	○
ㅠ	×	×	×	×	×	×	×	×	×	×	○	×	×	×	×	×	×	○	×
ㅛ	×	○	○	○	○	×	×	×	×	×	×	○	×	×	×	×	○	○	○
ㅝ	×	×	×	×	○	○	○	○	×	×	×	×	×	×	×	×	○	○	×
ㅖ	×	×	×	×	○	×	×	×	×	×	○	×	×	×	×	×	○	○	○
ㅙ	×	×	×	×	○	○	×	×	×	×	×	×	×	×	×	×	○	×	×
ㅝ	○	×	×	×	○	○	×	×	×	×	○	×	×	×	×	×	○	×	×
ㅘ	○	×	×	×	○	○	×	×	×	×	○	×	×	×	×	×	○	×	×
ㅢ	×	×	×	×	×	×	×	×	○	○	○	×	×	×	×	×	○	○	×

※ ○는 연결 가능, ×는 불가능, 다만 /ㅇ/, /ㄹ/는 말 가운데의 경우임

〈가운데-끝의 이음〉 가운뎃소리(21개)와 끝소리(7개)의 연결에서 음소의 제약을 살펴보면 다음과 같다.

ㄱ. /ㅖ/, /ㅒ/에 붙는 끝소리가 별로 없다(예: *몍, *얨).

ㄴ. /ㅢ/에 끝소리가 거의 붙지 않는다(예: *닝, 에외: 닝금, 닁리리야).

ㄷ. /ㅂ/ 끝소리가 /w/계 겹홀소리에 붙지 않는다(예: *뵵, *굡).

[표 4] 가운뎃소리-끝소리의 이음(허웅, 1985:239)

가운 \ 끝	/ㄱ/	/ㄷ/	/ㅂ/	/ㅇ/	/ㄴ/	/ㅁ/	/ㄹ/
/ㅣ/	익다	믿고	입다	징	신	김	길
/ㅔ/	덱데굴	넷	멥새	넹큼	엔담	셈	멜빵
/ㅐ/	객지	했다	햅쌀	생강	맨주먹	뱀	밸
/ㅟ/	획획	귓것	쉽다	뒹굴다	쉰	뜀	쥘손
/ㅚ/	획기적	뒷박	뵙다	굉장	된장	굄돌	욀총
/ㅡ/	늑대	듣고	늪	등	근	금	글
/ㅓ/	먹다	걷고	덥다	엉겅퀴	수건	주검	멀다
/ㅏ/	막다	맡고	잡다	강	간	감	갈
/ㅜ/	국	굳고	굽다	궁둥이	눈	춤	꿀
/ㅗ/	목	돈고	돕다	동녘	돈	곰	골
/ㅖ/	—	옛	겹시다	—	—	—	—
/ㅒ/	—	—	—	—	갠 (그 아이는)	—	갤 (그 아이를)
/ㅕ/	여자	엿	옆	경과	연못	염치	열다
/ㅑ/	약속	얄보다	밥뛰어가다	양	반덕	얌치	걀죽하다
/ㅠ/	육성	윷	—	융	윤씨	—	귤
/ㅛ/	욕	푯대	—	용	—	고욤	—
/ㅟ/	(/y/보라)						
/ㅞ/	꿱꿱	—	—	웽웽	웬(일)	꿰지	(욀총)
/ㅙ/	꽥꽥	쾟돈	—	쨍과리	괜찮다	—	—
/ㅝ/	워더글	구웠다	—	꿩	원고	—	월간
/ㅘ/	왁새	왔다	—	광	완수	—	왈패
/ㅢ/	—	—	—	(닝큼)	—	—	닐리리야

〈끝-첫의 이음〉 앞음절이 닿소리로 끝나고 뒤음절이 닿소리로 시작될 경우 많은 음운 변동과 음소가 이어나는 데에도 제약이 있다.

ㄱ. /ㅇ/은 끝소리 자리에서만 실현될 수 있기 때문에 다음 음절이 홀소리로 시작되어도 이어날 수 없다(예: 종이).

ㄴ. /ㄹ/ 첫소리는 /ㄹ/ 이외의 다른 끝소리에는 이어나지 않는다(예: 달

리, 십리[심니]).

ㄷ. /ㄴ/ 첫소리는 /ㄹ/ 끝소리에 이어날 수 없고, /ㄹ/ 첫소리도 /ㄴ/ 끝소리에 이어날 수 없다(예: 달나래[달라라], 신라[실라]).

ㄹ. /ㅁ/, /ㄴ/ 첫소리는 /ㄱ/, /ㄷ/, /ㅂ/ 끝소리에 이어나지 않는다. 왜냐하면 콧소리 앞에서 /ㄱ/과 /ㅇ/, /ㄷ/과 /ㄴ/, /ㅂ/과 /ㅁ/은 각각 중화적이어서 /ㅇ/, /ㄴ/, /ㅁ/만이 나타날 수 있기 때문이다(예: 닫는 →단는, 밥만→밤만, 국민→궁민).

[표 5] 끝소리-첫소리 이음(허웅, 1985:241)

끝 / 첫	ㄱ	ㄷ	ㅂ	ㅇ	ㄴ	ㅁ	ㄹ
ㅂ	*각별	*낮보다	*압박	낭비	난봉	남비	갈비
ㅃ	쑥뿌리	뺏뺏하다	집뱀	등불	돈벌이	남빛	돌부리
ㅍ	독풀	낱푼	갑판	방파제	간판	감파르다	갈피
ㅁ	—	—	—	강물	간막이	남매	갈모
ㄱ	*독감	*돋구다	*납거미	강경	난간	감기	날개
ㄲ	끽끽거리다	갓끈	곱꺽다	땅껍질	단꿈	감꽃	갈꽃
ㅋ	식칼	낱켤레	접칼	땅콩	손칼	삼키다	갈퀴
ㅇ	—	—	—	—	—	—	—
ㄷ	*낙담	*갓두루마기	*굽도리	광대	간단히	감독	돌다리
ㄸ	각띠	낮때	앞뜰	낭떠러지	난딱	감떡	날뛰다
ㅌ	낙타	덧토시	밥통	통틀어	손톱	감투	달통
ㄴ	—	—	—	강낭콩	간나위	남녀	
ㄹ	—	—	—	—	—	—	갈래
ㅈ	*낙지	*갓장이	*납작코	낭자	간장	감자	날장판
ㅉ	약찌꺼기	짓찧다	사립짝	콩짜개	손찌검	남쪽	날짜
ㅊ	독창	낮참	앞치마	강철	잔치	감초	갈치
ㅅ	낙성	낫살	납세	강설	간섭	남산	갈삿갓
ㅆ	죽쑤다	엿쌀	좁쌀	쌍쌍	찐쌀	솜씨	날쌔다
ㅎ	**각하	**맏형	**삽화	냉혹	간호	감행	돌함

* 첫 소리의 /ㅂ/, /ㄱ/, /ㄷ/, /ㅈ/는 된소리로 나는 경향이 있고, 같은 소리가 이어나면 한 된소리가 된다. **이 경우에는 하나의 음소로 줄어진다.

〈음절 구조 이음〉 음절 구조가 이어날 경우에는 다음과 같은 현상이 실현된다.

ㄱ. 홀소리 충돌: 앞 음절이 홀소리로 끝나고 뒤 음절 역시 홀소리로 시작되는 경우이다. ⓐ 크+어→커, 쓰+어→써.

ㄴ. 가장 안정된 음절 연결: 앞 음절이 홀소리로 끝나고 뒤 음절이 닿소리로 시작될 경우이다. ⓐ 나는, 보고.

ㄷ. 소리이음: 앞 음절이 닿소리로 끝나고 뒤 음절이 홀소리로 시작되어 형태소 경계와 음절 경계가 달라지는 경우이다. ⓐ 옷을→오슬, 먹이→머기.

4. 한국어 음절 발음의 교육 방법

가. 음절 구조 특징과 원리 교육 방법

음절 유형은 네 가지가 있다. 음절 구조 가운데 V형과 CV형은 끝소리가 없는 열린음절(개음절)이고, VC형과 CVC형은 끝소리가 있는 닫힌음절(폐음절)이다.

1) 음절 구조 교육에서 중시해야 할 몇 가지는 다음과 같다.

가) 한국어 음절의 성분은 크게 첫소리(C), 가운뎃소리(V), 끝소리(C)로 나눌 수 있다.

나) 음소(닿소리. 홀소리)와 음소가 이어 날 때 제약이 있는데, 교사는 학습자에게 이런 제약 현상이 있음을 지도해야 한다.

첫째 말 첫머리의 첫소리(19개)와 가운뎃소리(21개)가 이어 날 때 음소의 제약이 있고, 둘째 가운뎃소리(21개)와 끝소리(7개)의 연결에서 음소의 제약이 있고, 셋째 '끝소리−첫소리의 이음'인데 앞 음절이 닿소리로 끝나고 뒤 음절이 닿소리로 시작될 경우 많은 음운 변동과 음소가 이어나는 데에도 제약이 있다.

다) 한국어에서 첫소리에 올 수 있는 닿소리 19개, 가운뎃소리에 올 수 있는 홀소리 21개, 끝소리에 올 수 있는 닿소리 7개(음가)인 /ㄱ, ㄴ, ㄷ, ㄹ, ㅁ, ㅂ, ㅇ/가 있다. 음절 교육에 있어 학습자에게 발음과 실제 표기는 다르다는 것을 지도해야 한다.

[표 6] 닿소리의 끝소리 음가

첫소리 자리		끝소리 자리	
음가(19음소)	예) 음절	음가(7음소)	예) 음절
/ㄱ, ㅋ, ㄲ/	공, 콩, 꽁	/ㄱ/	국[국], 억[억], 밖[박]
/ㄴ/	놀	/ㄴ/	산[산]
/ㄷ, ㅌ/	독, 통	/ㄷ/	독[독], 밭[받]
/ㄹ/	우리	/ㄹ/	달[달]
/ㅁ/	문	/ㅁ/	감[감]
/ㅂ, ㅍ/	불, 풀	/ㅂ/	밥[밥], 잎[입]
/ㅅ, ㅆ/	살, 쌀	/ㄷ/	빗[빋], 겠[겓]
/ㅇ/	오[ㅗ]	/ㅇ(ŋ)/	강[강]
/ㅈ/	종	/ㄷ/	젖[젇]
/ㅎ/	한	/ㄷ/	넣[넏]−
/ㄸ, ㅃ, ㅊ, ㅉ/	딸, 뿔, 책, 짝	×	×

라) 낱의 첫 사리에 낳소리 없이 홀소리가 올 때에는 반느시 /ㅇ/를 쓰노록 한다.

마) 한국어 받침의 닿소리는 한 개 또는 두 개로 쓰인다는 것을 알게 한다.

바) 겹받침의 발음은 음운 변동 현상으로서 여기서는 일부만을 다루어지게
할 수 있다.

사) 한글은 음절 단위로 모아쓰기를 한다는 것을 분명히 알게 해야 한다.

첫소리(닿1)	가운뎃소리(홀)	끝소리(닿2)	음절
ㅂ	ㅏ	ㄱ	박

2) 음절 구조 네 가지 유형 시각적인 교육

한국어 음절의 유형은 네 가지가 있는데, 기본적으로 '(첫소리 닿소리)-홀
소리-(끝소리 닿소리)' 형태로 되어 있음을 알게 하도록 한다. 그리고 음절
네 가지를 순서대로 제시하여 차례대로 읽는 연습을 반복하는 것이 좋다.

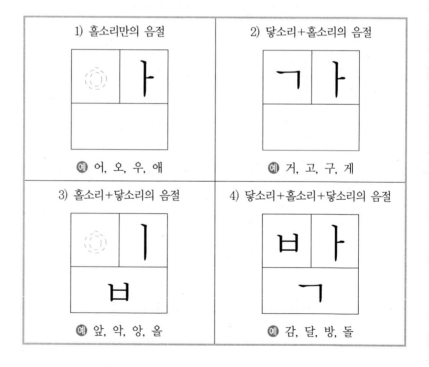

160

나. 음절 구조 교육의 방법과 활동

1) 닿소리와 홀소리를 익히면서 음절의 읽기 연습

아래 음절표의 닿소리와 홀소리를 익히면서 학습자는 교사가 읽은 음절을 따라 읽는 활동이다.

[음절표]

	ㄱ	ㄴ	ㄷ	ㄹ	ㅁ	ㅂ	ㅅ	ㅇ	ㅈ	ㅊ	ㅋ	ㅌ	ㅍ	ㅎ
ㅏ	가	나	다	라	마	바	사	아	자	차	카	타	파	하
ㅑ	갸	냐	댜	랴	먀	뱌	샤	야	쟈	챠	캬	탸	퍄	햐
ㅓ	거	너	더	러	머	버	서	어	저	처	커	터	퍼	허
ㅕ	겨	녀	뎌	려	며	벼	셔	여	져	쳐	켜	텨	펴	혀
ㅗ	고	노	도	로	모	보	소	오	조	초	코	토	포	호
ㅛ	교	뇨	됴	료	묘	뵤	쇼	요	죠	쵸	쿄	툐	표	효
ㅜ	구	누	두	루	무	부	수	우	주	추	쿠	투	푸	후
ㅠ	규	뉴	듀	류	뮤	뷰	슈	유	쥬	츄	큐	튜	퓨	휴
ㅡ	그	느	드	르	므	브	스	으	즈	츠	크	트	프	흐
ㅣ	기	니	디	리	미	비	시	이	지	치	키	티	피	히

[보충] 음절표

음절표는 한글을 처음 배울 때에 사용하는 학습 자료다. 이 음절표는 한글을 학습할 때 옛날에는 많이 활용했다. 지금은 음절표를 통한 한글 익히는 현상은 그렇게 많지는 않다. 그러나 유치원과 초등학교에서는 음절표를 통한 한글 지도하는 것을 더러 볼 수 있다. 음절표는 '가, 나, 다, 라' 등의 ─첫소리와 가운뎃소리의 연결─ 음절자들을 가로세로 일정한 순서로 배열한 것이다. 그런데 한국어 음절자들을 모두 배열하려고 하면 표가 너무 크다. 그래서 음절표를 통해 한글을 어느 정도 익힌 뒤, 음절 이해 형성과 함께 음절표의 활용을 점점 줄여가는 것이 일반적인 현상이다.

교육과정에서 '글자의 짜임과 글자의 읽기'는 초등학교 1학년에서 지도 내용으로 제시하고 있다. 학습 활동 방법으로 음절표의 닿소리와 홀소리를 익히면서 따라 읽기, 음절에서 닿소리와 홀소리 바꾸어 읽기, 음절표의 글자로 낱말 만들기 등이 있다. 음절 유형 학습 순서는 먼저 '닿소리+홀소리'로 구성된 열린음절의 발음, '닿소리+홀소리+닿소리'의 닫힌음절 발음, 마지막으로 닫힌음절 중 받침(닿소리)이 둘인 순으로 지도한다.

음절표를 통해 학습을 할 때 주의할 것이 있다. 즉 첫소리와 가운뎃소리의 연결에서 제약이 있는데, 이때에 교수자는 학습자에게 음소 연결의 제약이 있음을 알게 한다. 곧 학습자들에게 '닿소리+홀소리'의 이음과 '홀소리+닿소리'의 이음에 제약이 있음을 학습해야 한다. 예 *뵤, *츄 등이 있다.

2) 네 가지 음절 유형 만들기

이는 학습자가 닿소리와 홀소리를 결합하여 음절을 만드는 활동이다. 나아가 학습자가 1음절 2음절 3음절 등을 만들게 하면 더 좋다. 이어 교사는 학습자가 만든 음절을 읽게 한다.

[빈칸에 '홀소리'로 구성된 음절을 써 보자.]

아			

[빈칸에 '닿소리+홀소리'로 구성된 음절을 써 보자.]

바			

[빈칸에 '홀소리+닿소리'로 구성된 음절을 써 보자.]

옥			

[빈칸에 '닿소리+소리+닿소리'로 구성된 음절을 써 보자.]

잔			

3) 음절 유형의 학습순서 체계적 방법

음절 지도에 있어, 먼저 받침이 없는 음절을 지도하고, 다음으로 받침이 있는 음절을 지도하는 차례로 지도를 한다.

가) 받침이 없는 음절

['홀소리'로 된 음절 듣고 읽기]

닿소리 'ㅇ'는 첫소리 자리에 있을 때 아무런 음가가 없으므로, '아'의 'ㅏ'

이다. 때문에 학습자들이 이때의 'ㅇ'에 대해 전혀 의식할 필요가 없게 하지만, 표기할 때는 반드시 첫소리에서는 'ㅇ'을 함께 쓰게 지도해야 한다.

아 어 오 우 으 이 애 에 외 위
야 여 요 유 얘 예
와 왜 워 웨 의

['닿소리＋홀소리'로 된 음절 듣고 읽기]

바 하 더 조 새 게 되 쥐
꾸 또 빠 쏘 찌
코 테 패 쳐
갸름 며칠 표 규모 과 돼지

나) 받침이 있는 음절

끝소리로 발음되는 7개의 닿소리 /ㄱ, ㄴ, ㄷ, ㄹ, ㅁ, ㅂ, ㅇ/을 변동 규칙 '일곱 끝소리 되기'와 함께 활동한다. 즉 끝소리 /ㅍ, ㅋ, ㄲ/ 등이 있는 낱말을 제시하면서 발음이 안 된다는 것을 인식하게 한다. 곧 'ㅍ→ㅂ, ㅋ→ㄱ, ㄲ→ㄱ'로 발음을 알게 한다.

['홀소리＋닿소리'로 된 음절을 듣고 구별하기]

안 원고 점수 양 열
악 부엌 입 잎
잇다 있고 얻자 옅다
엊그제 옻 옻나무

['닿소리＋홀소리＋닿소리'로 된 음절을 듣고 구별하기]

낙타 간장 겁 벌 꿩
각 낚시
듣고 밭 푯대 낮 꽃

1. 변동의 뜻

가. 형태소

〈음소〉 말뜻의 변별을 초래하는 소리를 음소(phoneme)라 하고, 음소는 구체적인 소리의 낱덩이인 음성(변이음: [k], [g], [ɤ], [kˈ])의 집합(/k/)이다.

〈형태소〉 일정한 소리에 일정한 뜻이 맞붙어서 된 말의 단위 가운데 가장 작은 것이 형태소(morpheme)이다. 월(문장) '원숭이가 큰 범을 잡았다'를 분석해 본다.

(1) ㄱ. 원숭이가 큰 범을 잡았다.
ㄴ. 원숭이가/ 큰 범을 잡았다.
ㄷ. 원숭이가// 큰 범을/ 잡았다.
ㄹ. 원숭이가/// 큰/ 범을// 잡았다.
ㅁ. 원숭이-가 크-ㄴ 범-을 잡-았-다.

위의 월은 단계적으로 나눌 수 있는데, 곧 (1)ㄴ과 같이 일차적으로 나누면 임자말(주어) '원숭이'와 큰 풀이말(서술어) '큰 범을 잡았다'로 분석된다. (1)ㄷ의 큰 풀이말은 부림말(목적어)인 '큰 범을'과 풀이말인 '잡았다'로 나누어지고, 다음으로 (1)ㄹ의 부림말은 '큰'과 '범을'로 나누어진다. (1)ㅁ은 이름씨

'원숭이'와 토씨 '가'로, 매김씨 '큰'은 줄기 '크'와 씨끝 'ㄴ'으로, 이름씨(명사) '범'과 토씨(조사) '을'로, 움직씨 '잡았다'는 줄기(어간) '잡-'과 안맺음씨끝 (보조어간) '-았-'과 씨끝(어미) '-다'로 나누어진다. 따라서 이 월은 9개의 형태소로 만들어져 있다.

형태소는 이와 같이 더 이상 분석하면 본래의 뜻을 잃게 되는 뜻을 가진 가장 작은 말의 단위다. 그런데 한 형태소가 다른 형태소와 이어날 때―특정한 자리에 놓일 때―는 그 꼴이 바뀌는 일이 있다.

〈형태〉 한 형태소가 다른 형태소와 이어날 때 또는 그 놓이는 자리에 따라 여러 가지 꼴로 바뀌는 일이 있는데 그것들을 각각 '형태(morph)'라 한다.

〈변이형태〉 한 형태소는 그 꼴이 고정되어 있지 않아서 어떠한 환경에 놓이는가에 따라 다르게 실현된다. 이 형태소의 여러 형태를 '변이형태 (allomorph)'라 한다. 변이형태는 형태소의 꼴바꿈인 여러 형태들이고, 형태소와 변이형태의 관계는 음소와 변이음의 관계와 동일하다.

예를 들어 '값'이 환경에 따라 바뀌어 실현될 때 '값'을 기본형태로 잡았을 경우 여러 변이형태를 아래서 보인다.

[표 1] '값' 형태소의 변이형태 유형

기본형태	변동 형태	환경	예
값(1)	값	홀소리 앞	값+이
값(2)	갑	닿소리 및 휴식 앞	값+도 → 갑도, 값# → 갑#
값(3)	감	콧소리(비음) 앞에서	값+만 → 갑만 → 감만

'값' 형태소는, 다른 형태소와 이어날 때, 또는 그 놓이는 자리에 따라, 여러 가지 꼴로 바뀌었는데 이를테면 '값, 갑, 감'과 같이 실현된다. '값, 갑, 감' 따위를 각각 '형태'라 하고, 한 형태소가 구체적인 말에서 실현되는 형태들을 형태소의 '변이형태'라 한다. '형태소-변이형태'와 '음소-변이음'의 관

계는 음소와 변이음과의 관계와 같다.

한 형태소는 여러 변이형태의 나열로 표기될 수 있는데, 예를 들어 '먹'의 형태소는 '먹-, 멍-, 멕-'의 변이형태이고, '밭'의 형태소는 '밭-, 밫-, 받-, 반-'의 변이형태이다.

나. 기본(대표)형태 정하기

음소는 여러 변이음 중에서 하나의 기본음을 가려서 그것으로 그 음소의 대표로 삼고, 음소 표기도 그 대표음을 내 세운다. 즉 변이음 [k, g, ɤ, kˀ] 가운데서 /k/ 소리를 대표로 정해 음소로 한다. 이처럼 형태소 표기도 여러 변이형태들 가운데에서 하나의 대표를 가려서 정하는 것이다. 형태소의 변이형태는 기본형태와 비기본형태로 나눠진다.

〈기본(대표)형태를 정하는 방법〉 기본(대표)을 정하는 데는 확고한 기준이 있는 것은 아니다. 그러나 가능하다면 한 형태에서 다른 형태로의 변이가 간결하게, 일반성 있게(보편적), 합리적으로 설명되는지를 기준으로 삼는 것이 좋다(허웅, 1986:251-260).

'값' 형태소에 있어서 바뀌는 음소는 세 가지가 있다.

첫째, 끝소리 /ㅅ/가 들어가기도 하고, 안 들어가기도 하며,

둘째, 소리는 /ㅂ/로 나기도 하고, /ㅁ/로 나기도 하며,

셋째, 첫소리는 /ㄱ/로 나기도 하고 /ㄲ/로 나기도 한다.

〈기본형태 설명 방법〉 아래에서 예를 들어 '값' 형태소의 변이형태 '값, 갑, 감' 가운데서 기본형태를 정해 보도록 한다.

1) '값'을 기본(대표)형태로 잡았을 때의 여러 변이 형태를 이끌어 내는 규칙이다

가) 값→값/ -홀소리(홀소리 가지 앞에서): 이는 '홀+닿$닿+홀'[1]의 연

결로 홀소리 사이에서 두 닿소리 사이에 음절의 경계가 놓여서 저항 없는 소리 결합을 이룬다. 예, '값+이→갑시'이다

나) 값→갑/ -닿소리(닿소리나 휴식 앞에서): 가운뎃소리 사이에는 둘 이 상의 닿소리를 허용하지 않기 때문에, 역시 한 닿소리가 줄어지는 수 밖에 없다. 곧, /ㅅ/가 탈락하는 것은 합리적으로 설명이 가능하다. 예 로 '값도→갑도'이다.

다) 값→감/ -콧소리: 이 변동은 콧소리되기로 한국어에 있어서 일반적 현상이다. 예로 '값만→갑만→감만'이다.

'값'을 기본형태소로 정할 때는 위의 가, 나, 다)는 모두 설명이 가능 하다. 이 세 규칙은 한국어에 있어서는 모두 보편적이다.

2) '갑'을 기본(대표)형태로 정했을 경우(변이형태 이끌어 내는 규칙)이다

가) 갑→값/ -홀소리: 이 규칙은 /ㅅ/가 없어지는 것에 대한 설명이 불가 능하다. 홀소리 앞에서 /ㅅ/가 나타나는데, 이 때 /ㅅ/ 소리가 /ㅂ/ 다 음에 나타나야 하는지 설명이 되지 않는다. 즉, 왜 /ㅅ/가 들어가야만 하는가의 문제이다.

나) 갑→갑/ -닿소리: 닿소리 앞에서 반드시 /ㅂ/ 소리가 와야 하는 것에 대한 설명이 불가능 하다.

다) 갑→감/ -콧소리: /ㅂ/가 콧소리 앞에서 콧소리되어 /ㅁ/로 바뀐 경우이 다. 한국어에서는 콧소리 앞에서 /ㅂ/와 /ㅁ/의 대립은 중화되며, 이 자리에서는 /ㅁ/만이 나타날 수 있다. 따라서 /ㅂ/→/ㅁ/의 변이 방향을 정하게 되면, 그 변이의 이유가 한국어의 일반 특성으로 설명된다.

위의 2) '갑'을 기본(대표)형태로 정했을 경우, 다)의 경우만 설명이

---

1) '$'는 음절의 경계를 나타낸다.

가능하고, 가)와 나)는 모두 설명이 안 된다. 특히 가)의 경우 하필이면 /ㅅ/가 선택되어야 하는가? 그 이유를 찾기 힘들다.

3) '감'을 기본(대표)형태로 정한 경우이다

가) 감→값/ −홀소리: 이 환경에서 보면 닿소리 /ㅁ/가 /ㅄ/로 바뀌는 것에 대해 설명이 안 된다.

나) 감→갑/ −닿소리: 이 경우 /ㅁ/→/ㅂ/의 방향을 취하면, 그 변이의 이유가 합리적으로 설명되지 않는다. 콧소리 아닌 다른 소리 앞에서 /ㅁ/가 /ㅂ/로 바뀔 아무런 음운학적 이유가 없기 때문이다. 곧, 이는 /ㅁ/가 아닌 /ㅂ/가 있는 편을 대표로 해야 한다.

다) 감→감/ −콧소리: 콧소리 앞에서 콧소리인 /ㅇ, ㅁ, ㄴ/ 가운데서 닿소리 /ㅁ/ 소리가 선택되어야 하는 것에 설명이 안 된다.

　위의 3) '감'을 기본형태로 정한 경우는 가), 나), 다)에서 살펴봤지만 모두 설명이 불가능하다.

따라서 '값, 갑, 감' 가운데서 '값'을 기본(대표)으로 뽑는 것이 가장 좋은 방법이다. 이렇게 해서 뽑힌 대표('값')를 '기본형태'라 한다. 변이형태의 변이 방향(규칙)을 아래에서 그림으로 보인다.

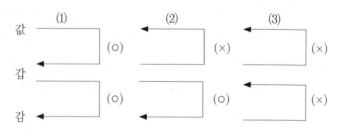

[그림 1] 변이 형태의 변이 방향

〈기본을 결정하기 어려운 경우〉 변이형태의 기본과 비기본은 위의 경우와 같이 잘 결정되는 일도 있으나. 때로는 그렇게 잘 결정되지 않는 일도 있다. 예로 '-아라'와 '-어라'는 홀소리의 발음에 따라 가려지는데, '-아라'가 어두운홀소리 밑에서 '-어라'로, 그 반대로 '-어라'가 밝은홀소리 밑에서 '-아라'로 바뀐다고 설명한다. 그 합리성 간결성에 우열이 있을 수 없다. 이런 경우에는 그 중의 한 가지를 임의로 가린다,

다. 형태소의 꼴 바뀜 두 조건

하나의 형태소가 그 놓이는 환경에 따라 달리 실현되는 것을 '변이'라고 하고, 이렇게 변이된 꼴들을 각각 '형태'라 한다. 여러 형태소의 여러 형태를 그 형태소의 '변이형태'라 한다.

〈음성적 변이형태〉 형태소의 변이가 음성적 조건에 따라 결정되는 것을 '음성적 변이형태'이다. 즉 예로 '먹-'이 '멍-'으로 바뀌는 것은 그 다음에 콧소리가 온다는 음성적 조건에 따른다. 그리고 임자자리토씨의 '-가'와 '-이'도 그 선택은 그 앞에 오는 소리(홀소리와 닿소리)의 다름으로 결정된다.

〈형태적 변이형태〉 이는 연결되는 형태소 자체에 따라서 바뀌는 변이형태이다. 예를 들어 설명하면 '가-, 오-, 하-'와 같은 줄기에 '-아라, -어라'가 이어날 수 없는 음성적 조건은 발견되지 않는다. 그러나 '가-, 오-, 하-'의 줄기에 이어날 수 있는 '-거라, -너라, -여라'가 쓰이는 조건은 음성적으로는 설명되지 않고 줄기의 종류로 설명할 도리밖에 없다. 곧 '가-' 줄기 밑에는 시킴의 씨끝은 '-거라'가 쓰이고, '오-' 줄기 밑에는 '-너라'가 쓰이고, '하-' 밑에는 '-여라'가 쓰인다고 설명할 도리밖에 없다. 곧, 시킴꼴 씨끝 가운데 '-거라, -너라, -여라'은 각각 '자-, 오-, 하-'줄기의 밑에서 결합할 때만 나타난다고 설명하는 것밖에 없다.

이와 같이 그 변이형태의 쓰임이 음성적 조건으로는 설명되지 않고, 오직 그것이 연결되는 형태소 자체에 의해서만 설명되는 것을 '형태적 변이형태'라 한다.

〈같은 계통의 변이형태〉 {값}의 '값, 갑, 감'의 변이형태는 분명히 하나의 언어요소가 그 놓이는 환경의 다름에 따라 자동적으로 바뀐 것에 지나지 않는다. 이러한 변이형태를 '같은 계통의 변이형태'라 한다.

〈다른 계통의 변이 형태〉 한 형태소의 변이 형태 중에는 분명히 계통을 달리하는 요소를 포함하는 일이 있다. 예를 들어 임자자리 토씨의 '-가'와 '-이'는 분명히 어원을 달리하는 것이나, 그 말본의 뜻이 완전히 같고, 그 쓰이는 배치가 상보적이므로, 한 형태소로 묶이게 되는데, '-가'와 '-이'는 계통을 달리하는 변이형태이므로 이것을 '다른 계통의 변이형태'라 한다.

변이형태는 [표 2]와 같이 다음의 네 가지로 나뉘게 된다.

[표 2] 변이형태 네 가지

	같은 계통 변이형태	다른 계통 변이형태
음성적 변이형태	먹-, 밭-	-이, -가
형태적 변이형태	-아라/-어라, -여라	-너라, -거라, -여라

2. 변동의 뜻과 성격

〈변동의 뜻〉 변동은 원칙적으로, 같은 계통의 음성적 변이형태에 있어서, 기본형태에서 비기본형태로의 음소의 바뀜을 '변동(alternation)'이라 한다.

172

가. 음운 규칙과 변동 규칙

〈음운 규칙〉음운 규칙은 한 음소에서 여러 변이음을 이끌어 내는 규칙이다[2]. 음소가 음성으로 바뀌는 규칙이며, 아무런 뜻이 없고, 한 음소의 변이음을 가진 것이다. 그리고 좀처럼 의식에 떠오르기 어렵다.

곧 예로 한국어 '비빔밥[piβimbap˺]'의 음소 /ㅂ(p)/에서 [p, β, b, p˺]를 이끌어 내는 규칙이다. 곧, '비빔밥[piβimbap˺]'의 음성 하나하나를 의식하기란 대단히 어렵다. '[p]'는 안울림, '[b]'는 울림소리 되기(울림 바뀜), '[β]'는 갈이소리 되기(방법 바뀜)이고, '[p˺]'는 닫음소리 되기(방법 바뀜)이다.

〈변동 규칙〉변동 규칙은 한 음소가 다른 음소와 결합할 때, 그 놓이는 환경에 따라 다른 음소로 바뀌는 현상이다. 변동 규칙은 대개 형태소의 경계에서 일어난다. 곧 '음소+음소'의 결합에 따라 음소가 변하는 것으로서 우리의 의식에 직감적으로 떠오른다.

곧, 예로 한국어의 '값'에서 /값-, 갑-, 감-, 깝-/을 이끌어 내는 규칙이다. '값'의 /값-/은 홀소리 앞에서, /갑-/는 닿소리 앞에서, /감-/는 콧소리 앞, /까ㅂ-/는 울림소리 뒤에서이다.

나. 규칙의 차례

한 형태소에 몇 가지의 변동 규칙이 적용되어 변이형태를 이끌어 낼 때, 그 규칙들은 차례를 지켜 적용되어야 한다. {값}에서 '[감(-만)]'을 이끌어 낼 때는 '겹받침 줄이기, 콧소리 되기'의 두 규칙이 적용되는데, 만일 '겹받침 줄

---

2) 음운 규칙 기호는 다음과 같다.
　○ 기저형: / /, 표면형: [ ], 변화의 방향: →, 변화가 일어나는 환경 전체: /, 환경 속에서의 변수: X·Y, 변화가 일어나는 자리: _, 자질이 없어짐: ∅, 형태소 경계 표시: +, 단어 경계·어두·어말 표시: #, 음절 경계 나타냄: $, 장모음 표기는: ' : ', 잘못된 표면형의 표시: *.

이기'에 앞서 '콧소리 되기'가 적용되면 /*kapn/이 이끌어 나온다. 그러니까 규칙 적용의 차례(순서)는 대단히 중요하다. 곧, '값만→[갑만]→[감만]'의 차례다.

또 '합리'는 [합니]→[함니]로 발음되는데, 여기에는 '/ㄹ/의 /ㄴ/되기' 규칙이 먼저 적용되고 난 뒤에 '/ㅂ/콧소리 되기'가 적용되어야만 설명이 가능한 것이다.

다. 변동의 성격

변동의 성격에는 말할이의 의도 여부에 따라 필연적 변동과 임의적 변동이 있고, 형태소의 적용 범위에 따라 보편적 변동과 한정적 변동이 있다.

1) 필연 변동과 임의 변동

〈필연적 변동〉 형태소의 소리바꿈은 말할이의 의도와는 상관없이 반드시 그렇게 바뀌게 되는 것이다. 곧 약한 터짐소리(/ㄱ, ㄷ, ㅂ/)가 콧소리(/ㄴ, ㅁ/) 앞에서 콧소리로 나는 것이다.

규칙 1. [/ㄱ, ㄷ, ㅂ/] → [/ㅇ, ㄴ, ㅁ/] / ― 콧소리(/ㄴ, ㅁ/)

　⑩ 국물→궁물, 받는다→반는다, 잡느냐→잠느냐.

규칙 1과 같은 변동은 필연적인 현상이다.

〈임의적 변동〉 형태소의 소리바꿈은 말할이의 의도가 개입될 수도 있다. 곧, 말할이의 의도에 따라 바꿀 수도 있고 바꾸지 않을 수도 있는 것이다.

규칙 2. [/ㄴ/]→[/ㅁ/] / ― /ㅁ/

   예 신문→심문, 신발→심발

규칙 2와 같은 변동은 임의적인 현상이다.

2) 보편 변동과 한정 변동

〈보편적 변동〉 변동의 규칙 중에는 어떤 형태소에도 적용되는 보편적인 것을 보편적 변동이라 한다.

규칙 3. 콧소리 되기(규칙1), 끝소리 자리 옮기기(규칙2),

규칙 3의 '콧소리 되기(규칙1), 끝소리 자리 옮기기(규칙2)' 등과 같은 변동은 보편적인 것이다.

〈한정적 변동〉 한정적 변동은 일정한 범위 안의 형태소에 한해서만 일어나는 것이다.

규칙 4. /ㄷ/→/ㄹ/ / ― 홀소리 씨끝

   예 묻다(問) → 물어, 듣다(聽) → 들어, 걷다(천천히) → 걸어
     예외) 묻다(埋) → 묻어, 걷다(옷자락 걷다) → 걷어

규칙 4의 변동은 한정적인 것이다.

3. 음운 변동 종류

한국어 음운 변동의 종류는 크게 8개 가지로 나누어진다. 곧 '음절 짜임새 맞추기, 머리소리 규칙, 닿소리 이어 바뀜, 닮음, 줄임, 없앰, 똑똑한 발음 표현'이다. 여기서는 이 8개 음운 변동의 실제 발음 과정에 나타나는 변동 현상을 관찰하여, 그 속에 들어 있는 음운 규칙과 원리를 발견해 보는 것이다. 곧 음운 변동의 양상을 살피어 음성 환경을 분석해보고, 또 어떤 소리가 어떤 환경에서 어떤 내용으로 바뀌고 있는가를 살피는 것이다. 나아가 음운 변동 규칙의 결과를 한국어 발음 교육 현장에서 활용해 보고자 하는 것이다.

이 책에서는 실제적인 음운 변동 현상과 관련되는 각종 국어 규범의 규정을 확인하고, 그 내용의 변동 규칙을 변동 현상에 관련지어 본다. 여기서 검토되는 대상은 표준 발음법, 한글 맞춤법, 표준어 규범 등이 된다.

제10장

음운 변동: 음절 짜임새 맞추기

변동의 원인에 따른 종류는 음소의 가로 체계의 제약성에 의한 것, 발음의 편의를 위한 자연적인 경향에 말미암은 것과 말의 청취 효과를 똑똑히 하려는 데서 일어나는 것이 있다[1].

닿소리로 끝나는 형태의 원형 다음에 홀소리가 올 때는 이 끝소리는 다음 음절의 첫소리로 이어진다. 이것을 '음절 짜임새 맞추기'라 한다. 이 음운 현상은 음절 구조 제약 때문에 나타나는 현상이다.

변동 원인	변동 종류	변동 규칙
음소의 가로 체계의 제약성	음절 짜임새 맞추기	소리 이음, 겹받침 줄이기, 일곱 끝소리 되기

1. 소리 이음

가. 이론

일반적으로 닿소리는 첫소리 자리에 올 때 가장 자연스럽고, 홀소리는 닿

---

1) '표준어 규정'은 1988년 고시하여 1989년 3월 1일부터 시행된 것이다. '한글 맞춤법'은 '한글 맞춤법 통일안(1933년)'이 개정이라기보다 부분적인 보완이다. 그러나 '표준어 규정'은 개정이기보다 새로운 제정에 더 가깝다. '표준어'는 1936년에 조선어 학회(한글학회)에서 '사정한 조선어 표준말 모음'을 발표한 것이 있다. 이번의 '표준어 규정' 체제는 제1부의 '표준어 사정 원칙과 제2부 '표준 발음법'으로 되어 있다.

소리 뒤에 올 때 가장 자연스럽다. 소리 이음(연음)은 한국어에서 앞 형태소의 끝닿소리는 홀소리로 시작하는 형식형태소가 뒤따를 때 뒤 형태소의 첫소리가 된다(표준 발음법 제13항, 제14항). 이 규칙은 두 휴식(+) 사이에 적용된다. 닿소리로 끝나는 형태소에 홀소리로 시작되는 형식형태소가 이어나면 음절 구조로 조정된다. 곧 CVC+V 음절의 짜임새를 CV $ CV로 구조 조절한 것이다2). 소리 이음 규칙은 보편 필연적으로 적용된다.

[소리 이음 규칙]

규칙	기본형	변동형	환경	조건
소리 이음 규칙1	CVC+V	CV $ CV	실질형태소+형식형태소	
소리 이음 규칙2	CVCC+V	CVC $ CV	실질형태소+형식형태소	
소리 이음 규칙3	CVC # V	CVC+V → CV $ CV	실질형태소+실질형태소	

㉠ (1) 깎아[까까], 있어[이써], 꽃아[꼬자], 옷이[오시], 먹이[머기], 죽이다[주기다]

㉠ (2) 값이[갑시], 앉아[안자], 없으며[업스며], 읽어라[일거라].

㉠ (3) 옷안[옫안 → 오단], 값있다[갑읻다 → 가빋따], 넋없다[넉업다 → 너겁따]

소리 이음 규칙1: 홑받침이나 겹받침이 홀소리로 시작되는 토씨나 씨끝, 뒷가지와 결합되는 경우는 제소리대로 뒤 음절 첫소리로 옮겨 발음한다. 예 (1)의 경우다.

---

2) C: 닿소리, V: 홀소리, 휴식의 경계: +, 음절 경계: $, 낱말 경계: #,

소리 이음 규칙2: 겹받침이 홀소리로 시작된 토씨나 씨끝, 뒷가지와 결합되는 경우에는, 뒤에 것만을(뒤의 것만을) 뒤 음절 첫소리로 옮겨 발음한다. 예(2)의 경우다.

소리 이음 규칙3: 형태소의 끝닿소리 뒤에 홀소리로 시작하는 실질형태소가 이어 나오면 일곱 끝소리 되기(낮→낟)나 겹받침 줄이기(값→갑)의 적용을 받고 나서 소리 이음이 적용된다. 예(3)의 경우다.

나. 발음 교육 방법

1) 규칙 및 원리

[소리 이음 규칙]

규칙: 형태소의 끝닿소리가 뒤 형태소의 첫소리로 된다.

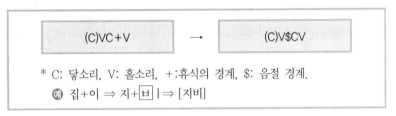

'소리 이음 규칙'은 필연·보편적이다. 때문에 표준 발음 교육 방법은 학습자에게 규칙에 따라 기본형의 발음을 교육하는 것이 아니고, 음운 변동형의 발음을 하게 교육한다.

[소리 이음의 조건]

• 언제나 받침은 'ㅇ, ㅎ'가 아닐 경우이다.
• '실질형태소+실질형태소'의 뒤 실질형태소가 홀소리로 이어나면 일곱 끝

소리 되기(낯→낟)나, 겹받침 줄이기(값→갑)의 적용을 받고 나서 소리 이음이 적용된다.

곧 '산이→사니, 산을→사늘, 잡아→자바, 잡으니→자브니'의 '소리 이음 규칙'은 필연적 보편적인 성격을 가지고 있다.

2) 교육 방법과 활동 1

소리 이음 교육 방법은 홑받침을 가진 실질형태소를 먼저 지도하고, 다음 으로 겹받침을 가진 실질형태소를 지도하는 순서로 한다. 교육 방법으로, 교 사는 학습자가 아래 표의 빈칸에 맞는 형태를 쓰도록 하게하고, 읽게 한다.

[학습자에게 'CVC+V'형(홑받침) 구조로 빈칸에 쓰고 읽는다.]

임자말＼토씨	이	은	을
사람		사라믄	
집			
풀이말＼씨끝	어/아	은	을
입-			
먹-			
뒤돌-	뒤도라		

[학습자에게 'CVCC+V'형(겹받침) 구조로 빈칸에 쓰고 읽는다.]

임자말＼토씨	이	은	을
값		갑슨	
흙			

풀이말＼씨끝	어/아	은	을
읽-	일거		
밟-			발블
없-			

[학습자에게 'CVC#V'형(실질형태소+실질형태소) 구조(1)로 빈칸에 쓰고 읽는다.]

앞 실질＼뒤 실질	아래	안	앞
책		채간	
산			
사람			사라맙

['CVC#V'형(실질형태소+실질형태소) 구조(2)로 쓰고 발음]

'CVC#V'2형의 '소리 이음'은 '일곱 끝소리 되기(7종성법)'의 적용을 받고 나서 '소리 이음'이 적용된 경우이다.

학습자는 아래 표의 빈칸에 맞는 형태를 쓰고 읽는다.

앞 실질＼뒤 실질	아래	안	앞
밭	바다래		
부엌			
꽃		꼬단	
옷			오답

3) 교육 방법과 활동 2

[낱말 읽기]

아래의 말은 음절의 받침 뒤에 홀소리가 올 때이다. 학습자는 어형을 발음해 본다.

집이	책을	산에	달이	볕에	젖을	앞에
적어	신어	받아	날아	좁아	빗어	같아
잠옷	집안	속옷	겉옷	옆얼굴		
넋이	값을	읽은	굶어라	늙어라		

[문장 읽기]

문장 읽기에서는 낱말에서 문장으로 넓혀 자연스럽게 '소리 이음' 발음을 하게 하는 활동이다. 문장 읽기는 학습자의 전체, 분단별로, 짝끼리, 혼자 읽기 등의 방법이 있는데, 교사는 학습자가 다양하게 읽도록 지도 한다.

- 영수의 **집안은** 넓다.
- 황토 **흙을** 더 좋아 한다.
- **집이 없어서** 갈 곳이 없다.
- 새 **신으로 밟았다**.
- 나는 쉴 때는 의자에 **앉았다**.

2. 겹받침 줄이기

가. 이론

한국어의 음절 구조제약에 따라 끝소리에 닿소리가 하나만 올 수 있다. 곧 한국어에는 /ㄳ, ㅄ, ㄵ, ㄶ, ㄽ, ㄾ, ㅀ, ㄺ, ㄿ, ㄻ, ㄼ/ 11개의 겹받침이 있는데 끝소리나 다른 닿소리 앞에서 하나가 줄어진다. 이러한 '겹받침 줄이기(자음군단순화)'에는 첫째, 규칙1은 앞받침 소리가 발음되는 것, 둘째, 규칙2는 뒷받침으로 발음되는 것, 셋째, 규칙3은 불규칙적으로 앞받침이 발음되기도 하고 뒷받침이 발음되기도 하는 것이 있다(표준 발음법 제10항, 제11항).

[겹받침 줄이기 규칙]

규칙	기본형	변동형	환경	조건
겹받침 줄이기 규칙1	/ㄳ/	/ㄱ/	닿소리 앞, 휴지 앞, 앞받침 자리에서	없음
	/ㅄ/	/ㅂ/		
	/ㄵ, ㄶ/	/ㄴ/		
	/ㄽ, ㄾ, ㅀ/	/ㄹ/		
겹받침 줄이기 규칙2	/ㄻ, ㄿ/	/ㅁ/	닿소리 앞, 휴지 앞, 뒷받침 자리에서	
		/(ㅍ)ㅂ/		
겹받침 줄이기 규칙3	/ㄺ/	/ㄹ/	닿소리 앞, 휴지 앞, 불규칙적으로 앞받침 또는 뒷받침 자리에서	
		/ㄱ/		
	/ㄼ/	/ㄹ/		
		/ㅂ/		

例 (1) 몫[목], 값[갑], 앉다[안따], 않다[안타], 외곬[외골] 훑다[훌따]

例 (2) 곪는[곰는], 읊다[읊다 → 읍따].

例 (3) 맑고[말꼬], 얽고[얼꼬], 닭[닥], 흙[흑]
밟다[밥따], 넓적하다[넙쩌카다], 여덟[여덜], 넓다[널따],

겹받침 줄이기 규칙1: 규칙적으로 앞받침이 발음되는 경우이다. 예(1)의 경우다.

겹받침 줄이기 규칙2: 역시 규칙적으로 뒷받침이 발음된다. 예(2)의 경우다.

겹받침 줄이기 규칙3: 불규칙적으로 앞받침의 발음이 되기도 하고, 뒷받침이 발음되기도 한다. 예(3)의 경우다.

겹받침 줄이기 규칙3 /ㄺ/의 경우가 있다. 이 경우 /ㄺ/의 뒷받침 /ㄱ/이 발음되고 있는 것이다. 예로는 '닭[닥], 흙[흑], 기슭[기슥], 굵다[극따], 맑다[막따]' 등이 있다. 또 겹받침 /ㄺ/의 경우는 앞과는 달리 앞받침 /ㄹ/이 발음되고 있는 것이다. 예로는 '맑고[말꼬], 밝거든[발꺼든], 얽고[얼꼬]' 등이 있다.

겹받침 줄이기 규칙3 겹받침 /ㄼ/의 경우가 있다. 이 경우는 겹받침의 뒷받침 /ㅂ/가 발음되고 있는 것이다. 예로 '밟다[밥따], 넓죽하다[넙쭈카다], 넓둥글다[넙뚱글다]' 등이다. 또 겹받침 /ㄼ/의 경우는 앞과는 달리 /ㄹ/로 발음되고 있다. 예로는 '여덟[여덜], 넓다[널따]'이다. 따라서 겹받침 줄이기 규칙3과 같이, /ㄹ/가 있는 겹받침의 발음은 유동적인 불규칙이다.

이는 '표준 발음법 10항'에서 /ㄼ/ 겹받침의 발음은 /ㄹ/를 발음하기로 정해 놓고 있다. 예외로 '밟–'은 '밥–'의 /ㅂ/로 발음한다. '표준 발음법 11항'에서 /ㄺ/ 발음은 뒤발음인 /ㄱ/로 발음한다. 그러나 예외로 /ㄺ/는 /ㄱ/의 앞에서 [ㄹ]로 발음한다. 곧 '맑게[말께], 묽고[물꼬]'이다.

앞의 겹받침 줄이기 규칙1, 2는 필연적 보편적이고, 규칙3은 한정적이다. 이 겹받침 줄이기 규칙3은 규칙 중심으로 지도하는 것은 불가능하기 때문에 낱말 중심으로 지도해야 한다.

나. 발음 교육 방법

1) 규칙 및 원리

[겹받침 줄이기 규칙]

규칙1: 겹받침인 /ㄳ, ㅄ, ㄵ, ㄶ, ㄽ, ㄾ, ㅀ/는 앞 닿소리가 발음된다.

표기	발음	예	표기	발음	예
ㄳ	ㄱ	몫[목]	ㄽ	ㄹ	외곬[외골]
ㅄ	ㅂ	값[갑]	ㄾ	ㄹ	핥다[할따]
ㄵ	ㄴ	앉다[안따]	ㅀ	ㄹ	싫다[실타]
ㄶ	ㄴ	않다[안타]			

규칙2: 겹받침인 /ㄻ, ㄿ/는 뒤 닿소리가 발음된다.

표기	발음	예	표기	발음	예
ㄻ	ㅁ	곪는[곰는]	ㄿ	ㅍ	읊다[읍따]

규칙3: 겹받침인 /ㄺ, ㄼ/는 앞 닿소리가 발음되기도 하고, 뒤 닿소리가 발음되기도 한다.

표기	발음	예	표기	발음	예
ㄺ	ㄹ/ㄱ	맑게[말께] 닭[닥]	ㄼ	ㄹ/ㅂ	넓대[널따] 밟다[밥따]

‘규칙3’은 ‘표준 발음법’에서 /ㄺ/는 뒤 닿소리인 /ㄱ/로 발음하고 있으나, 예외로 /ㄹ/로 발음한다. /ㄼ/는 앞 닿소리인 /ㄹ/로 발음하는데, 예외로 /ㅂ/로 발음한다.

‘규칙1과 2’의 변동은 필연적이기 때문에 교사는 학습자에게 변동 규칙에 따라 표준 발음의 교육을 하면 어려움이 없다. 그러나 ‘규칙3’은 한정적인 변동이기 때문에 ‘규칙’으로서의 표준 발음 교육은 한계가 있다. 그래서 겹받침 /ㄼ, ㄿ/의 발음 교육은 낱말을 중심으로 해야 한다.

[겹받침이 줄여진 시각적 제시]

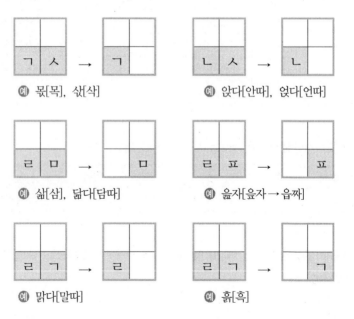

⑩ 몫[목], 삯[삭]   ⑩ 앉다[안따], 없다[언따]

⑩ 삶[삼], 닮다[담따]   ⑩ 읊자[읖자 → 읍짜]

⑩ 맑다[말따]   ⑩ 흙[흑]

'겹받침 줄이기 규칙'은 필연·보편적이다. 때문에 표준 발음 교육 방법은 학습자에게 규칙에 따라 기본형의 발음을 교육하는 것이 아니고, 음운 변동형의 발음을 하게 교육한다.

2) 교육 방법과 활동

교사는 학습자에게 '겹받침 줄이기 규칙'의 환경에 따라 학습 자료인 낱말과 문장을 나누어 제시하는 것이 좋다.

[겹받침 듣기]

교사가 겹받침이 있는 낱말을 학습자에게 들려주면 학습자는 받침에서 소리 나는 것에 O표를 한다.

넋	① [ㄱ]	② [ㅅ]	③ [ㄷ]	④ [ㄱㅅ]
삶	① [ㄹ]	② [ㅁ]	③ [ㅂ]	④ [ㄹㅁ]
밟	① [ㄹ]	② [ㅂ]	③ [ㅁ]	④ [ㄹㅂ]
넓	① [ㄹ]	② [ㅂ]	③ [ㅁ]	④ [ㄹㅂ]

[겹받침 중 앞 닿소리가 발음되는 낱말 읽기]

학습자가 개별 낱말을 연습할 때 발음에 오류가 없도록 교사는 주의해서 연습을 시켜야 하고, 반복해 읽어야 한다. 학습자가 지루하지 않도록 학생 전체 읽기, 학생 반씩 나눠 읽기, 짝끼리 읽기, 한 명이 대표로 읽기 등 다양한 방법으로 연습하도록 한다.

몫 삯 넋 값 없다 앉다 얹다 않다 끊다 많다	외곬 핥다 싫다 닳다 잃다 끓다

[겹받침 중 뒤 닿소리가 발음되는 낱말 읽기]

삶 곪는 젊다 굶다	읊다

[겹받침 중 앞·뒤 닿소리가 발음되는 낱말 읽기]

ㄹㄱ	ㄹㄱ → ㄱ	ㄹㄱ → ㄹ
	닭 흙 읽다 맑다 늙지	맑게 묽고 얽거나
ㄹㅂ	ㄹㅂ → ㅂ	ㄹㅂ → ㄹ
	밟다 넓죽하다 넓둥글다	여덟 넓다 얇게 짧게

[문장 읽기]

겹받침이 들어 있는 낱말에서 문장으로 넓혀 자연스럽게 '겹받침' 발음을 하게 하는 활동이다. 교사는 학습자가 다양하게 읽도록 지도한다.

- **여덟** 사람이 만든 책을 **밟다**.
- 어미 **닭과** 병아리가 헤엄치는 개울물이 **맑다**.
- 아침밥을 **굶다**.
- 강아지가 그릇의 먹이를 **핥다**.
- **젊고** 젊은 사람은 씩씩하다.

3. 일곱 끝소리 되기

가. 이론

한국어는 음절 제약에 따르면 닿소리 19개 가운데 끝소리(종성)에 올 수 있는 것은 /ㄱ, ㄴ, ㄷ, ㄹ, ㅁ, ㅂ, ㅇ/ 7개뿐이다. 그 밖의 닿소리가 끝소리에 놓이게 되면 7개의 닿소리 가운데에서 하나의 소리로 바뀌게 된다. 이것이 '일곱 끝소리 되기(평폐쇄음화)'이다. 곧 다른 닿소리는 이 일곱 끝소리 중 같은 자리의 약한 소리로 중화된다(표준 발음법 제8항, 제9항). '일곱 끝소리 되기'는 '/ㅎ/ 끝소리 자리 바꾸기, 겹받침 줄이기' 규칙에 뒤따른다.

[일곱 끝소리 되기 규칙]

규칙	기본형	변동형	환경	조건
일곱 끝소리 되기 규칙1	/ㅍ/	/ㅂ/	끝소리	없음
	/ㅌ, ㅅ, ㅆ, ㅈ, ㅊ/	/ㄷ/		
	/ㅋ, ㄲ/	/ㄱ/		
일곱 끝소리 되기 규칙2	/ㅎ/	/ㄷ/	/ㄴ/ 앞	

- (1) 밭[받], 웃[옫], 있다[읻따], 젖[젇], 쫓다[쫀따], 부엌[부억], 밖[박]
- (2) 놓는다[논는다 → 논는다], 낳는다[낟는다 → 난는다]

일곱 끝소리 되기 규칙2 /ㅎ/는 항상 /ㄷ/로 바뀌는 것이 아니라 /ㄴ/앞에 있을 때만 변동한다. 그러니 /ㅎ/ 뒤에 /ㄱ, ㄷ, ㅈ/가 오면 '놓고[노코], 놓다[노타], 놓지[노치]'와 같이 거센소리 되기가 실현된다. 또 /ㅎ/ 뒤에 /ㅅ/가 오면 '닿소[다쏘], 많소[만쏘], 싫소[실쏘]'와 같이 된소리 되기가 실현된다. 이 규칙은 필연·보편적이다.

나. 발음 교육 방법

1) 규칙 및 원리

[일곱 끝소리 되기 규칙]

규칙1: 끝소리 /ㅍ/는 [ㅂ]로, /ㅌ, ㅅ, ㅆ, ㅈ, ㅊ/는 [ㄷ]로, /ㅋ, ㄲ/는 [ㄱ]로 바뀐다[3].

표기의 닿소리	발음	예
/ㅍ/	[ㅂ]	앞[압], 덮다[덥따]
/ㅌ/	[ㄷ]	솥[솓], 뱉다[밷따]
/ㅅ/		옷[옫], 웃다[욷따]
/ㅆ/		있다[읻따], 먹었다[머걷따]
/ㅈ/		낮[낟], 젖[젇], 빚[빋]
/ㅊ/		빛[빋], 쫓다[쫃따], 꽃[꼳]
/ㅋ/	[ㄱ]	부엌[부억], 키읔[키윽]
/ㄲ/		닦다[닥따] 낚시[낙씨]

규칙2: 끝소리 /ㅎ/는 /ㄴ/ 앞에서 [ㄷ]로 바뀐다. 이 때 [ㄷ]는 '콧소리 되기'가 적용되어 [ㄴ]로 바뀐다.

표기 닿소리	발음	예
/ㅎ/	[ㄷ]→[ㄴ]	낳는[낟는→난는], 쌓네[싿네→싼네], 놓는다[녿는다→논는다]

---

3) '일곱 끝소리 되기'와 같은 닿소리 중화 현상은 타이어, 베트남, 독일어 등 여러 언어에서 나타난다. 예로 독일어 'bund'와 'bunt'의 마지막 닿소리의 [t]와 [d]가 [t]로 발음된다(허용 외, 2009: 169).

이 규칙은 필연·보편적이다. 때문에 표준 발음 교육 방법은 학습자에게 규칙에 따라 기본형의 발음을 교육하는 것이 아니고, 음운 변동형을 발음 하게 하는 것이다.

2) 교육 방법과 활동

교사는 학습자에게 한 음절의 끝소리(종성)는 7개의 소리만이 실현된다는 것을 인식시켜야 한다. 곧 끝소리(종성)는 [ㄱ, ㄷ, ㅂ]의 3개 소리 가운데서 하나의 소리로 발음된다는 것을 알게 하는 것이다. 규칙1에서와 같이 끝소리 /ㅍ/는 [ㅂ]로, /ㅌ, ㅅ, ㅆ, ㅈ, ㅊ/는 [ㄷ]로, /ㅋ, ㄲ/는 [ㄱ]로 발음된다는 것을 학습자에게 확실히 지도하는 것이 필요하다. 그리고 끝소리(종성)의 [ㄱ, ㄷ, ㅂ] 3개 소리 가운데서 [ㄷ] 소리가 가장 많이 발음되고 있다는 사실도 설명하는 것이 좋다.

[음절 끝소리(종성) 듣기]

교사가 끝소리(종성)가 들어 있는 아래의 낱말을 학습자에게 들려준다. 학습자는 교사가 아래 보기 낱말의 끝소리(종성)에 대한 실제 발음형을 ① ② ③ 중에서 맞은 것을 찾아 ○표 한다.

박	입학	부엌	닭다	키읔

① [ㄱ] ② [ㄲ] ③ [ㅋ]

집	잎	숲	밥

① [ㅂ] ② [ㅍ] ③ [ㅃ]

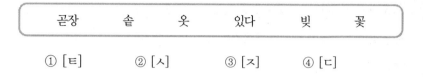

① [ㅌ]　　　② [ㅅ]　　　③ [ㅈ]　　　④ [ㄷ]

[낱말 읽기]

아래의 낱말은 끝소리(종성)가 동일한 것끼리 묶은 것이다. 학습자는 이 낱말들을 읽는다.

- [ㄱ]소리로 발음: 박 책 벽 입학 부엌 밖 닭– 깎– 키읔
- [ㄷ]소리로 발음: 곧장 듣– 솥 옷 밭 있– 빗 꽃 쫓–
　　　　　　　　좋– 낳– 넣–
- [ㅂ]소리로 발음: 집 잎 숲 밥 옆 덮

[문장 읽기]

낱말들을 읽는 끝소리(종성)가 들어 있는 문장 읽기이다. 낱말에서 문장으로 넓혀 자연스럽게 발음을 하게 하는 활동이다. 교사는 학습자가 다양하게 읽도록 지도한다.

- **앞과** 뒤, 밥과 죽을 구별하지 **못** 한다.
- 어머니는 **부엌과** 방에도 없는데, 그릇을 **닦고 닦았다.**
- 우리 집에는 **꽃밭도 사과밭도** 없고, **옷도** 모자도 없다.
- **빗** 많은 저 사람은 매일 **쫓긴다.**
- 곰은 새끼를 **낳는데,** 집이 **없다.**

192

제11장

음운 변동: 머리소리 규칙

이 음운 현상은 음절 짜임새 맞추기 현상인데, 첫소리 자리는 대부분의 닿소리가 다 올 수 있지만 말 첫머리에서 /ㄴ, ㄹ/는 제약을 받는다. 이를 '머리소리 규칙'라 한다.

변동 원인	변동 종류	변동 규칙
음소의 가로 체계의 제약성	머리소리 규칙	/ㄹ/ 머리소리 규칙 /ㄴ/ 머리소리 규칙

1. /ㄹ/ 머리소리 규칙

가. 이론

한국어에서는 말의 첫머리에 올 수 있는 닿소리에 제약이 있는 것을 '머리소리 규칙(두음법칙)'이라 한다. '머리소리 규칙'이 적용되는 말은 주로 한자말의 형태소에서 나타난다. /ㄹ/와 /ㄴ/의 '머리소리 규칙'이 있다. 이 규칙은 '/ㄹ/ 머리소리 규칙→/ㄴ/ 머리소리 규칙'의 순서로 적용된다. 이 규칙은 필연·보편적이다.

[/ㄹ/ 머리소리 규칙]

규칙	기본형	변동형	환경	조건
/ㄹ/ 머리소리 규칙	/ㄹ/	/ㄴ/	말의 첫머리	설측성

말의 첫머리가 /ㄹ/로 시작될 때 /ㄹ/는 /ㄴ(→ ∅)/로 바뀐다(한글 맞춤법 제12항).

> 예 (1) 락원→[낙원], 로인→[노인], 례절→[녜절→예절],
>   리유→[니유(→이유)]
> 예 (2) 나렬→[나열], 분렬→[분열], 규률→[규율]
> 예 (3) 역리용→[역이용], 연리률→[연이율], 열력학→[열역학]
>   서울녀관→[서울여관], 해외녀행→[해외여행]

예(1) 가운데 '례절, 리유'는 다시 '/ㄴ/ 머리소리 규칙'이 적용되어 [예절, 이유]로 바뀐다. 그러나 '몇 리(里)냐?, 그럴 리(理)가 없다'의 '리'는 '/ㄴ/ 머리소리 규칙'이 적용되지 않는다. 예(2)는 예외로 둘째 음절이지만 홀소리나 /ㄴ/ 뒤에서는 '머리소리 규칙'을 적용한다. 예(3)은 한자가 붙은 말의 앞가지(접두사)와 합성어(복합어)에서는 예외적으로 뒷말의 첫소리 /ㄴ/, /ㄹ/는 '머리소리 규칙'을 적용한다.

이 규칙은 필연·보편적이다.

2. /ㄴ/ 머리소리 규칙

가. 이론

/ㄴ/가 말 첫머리에 오고 뒤에 홀소리 /ㅣ/나 반홀소리 /j/가 오면 /ㄴ/는 없어진다(한글 맞춤법 제10항).

[/ㄴ/ 머리소리 규칙]

규칙	기본형	변동형	환경	조건
/ㄴ/ 머리소리 규칙	/ㄴ/	/∅/	말의 첫머리, /ㅣ, j/ 앞	전방성, 비음성

- 예 (1) 녀자→[여자], 닉명[익명], 년세[연세]
- 예 (2) 신녀성→[신여성], 공념불[공염불], 남존녀비[남존여비]

예(2)의 '신여성'는 앞가지(접두사)가 쓰이는 한자가 붙어서 된 말이나, '남존녀비' 등에서 예외적으로 뒷말의 첫소리에서 /ㄴ/소리가 나면 '머리소리 규칙'을 적용한다. 둘 이상의 이름씨로 이루어진 홀이름씨(고유명사)의 둘째 형태소 첫음절에도 적용한다.

이 규칙은 필연·보편적이다.

나. 발음 교육 방법

'머리소리 규칙'은 필연·보편적이다. 그렇지만 이 규칙을 표준 발음에 관련할 필요가 없고, 실제 학교 문법의 음운 변동에서도 '머리소리 규칙'에 대해 다루고 있지 않다. 그러나 '한글 맞춤법'에서 '머리소리 규칙'을 반영해 놓고 있다.

이에 대한 표준 발음 교육 방법은 '한글 맞춤법'에서 규정하고 있는 표기 형태가 표준 발음이므로, 교사는 '한글 맞춤법'에서 '머리소리 규칙'과 관련된 표기의 내용을 학습자에게 학습한다. 곧 교사는 학습자에게 '한글 맞춤법'에서 표기한 낱말의 형태를 발음하게 지도하면 된다.

아래서 '머리소리 규칙'과 관련 있는 '한글 맞춤법 제10항, 제11항'을 보인다.

한글 맞춤법

제10항 한자음 '녀, 뇨, 뉴, 니'가 단어 첫머리에 올 적에는 두음 법칙에 따라 '여, 요, 유, 이'로 적는다.(ㄱ을 취하고, ㄴ을 버림.)

ㄱ	ㄴ	ㄱ	ㄴ
여자(女子)	녀자	유대(紐帶)	뉴대
연세(年歲)	년세	이토(泥土)	니토
요소(尿素)	뇨소	익명(匿名)	닉명

제11항 한자음 '랴, 려, 례, 료, 류, 리'가 단어의 첫머리에 올 적에는 두음 법칙에 따라 '야, 여, 예, 요, 유, 이'로 적는다. (ㄱ을 취하고, ㄴ을 버림.)

ㄱ	ㄴ	ㄱ	ㄴ
양심(良心)	량심	용궁(龍宮)	룡궁
역사(歷史)	력사	유행(流行)	류행
예의(禮義)	례의	이발(理髮)	리발

제12장

음운 변동: 닿소리 이어 바뀜

음절의 일곱 끝소리와 19개의 첫소리가 이어날 때는 그 결합이 제약된다. 곧 형태소의 연결에서 닿소리가 이어나게 되면, 그 중의 어느 하나가 다른 소리로 바뀌게 된다. 이것을 '닿소리 이어 바뀜'이라 한다.

변동 원인	변동 종류	변동 규칙
음소의 가로 체계의 제약성	닿소리 이어바뀜	/ㄴ/의 /ㄹ/ 되기, /ㄹ/의 /ㄴ/ 되기, 콧소리 되기

1. /ㄴ/의 /ㄹ/ 되기

가. 이론

'/ㄴ/의 /ㄹ/ 되기(유음화, 혀옆소리)'는 한국어에서 /ㄴ/와 /ㄹ/ 그 차례가 어떻든 이어날 수 없는 것이다. 그러므로 /ㄴ/는 /ㄹ/의 앞이나 뒤(/ㄴ/+/ㄹ/, /ㄹ/+/ㄴ/)에서 /ㄹ/로 바뀐다(표준 발음법 제20항).

[/ㄴ/의 /ㄹ/ 되기]

규칙	기본형	변동형	환경	조건
/ㄴ/의 /ㄹ/ 되기	/ㄴ/	/ㄹ/	/ㄴ/는 /ㄹ/의 앞뒤에 자유로이 옴	없음

ⓔ (1) 만리→[말리], 천리[철리], 신래[실라]

ⓔ (2) 칼날→[칼랄], 달나래[달라래], 물난리[물랄리]

예(1)은 /ㄴ+ㄹ/의 연결인 경우인데, /ㄴ/가 뒤의 /ㄹ/ 소리에 이끌려 /ㄹ /로 바뀐다. 예(2)는 /ㄹ/+/ㄴ/의 연결인 경우인데, 고유어와 한자말에서도 /ㄴ/는 /ㄹ/로 실현된다.

또 표준 발음법 제20항 다만 조항에서 /ㄴ/와 /ㄹ/의 이음에서 예외적으로 /ㄹ/가 /ㄴ/로 실현되는 '의견란[의견난], 임진란[임진난], 신문로[신문노], 보문로[보문노]'가 있다.

ⓔ (3) 닳는→[달른], 핥네→[할래]

예(3)는 겹받침 /ㅀ, ㄾ/이 있는 경우인데, 이는 먼저 '겹받침 줄이기 규칙'이 적용된 뒤에 '/ㄴ/의 /ㄹ/ 되기'가 실현된다. 곧 '닳는→[달는]→[달른]'으로 실현된 것이다.

이 규칙은 필연·보편성이 강하나, 임의적인 경향도 있다.

나. 발음 교육 방법

1) 규칙 및 원리

[/ㄴ/의 /ㄹ/ 되기 규칙]

규칙: 받침 /ㄴ/는 /ㄹ/ 앞에서 /ㄹ/로, 또 /ㄴ/는 받침 /ㄹ/ 뒤에서 /ㄹ/ 로 바뀐다.

닿소리에 닿소리가 이어날 때의 구조에서 /ㄴ+ㄹ/가 나타나는 예는 한자어밖에 없고, /ㄹ/+/ㄴ/가 나타나는 경우는 주로 낱말 경계이다.

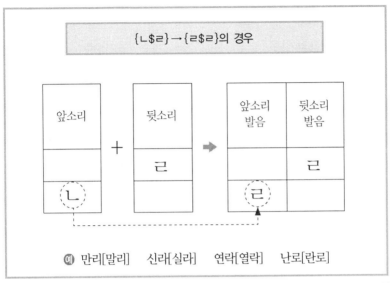

@ 만리[말리]   신래[실라]   연락[열락]   난로[란로]

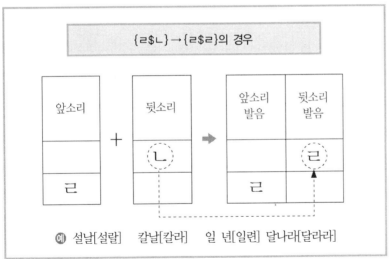

@ 설날[설랄]   칼날[칼라]   일 년[일련]   달나래[달라래]

이 규칙은 필연·보편적이다. 때문에 표준 발음 교육 방법은 학습자에게 규칙에 따라 기본형의 발음을 교육하는 것이 아니고, 음운 변동형을 발음 하게 하는 것이다.

2) 교육 방법과 활동

[낱말 듣고 발음하기]

① /ㄴ+ㄹ/→[ㄹㄹ], ② /ㄹ+ㄴ/→[ㄹㄹ]의 경우, 학습자는 교사가 읽은 낱말의 발음을 정확히 듣고 발음해 본다.

① 천리　한라산　난로　연락　곤란　진리　난리　논리　신라　달님
② 물난리　땔나무　하늘나라　배탈 나다　틀니　실내　줄넘기

[낱말 듣고 쓰기]

학습자는 교사의 발음을 듣고 소리 나는 대로 써 본다. 교사는 학습자가 아래의 빈칸에 발음형을 칠판에 또는 공책에 쓰게 하고, 오류를 바로 잡아준다.

윤리	[　　　　]	칼날	[　　　　　]
반란	[　　　　]	언론	[　　　　　]
달나라	[　　　　]	원래	[　　　　　]

[문장 읽기]

'/ㄴ+ㄹ/→[ㄹㄹ]', '/ ㄹ+ㄴ/→[ㄹㄹ]'의 경우가 있는 낱말에서 문장으로 넓혀 자연스럽게 발음을 하게 한다.

- 겨울에 학교에는 **난로**가 있다.
- **물놀이**와 **줄넘기** 중 어느 것이 재미있니?
- **신라**의 수도는 경주이다.
- **언론**에서의 **칼날** 같은 **논리**는 무엇보다 중요하다.

3) 예외적 현상

한자어가 합성어일 때 /ㄴ+ㄹ/가 나타나면 /ㄹ/가 /ㄴ/로 바뀐다. 곧 이 경우 '/ㄴ/의 /ㄹ/ 되기 규칙'은 적용되지 않는다(표준 발음법 제20항 다만 조항).

> ⑩ 의견란[의견난]　　학습란[학습난]　　결단력[결단녁]
> 　추진력[추진녁]　　표현력[표현녁]　　음운론[음운논]
> 　이원론[이원논]　　입원료[입원뇨]　　상견례[상견녜]

2. /ㄹ/의 /ㄴ/ 되기

가. 이론

형태소의 첫소리 /ㄹ/는 /ㄹ/가 아닌 다른 닿소리에 이어나지 못하므로 첫 소리 /ㄹ/는 모두 /ㄴ/로 바뀐다. 곧 표준 발음법 제19항에서 둘째 음절의 첫소리로 시작된 경우는 /ㄱ, ㅁ, ㅂ, ㅇ/과 연결되는 /ㄹ/는 /ㄴ/로 바뀐다.

규칙	기본형	변동형	환경	조건
/ㄹ/의 /ㄴ/ 되기	/ㄹ/	/ㄴ/	/ㄹ/ 밖 닿소리 뒤	없음

[/ㄹ/의 /ㄴ/ 되기 규칙]

> ⑩ (1) /ㅁ-ㄹ/: 감로→[감노], 침략[침냑]
> 　　/ㅇ-ㄹ/: 강릉→[강능], 종로[종노]
> ⑩ (2) /ㄱ-ㄹ/: 막론→[막논→망논], 백리[백니→뱅니]
> 　　/ㅂ-ㄹ/: 압력→[압녁→암녁], 십리[십니→심니]

예(1)의 '/ㄹ/의 /ㄴ/ 되기'는 '콧소리 되기'가 적용된다. 예(2)의 /ㄱ, ㅂ/ 끝소리에 /ㄹ/가 이어날 때는 '/ㄹ/의 /ㄴ/ 되기'가 적용된 뒤 다시 '콧소리 되기'가 적용된다. '규칙 /ㄴ/의 /ㄹ/ 되기'는 '규칙 /ㄹ/의 /ㄴ/ 되기[1]'에 앞 서는 것이 원칙이다. 이 차례를 지키지 않으면 바른 발음을 이끌어 낼 수 없 다. 예로 '만리, 천리'에 '규칙 /ㄹ/의 /ㄴ/ 되기/'를 바로 적용하면 '*만니, *천니'가 된다(허웅. 1985:271).

이 규칙은 필연·보편적이다.

나. 발음 교육 방법

1) 규칙 및 원리

[/ㄹ/의 /ㄴ/ 되기 규칙]

규칙: /ㄹ/는 /ㄹ/ 아닌 다른 닿소리 뒤에서 모두 /ㄴ/로 바뀐다(표준 발음 법 제19항).

{/ㄱ, ㅁ, ㅂ, ㅇ/}$/ㄹ/ → {/ㄱ, ㅁ, ㅂ, ㅇ/}$/ㄴ/

예 백리[뱅니], 심리[심니], 종로[종니]

이 규칙은 필연·보편적이다. 때문에 표준 발음 교육 방법은 학습자에게 규 칙에 따라 기본형의 발음을 교육하는 것이 아니고, 음운 변동형을 발음 하게 하는 것이다.

---

1) /ㄷ+ㄹ/ 연결의 예로는 한자말과 순 우리말에서는 없는 것 같다. 앞은 토박이말이고 뒤 한자말은 혼합어인데 이런 것에서만 볼 수 있다(허웅. 1985:270).

2) 교육 방법과 활동

[낱말 듣고 발음하기]

학습자가 교사가 읽은 낱말의 발음을 정확히 듣고 발음해 본다.

백리	격리	국립	극락	독립
압력	합류	입력	학습란	십리
침략	담력	금리	심리	음력
종로	대통령	공룡	경력	세종로

[낱말 듣고 쓰기]

학습자는 교사의 발음을 듣고 소리 나는 대로 써 본다. 교사는 학습자가 아래의 빈칸에 발음형을 칠판에 또는 공책에 쓰게 하고, 오류를 바로 잡아준다.

십리	[ ]	담력	[ ]
침략	[ ]	종로	[ ]
대통령	[ ]	백리	[ ]
속리산	[ ]	협력	[ ]

[문장 읽기]

문장 읽기에서는 낱말에서 문장으로 넓혀 자연스럽게 발음을 하게 하는 활동이다. 교사는 학습자가 다양하게 읽도록 지도 한다.

• 봄 소풍에서 **백리**가 아닌 **십리**를 걸었다.

- 늑대 무리가 마을을 **침략**했다.
- **대통령** 집무실이 청와대냐?
- 법조인은 **법률**에 대해 해박하다.
- 국립묘지에 가면 **독립** 유공자의 묘가 있다.

3. 콧소리 되기

가. 이론

한국어 약한 터짐소리(/ㄱ, ㄷ, ㅂ/)는 콧소리(/ㄴ, ㅁ/)의 앞에 올 수 없다. 이 경우는 앞소리가 뒷소리를 닮아서 같은 서열의 콧소리로 바뀐다(표준발음법 제18항, 제19항). 이 '콧소리 되기(비음화) 규칙'은 '겹받침 줄이기, 일곱 끝소리 되기, /ㄹ/의 /ㄴ/ 되기'의 뒤에 적용된다. 이 변동은 필연·보편적이다.

규칙	기본형	변동형	환경	조건
콧소리 되기 규칙	/ㅂ/	/ㅁ/	콧소리(ㅁ, ㄴ) 앞	없음
	/ㄷ/	/ㄴ/		
	/ㄱ/	/ㅇ/		

[콧소리 되기 규칙]

⑩ (1) /ㅂ/→/ㅁ/: 밥물[밤물], 잡느냐[잠느냐]

/ㄷ/→/ㄴ/: 받는다[반는다], 맏며느리[만며느리]

/ㄱ/→/ㅇ/: 먹는다[멍는다], 국물[궁물]

204

'콧소리 되기 규칙'이 적용되기 이전에 있는 음운 변동의 예를 살펴본다.

> ㉠ (2) 값나가다→[갑나가다]→[감나가다], 흙내→[흑내]→[흥내]
> ㉠ (3) 닭는다→[닥는다]→[당는다], 빛나다→[빈나다]→[빈나다]
> ㉠ (4) 백리→[백니]→[뱅니], 압력→[압녁]→[암녁]

예(2)는 '겹받침 줄이기'가 실현 뒤에 적용된 것이고, 예(3)은 '일곱 끝소리 되기'가 실현된 뒤에 적용된 것이고, 예(4)는 '/ㄹ/의 /ㄴ/ 되기'가 실현된 뒤에 적용된 것이다.

이 규칙은 필연·보편적이다.

나. 발음 교육 방법

1) 규칙 및 원리

[콧소리 되기 규칙]

규칙: /ㄱ, ㄷ, ㅂ/는 콧소리인 /ㄴ, ㅁ/의 앞에서 /ㅇ, ㄴ, ㅁ/로 바뀐다.

$$\{ㄱ, ㄷ, ㅂ\}\$\{ㄴ, ㅁ\} \rightarrow \{ㅇ, ㄴ, ㅁ\}\$\{ㄴ, ㅁ\}$$

> ㉠ 국민[궁민], 겉모습[건모습], 덮는[덤는]

이 '콧소리 되기 규칙'의 적용은 먼저 '겹받침 줄이기, 일곱 끝소리 되기, /ㄹ/의 /ㄴ/ 되기' 규칙이 적용되어야 한다.

장애소리와 콧소리가 대응하고 있는 닿소리 체계는 아래와 같은데, '콧소리 되기' 현상은 장애소리는 뒤의 콧소리에 영향을 받아 콧소리로 바뀐 것이다.

이 규칙은 필연·보편적이다. 때문에 표준 발음 교육 방법은 학습자에게 규칙에 따라 기본형의 발음을 교육하는 것이 아니고, 음운 변동형을 발음 하게 하는 것이다.

조음 방법＼조음 자리	입술	혀끝	여린입천장
장애소리	ㅂ	ㄷ	ㄱ
콧소리	ㅁ	ㄴ	ㅇ

2) 교육 방법과 활동

[낱말 듣고 발음하기]

학습자는 교사가 읽은 낱말의 발음을 정확히 듣고 발음해 본다.

```
① /ㄱ/→[ㅇ] / - {ㄴ, ㅁ}
   부엌만  학년  한국말  국물  깎는다  백로  독립
② /ㄷ/→[ㄴ] / - {ㄴ, ㅁ}
   닫는  받는  듣네  밭만([받만])  꽃망울  빗는  짖는
③ /ㅂ/→[ㅁ] / - {ㄴ, ㅁ}
   밥물  옆문  앞마당([압마당])  입력  법률  십리  협력
```

[낱말 듣고 쓰기]

학습자는 교사의 발음을 자세히 듣고, 다음의 빈 칸에 나는 소리를 그대로 쓰는 활동이다. 교사는 학습자가 아래의 빈칸에 발음형을 칠판에 또는 공책

에 쓰게 하고, 오류를 바로 잡아준다.

국민	[ ]	덮는	[ ]
윷놀이	[ ]	첫눈	[ ]
빗는	[ ]	깎는다	[ ]
겉멋	[ ]	값만	[ ]

[문장 읽기]

문장 읽기에서는 낱말에서 문장으로 넓혀 자연스럽게 발음을 하게 하는 활동이다. 읽기는 학습자의 전체, 분단별로, 짝끼리, 혼자 읽기의 방법이 있는데, 교사는 학습자가 다양하게 읽도록 지도한다.

• 이웃 집 **앞마당**에 **목련**이 피었다.
• **첫눈**이 오는 시기에는 **식목**을 피해야 한다.
• 담배 **값만** 오르고, 임금은 **깎는다**.
• 법조인은 **법률**에 따른다.

닮음의 음운 변동은 말할이의 발음 노력 경제 의지에 의해 실현되는 현상이다. 즉 발음에서 앞, 뒤 소리가 같아지거나 비슷한 소리로 바뀌는 현상이다.

변동 원인	변동 종류	변동 규칙
발음의 편의로 일어남	닮음	입천장소리 되기, 홀소리 어울림, /ㅂ/의 공깃길 닮기, /ㄷ/의 공깃길 닮기, /ㅣ/ 치닮기, 끝소리 자리 옮기기

1. 입천장소리 되기

가. 이론

혀끝 터짐소리인 /ㄷ, ㅌ/는 홀소리 /ㅣ, j/ 앞에서 같은 계열, 같은 힘의 붙갈이소리인 /ㅈ, ㅊ/로 바뀐다(표준 발음법 제17항, 한글 맞춤법 제6항). 곧 /ㄷ, ㅌ/ 소리는 뒤 따라오는 홀소리 /ㅣ/의 조음 자리에 이끌려 입천장소리 /ㅈ, ㅊ/로 바뀐 것이 '입천장소리 되기(구개음화)'이다.

이 규칙의 적용 차례는 '거센소리 되기(격음화)'에 뒤따른다.

[입천장소리 되기 규칙]

규칙	기본형	변동형	환경	조건
규칙	/ㄷ/	/ㅈ/	/ㅣ/ 앞	없음
	/ㅌ/	/ㅊ/		

📖 (1) 굳+이→[구지], 해돋+이→[해도지], 같+이→[가치]
햇볕+이→[핻볕+이]→[핻벼치], 밭+이→[바치]

📖 (2) 닫+히다→[다치다], 묻+히다→[문치다]

예(1) 말 뿌리(어근)의 /ㄷ, ㅌ/에 의존형태소인 토씨, 씨끝(-이다), 가지(접미사)가 이어지면 '입천장소리 되기'가 적용된다. 그러나 뒤의 말이 뿌리(어근)인 경우 이 규칙에 적용되지 않는다(예, 홑이불, 밭일).

예(2) '닫히다'는 '거센소리 되기'를 거쳐 [다티다]가 된 뒤에 '입천장소리 되기'의 규칙이 적용되어 [다치다]로 실현된다.

이 규칙은 필연·보편적이다.

[보충] 통시태의 입천장소리 되기 및 방언

'입천장소리 되기'가 처음 실현되기 시작한 17~18세기 경에는 이 현상은 형태소 경계뿐 아니라 한 낱말 안에서도 광범위하게 실현되었다. '입천장소리 되기'는 '/ㄷ/ 입천장소리 되기, /ㄱ/ 입천장소리 되기, /ㅎ/ 입천장소리 되기' 세 가지가 있다. 또한 방언에서도 '/ㄷ/ 입천장소리 되기, /ㄱ/ 입천장소리 되기, /ㅎ/ 입천장소리 되기'가 있다.

📖 (1) /ㄷ/ 입천장소리 되기: 둏다〉좋다, 디다〉지다, 텬디〉천지

📖 (2) /ㄱ/ 입천장수리 되기: 기름〉지름, 기미〉지미, 끼다〉찌다

📖 (3) /ㅎ/ 입천장소리 되기: 힘〉심, 형님〉성님, 혀〉쎄, 효자〉소자

위 예(3)은 '입천장소리 되기'가 적용된 경우다. 그런데 /ㅅ/는 실제의 발음으로 갈이(마찰)소리이다. 현대 한국어에서 보면 '성님, 소자'는 '입천장소리 되기'로 말하면 원리가 맞지 않다. 그런데 여기에서는 역사적인 이유가 있다. '/ㅎ/ 입천장소리 되기'는 본질적으로 음운론적인 변화이다. 이것에서도 홀소리 /ㅣ, j/ 앞에서 실현된다. 곧 '입천장소리 되기'인 '/ㅎ/>ㅅ/(형님 → 성님 → 성님)'이다.

'/ㅎ/ 입천장소리 되기'는 중앙방언(표준말)에서 잘 보이지 않는 것 같으나, 경상방언과 전라방언에서는 널리 퍼져 있다.

나. 발음 교육 방법

1) 규칙 및 원리

[입천장소리 되기 규칙]

규칙: /ㄷ, ㅌ/는 홀소리 /ㅣ, j/ 앞에서 /ㅈ, ㅊ/로 바뀐다.

{ㄷ, ㅌ}${ㅣ, j} → ${지, 치}

예 굳이[구지], 같이[가치], 묻히다[무치다], 붙여요[부처요]

그리고 받침 /ㄷ/는 '히, 혀'의 /ㅎ/과 합쳐져서 [ㅊ]로 발음된다.

이 규칙은 필연·보편적이다. 때문에 표준 발음 교육 방법은 학습자에게 규칙에 따라 기본형의 발음을 교육하는 것이 아니고, 음운 변동형을 발음 하게 하는 것이다.

2) 교육 방법과 활동

[낱말 듣고 발음하기]

교사는 입천장소리 되기 규칙이 적용되는 낱말을 학습자에게 듣게 하고, 발음하도록 한다.

---

① /ㄷ/ → [ㅈ] / ― {ㅣ}
　굳이　맏이　가을걷이　해돋이　여닫이
② /ㅌ/ → [ㅊ] / ― {ㅣ, j}
　밭이　붙이다　같이　붙였다　밑이
③ /ㅌ/ → [ㅊ] / ― {히, 혀}
　묻히다　닫히다　갇혀　걷히다

[낱말 듣고 쓰기]

학습자는 교사의 발음을 듣고 소리 나는 대로 써 본다. 교사는 학습자가 아래 표의 빈칸에 발음형을 칠판에 또 공책에 쓰게 하고, 오류를 바로 잡아준다.

밭이	[　　　]	갇히다	[　　　]
미닫이	[　　　]	받혔다	[　　　]
맏이	[　　　]	붙이다	[　　　]
낱낱이	[　　　]	해맞이	[　　　]

[문장 읽기]

낱말에서 문장으로 넓혀 자연스럽게 발음을 하게 하는 활동인데, 교사는 학습자가 다양하게 읽도록 지도한다.

- 우리가 **굳이 붙일** 필요가 있나요?
- **밭이** 있으나 **햇볕이** 없어 가치가 없다.
- **바깥이** 소란하니 **미닫이**를 닫자.
- 저것은 어제 땅에 **묻혔다**.
- 구름이 완전히 **걷히다**.

2. 홀소리 어울림

가. 이론

한국어에서 /ㅗ, ㅏ/ 등의 홀소리는 밝은 홀소리(양성모음)라 하고, /ㅜ, ㅓ/ 등의 홀소리는 어두운 홀소리라 한다. 밝은 홀소리는 밝은 홀소리끼리, 어두운 홀소리(음성모음)는 어두운 홀소리끼리 어울리는 것을 '홀소리 어울림(모음조화)'이라 한다. 곧 /ㅓ/로 시작되는 씨끝은 밝은 홀소리 /ㅏ, ㅗ/ 뒤에서는 /ㅏ/로 바뀐다(한글 맞춤법 제16항).

[홀소리 어울림 규칙]

	기본형	변동형	환경	조건
규칙	/ㅓ/	/ㅏ/	밝은 홀소리인(/ㅗ, ㅏ/) 줄기 뒤	풀이말

아래의 '홀소리 어울림'은 일종의 '닮음'이다. 최근 씨끝의 /ㅓ/ 소리와 /ㅏ/ 소리의 발음은 /ㅓ/ 쪽으로 기울어지는 경향이 있다[1].

◉ (1) 잡+어→[잡아], 녹어[녹아], 보어[보아]

◉ (2) 오+에[오아→와]

◉ (3) 고프+어→[고ㅍ+어]→[고파]

　　잠그+어→[잠ㄱ+어]→[잠가]

◉ (4) 접+어→[접어], 웃어[웃어], 늦어[늦어]

예(1)의 경우, 밝은 홀소리 /ㅏ, ㅗ/ 인 줄기(어간) 뒤에서 홀소리 어울림 규칙이 적용된 것이다. 예(2)는 먼저 규칙 '/ㅏ/ 홀소리 어울림'이 적용된 뒤, '/w/ 반홀소리 되기'가 적용된 경우이다. 예(3)은 두 음절인 홀소리 /ㅏ, ㅗ/ 가 /ㅡ/와 연결된 경우인데, '/ㅡ/ 줄이기/'가 적용된 뒤 '/ㅏ/ 홀소리 어울림' 규칙이 적용된 것이다. 예(4)의 줄기(어간)는 어두운 홀소리(음성모음)이기 때문에 이어나는 씨끝 /ㅓ/는 밝은 홀소리 /ㅏ/로 바뀌지 않은 것이다.

'홀소리 어울림'의 음운의 변동은 한정적이고, 약간의 임의적인 성격이 있 다.

[보충] 방언의 홀소리 어울림

　중부 방언에서는 /ㅓ/ 소리와 /ㅏ/ 소리 두 가지 다른 형태로 공존하는 경우가 있다. 예) '잡아/잡어, 알아/알어, 맑아/맑어' 등이다. 경남 울산 지 역에서는 '홀소리 어울림'의 현상이 잘 지켜지지 않고 있다. 곧 이 곳에서는 '홀소리 어울림'이 아닌 형태인 '잡어, 알어, 맑어' 등이 실현되고 있는 것이 일반적이다.

---

1) 경남 방언 중에서 특히 울산 지역에의 씨끝은 /ㅓ/ 쪽으로 발음되고 있다.

나. 발음 교육 방법

'홀소리 어울림(모음조화) 규칙'은 한정적 임의적이다. 따라서 이 규칙의 적용은 한정적이기 때문에 규칙의 중심으로 표준 발음 교육을 할 수 없다. 실제로 낱말에 따라서는 이 규칙이 적용되기도 하고, 되지 않기도 한다.

그래서 이에 대한 발음의 교육 방법은 학습자에게 규칙 중심으로 발음 교육을 해서는 안 되고, 낱말 중심으로 발음 교육을 해야 한다. 특히 교사는 '한글 맞춤법 제16항'에서 표기하고 있는 형태(낱말)를 발음하도록 한다.

한글 맞춤법

제16항 어간의 끝 음절 모음이 'ㅏ, ㅗ'일 때에는 어미를 '-아'로 적고, 그 밖의 모음일 때에는 '-어'로 적는다.

1. '-아'로 적는 경우

나아	나아도	나아서
막아	막아도	막아서
얇아	얇아도	얇아서
돌아	돌아도	돌아서
보아	보아도	보아서

2. '-어'로 적는 경우

개어	개어도	개어서
겪어	겪어도	겪어서
되어	되어도	되어서
베어	베어도	베어서
쉬어	쉬어도	쉬어서
저어	저어도	저어서
주어	주어도	주어서
피어	피어도	피어서
회어	회어도	회어서

'홀소리 어울림 규칙'이 적용되지 않는 몇 개의 낱말을 예(5)에서 보인다.

⑩ (5) 받어　　　　　　　알어　　　　　　　막어
　　　 보았었다　　　　　 막었다　　　　　　 괴롭어[괴로워]
　　　 가깝어[가가까와/가까워]　 아름답어[아름다와/아름다워]

예(5)의 경우는 줄기(어간)가 밝은 홀소리인데도 홀소리 씨끝의 첫소리 /
ㅓ/는 /ㅏ/로 바뀌지 않는 것이다. 이는 '홀소리 어울림 규칙'이 적용되지 않
는 경우다.

3. /ㅂ/의 공깃길 닮기

가. 이론

'/ㅂ/의 공깃길 닮기(/ㅂ/ 불규칙 용언)'는 /ㅂ/ 끝소리를 가진 풀이씨 줄
기 가운데홀소리 사이에 놓이게 되면 /ㅂ/가 홀소리의 큰 공깃길을 닮아 (반)
홀소리 /w(오/우)/로 바뀐다(한글 맞춤법 제18항 6).

[/ㅂ/의 공깃길 닮기 규칙]

	기본형	변화형	환경	조건
규칙1	/ㅂ/	/w(ㅜ/ㅗ)/	홀소리 사이	풀이씨 줄기

ⓔ (1) 덥+어→[더워], 뜨겁어[뜨거워], 무겁어[무거워], 어둡어[어두워]

ⓔ (2) 가깝+어→[가까워], 아름답어[아름다워]

ⓔ (3) 돕+아→[도와], 곱애[고와]

ⓔ (4) 눕+이+다→[누이다], 곱이[고이], 굽이[구이(생선구이)]

예(1, 2)의 /ㅂ/는 /w(ㅜ)/로 바뀌는 경우이고, 예(3)의 /ㅂ/는 한 음절 줄기(어간)에 씨끝(어미) /ㅏ/가 결합되어 /w(ㅗ)/로 실현된 경우이다. 예(4)의 경우는 /ㅣ/ 앞에서 /ㅂ/가 없어진다. 예(1, 2, 3)의 낱말은 모두 '한글 맞춤법(제18항 6)'에서 적게 하고 있다.

'/ㅂ/의 공깃길 닮기 규칙'은 특별한 형태소에만 적용되기 때문에 한정적이며, 이 범위 안에서 필연적이다.

[보충] /ㅂ/의 규칙과 불규칙

이 '/ㅂ/의 공깃길 닮기' 규칙은 기본형태를 어떻게 선택에 하느냐에 따라 보편적일 수도 있다. '돕다'의 경우 /ㅂ/와 /w/를 포함해서 추상적인 기호 /ㅸ/를 끌어와 기저형(대표형태)을 '*돟다'로 설정하는 것이다. 그렇게 하면 /ㅸ/는 홀소리 사이에서는 '/w/(오/우)/'로, 그 밖의 환경에서는 /ㅂ/로 바뀐다고 설명할 수 있다. 이런 현상은 현대 한국어의 음소 목록에 /ㅸ/의 음소가 존재하지 않고 있다는 점이 문제이다.

그러나 구조·기술적 관점에서는 표면적인 발음을 기준으로 기술하여 불규칙 현상으로 기술하고 있다. 반면 변형문법 관점에서는 위의 설명과 같이 기저형을 설정하여 기술하는데 이 점이 양 이론의 차이다.

나. 발음 교육 방법

'/ㅂ/의 공깃길 닮기 규칙'은 특별한 형태소에만 적용되며, 음운 변동의 성격은 한정적이다. 그래서 낱말에 주어진 변동의 조건은 같은데 규칙이 적용되기도 하고, 반면에 규칙이 적용되지 않기도 한다. 그렇기 때문에 '/ㅂ/ 공깃길 닮기'의 발음 교육은 규칙의 중심으로 할 수 없다. '한글 맞춤법'에서는 이 경우 원칙에 벗어나면 벗어나는 형태인 /ㅂ/를 /ㅜ/로 표기하고 있다.

한글 맞춤법

제18항 다음과 같은 용언들은 어미가 바뀔 경우, 그 어간이나 어미가 원칙에 벗어나면 벗어나는 대로 적는다.

6. 어간의 끝 'ㅂ'이 'ㅜ'로 바뀔 적
   깁다: 기워 기우니 기웠다
   굽다[炙]: 구워 구우니 구웠다
   가깝다: 가까워 가까우니 가까웠다
   괴롭다: 괴로워 괴로우니 괴로웠다
   맵다: 매워 매우니 매웠다
   무겁다: 무거워 무거우니 무거웠다

그러나 '/ㅂ/의 공깃길 닮기'의 규칙이 적용 안 되는 낱말인 예(5)가 있는데, 이 /ㅂ/는 홀소리 사이에서 오/우(w)로 바뀌지 않는다.

예 (5) 뽑아[뽀바] 씹어[씨버] 입어[이버] 잡아[자바] 좁아[조바]

이의 발음 교육 방법은 변동 규칙의 중심으로 발음 교육을 하는 것이 아니라 낱말 중심으로 발음을 교육해야 한다. 그리고 교사는 학습자에게 '한글 맞춤법'에서 표기 하고 있는 형태를 발음하도록 학습한다. 그것은 맞춤법의 표기 형태가 표준 발음이기 때문이다.

4. /ㄷ/의 공깃길 닮기

가. 이론

'/ㄷ/의 공깃길 닮기(/ㄷ/ 불규칙 용언)'는 /ㄷ/ 끝소리를 가진 풀이씨 줄기가 홀소리 사이에 놓이게 되면 /ㄷ/는 홀소리의 공깃길을 닮아 /ㄹ/로 되는 것이다(한글 맞춤법 제18항 5).

[/ㄷ/의 공깃길 닮기 규칙]

	기본형	변화형	환경	조건
규칙	/ㄷ/	/ㄹ/	홀소리 사이	풀이씨 줄기

⑩ (1) 듣(聞)+어→[들어], 묻(問)었다[물었다], 걷(步)어라[걸어라]
⑩ (2) 묻(埋)+어→[무더], 닫(閉)에[다다], 믿어(信)[미더], 얻(得)에[어더]

예(1)에 '/ㄷ/ 공깃길 닮기' 규칙이 적용된다. 이 규칙은 '특별한 줄기'란 제한이 있어 한정적이며, 이 범위 내에서 필연적이다. 예(2)는 '/ㄷ/ 공깃길 닮기' 규칙이 적용 되지 않는 것이다. /ㄷ/가 /ㄹ/로 변동 되지 않는다. 그래서 '/ㄷ/ 공깃길 닮기' 규칙은 한정적인 것이다.

'/ㅂ/의 공깃길 닮기'의 방법처럼 '/ㄷ/의 공깃길 닮기'도 구조·기술적 관점에서는 불규칙 현상으로 기술했으나, 변형문법 관점에서는 적용의 차이를 기저형의 차이에 두고 있다.

이 규칙을 적용 받지 않는 '묻다(埋)' 등은 홀소리 길이가 짧고, 반면 규칙의 적용을 받는 '묻다(問)' 등은 홀소리의 길이가 길기 때문이라고 보고 있다. 이도 말할이가 길이의 차이에 따른 기저형을 기억해야 하는 부담감이 있으며, 긴소리로 발음되지 않는 낱말 '듣다, 깨닫다' 등에도 규칙이 적용되므로 일률적이지 않다(구현옥, 2010:243).

나. 발음 교육 방법

'/ㄷ/ 공깃길 닮기 규칙'은 한정적이다. 그래서 낱말에 따라 규칙이 적용되는 것과 안 되는 것이 있다. 이것도 낱말을 중심으로 발음 교육을 해야 한다. '/ㄷ/ 공깃길 닮기'의 발음 교육도 '맞춤법'에서 표기하고 있는 형태에 따라야 한다.

발음 교육 방법은 교사는 학습자에게 '/ㄷ/ 공깃길 닮기'는 한정적인 변동이므로 일률적인 규칙으로 학습할 수 없고, 해당 낱말을 중심으로 학습되어야 한다는 것을 인지시켜야 한다. 이 규칙이 적용된 낱말과 적용 안 된 낱말을 비교해 본다.

[표준 발음으로 /ㄷ/이 /ㄹ/로 바뀐 낱말과 안 바뀐 낱말 비교]

/ㄷ/→/ㄹ/로 바뀜	/ㄷ/→/ㄷ/ 안 바뀜
묻(問)어[물어]	믿(信)어[믿어]
듣(聞)어[들어]	얻(得)어[얻어]

/ㄷ/→/ㄹ/로 바뀜	/ㄷ/→/ㄷ/ 안 바뀜
걷다(步)[걸어]	묻다(埋))[묻어]
(물을)긷어[길어]	걷다(옷자락을 걷다)[걷어]

5. /ㅣ/ 치닮기

가. 이론

'/ㅣ/ 치닮기(/ㅣ/모음 역행 동화)'는 첫째 음절에 있는 뒤홀소리인 /ㅏ, ㅓ, ㅗ, ㅜ, ㅡ/가 둘째 음절의 앞-높은 홀소리 /ㅣ/의 영향으로 같은 높이의 앞홀소리 /ㅐ, ㅔ, ㅚ, ㅟ, ㅣ/로 바뀐다. 곧 뒤홀소리 계열은 뒤 음절의 /ㅣ/를 닮아 높이와 둥글음에 관해 같은 바탕을 가진 앞홀소리 계열로 자리를 옮기는 현상이다.

[/ㅣ/ 치닮기 규칙]

	기본형	변동형	환경	조건
규칙	/ㅏ/	/ㅐ/	/ㅣ/는 닿소리 뒤와 홀소리 앞	홀소리 사이 혀끝닿소리 제외
	/ㅓ/	/ㅔ/		
	/ㅗ/	/ㅚ/		
	/ㅜ/	/ㅟ/		
	/ㅡ/	/ㅣ/		

예 (1) 잡+히다→[잽히다], 감기다[갬기다]. 깎이다[깩이다], 남기다[냄기다].
먹+히다→[멕히다], 먹이[멕이], 꺽이다[껙이다], 벗기다[벳기다]
뽑+히다→[뾥히다], 녹이다[뇍이다], 속이다[쇡이다], 옮기다[욂기다].

죽+이다→[쥑이다].

뜯+기다→[띧기다], 끓이다[낋이다], 듣기다[딛기다]

우리가 말을 할 때 그 소리들은 각각 따로따로 발음되는 듯하나, 사실은 한 덩어리의 소리는 대개는 한꺼번에 머릿속에 떠오르게 되는 것이 보통이다. 그렇게 때문에 앞소리가 뒷소리에 영향을 주는 일도 있는 것이다.

그렇기 때문에 'ㅣ/ 치닮기' 음운 현상은 발음 실현에 있어 편하게 하려는 것에서 변동이 일어나는 것이다. 'ㅣ/ 치닮기'의 실제 발음 현상을 보면, 뒤 홀소리인 /ㅏ, ㅓ, ㅗ, ㅜ, ㅡ/를 발음한 뒤 /ㄹ/을 제외한 혀끝소리의 닿소리를 사이에 두고 앞홀소리 /ㅣ/를 발음하게 된다. 말할이가 뒤홀소리(/ㅏ, ㅓ, ㅗ, ㅜ, ㅡ/)를 발음한 뒤 닿소리를 두고 앞홀소리(/ㅣ/)를 실현하게 되면 혀의 이동거리가 멀어지기 때문에 많은 불편함을 가지게 된다. 그래서 뒤홀소리(/ㅏ, ㅓ, ㅗ, ㅜ, ㅡ/)는 혀의 높낮이와 입술모양과 같은 앞홀소리(/ㅐ, ㅔ, ㅚ, ㅟ, ㅣ/)로 바꾸어 실현하게 되는 것이다. 이는 뒤로 향하려는 힘과, 앞으로 향하려는 힘이 합쳐지게 되는 합력이다.

특히 예(1) '뽑+히다→[뾉히다], 죽+이다→[쥑이다]'의 경우는 '뽑+히다→[뾉히다]→[뾉히다], 죽+이다→[쥑이다]→[직이다]'로 실현되고 있다. 'ㅣ/ 치닮기'는 방언에서 노년층을 중심으로 실현되고 있는 현상이다.

그러나 이 규칙은 임의적이고 한정적이다.

실제로 'ㅣ/ 치닮기 규칙'은 낱말에 따라 적용하기도 하고 적용하지 않기도 한다. 예(2)는 'ㅣ/ 치닮기 규칙'이 적용되지 않는 경우다.

예 (2), 밟히다, 달리다, 맞이, 벌리다, 없이, 해돋이

나. 발음 교육 방법

['/ㅣ/ 치닮기'와 '표준어 규정']

표준 발음법에는 이 '/ㅣ/ 치닮기'의 변동에 대한 조항이 따로 마련되어 있지 않다. '표준어 규정'에 이 변동과 관련된 조항이 있다.

표준어 규정

제9항 '/ㅣ/ 치닮기(/ㅣ/ 역행 동화)'의 발음은 원칙적으로 표준 발음으로 인정하지 아니하되, 다만, 다음 낱말들은 그러한 동화(변동)가 적용된 형태를 '표준어'로 삼는다.

서울내기, 시골내기, 신출내기, 풋내기, 냄비, 동댕이치다, 멋쟁이, 소금쟁이, 담쟁이덩굴, 골목쟁이, 발목쟁이

['/ㅣ/ 치닮기'의 발음]

'/ㅣ/ 치닮기 규칙'이 적용된 형태는 표준어로 인정한다. 또 '/ㅣ/ 치닮기 규칙'이 적용되고 있는 형태가 점점 넓어지고 있는데, 이런 현상은 '/ㅣ/ 치닮기'의 발음 현실이다.

'/ㅣ/ 치닮기' 현상의 발음 교육 방법은 학습자에게 ① 기본적으로 '/ㅣ/ 치닮기'의 발음은 표준 발음이 아니다, ② '/ㅣ/ 치닮기'가 적용된 형태인 '표준어'를 표준 발음으로 한다라는 것을 지도한다. 곧 교사는 학습자에게 '/ㅣ/ 치닮기 규칙'이 적용된 '표준어'로 인정된 낱말은 표준 발음을 하게 지도해야 한다.

그리고 '표준어'는 기술자에게 '-장이', 그 외는 '-쟁이'의 형태를 한다.

6. 끝소리 자리 옮기기

가. 이론

'혀끝소리-입술소리, 혀끝소리-뒤혀소리, 입술-뒤혀'의 차례로 닿소리가
이어나면, 앞소리는 뒤소리의 자리(서열)로 옮긴다.
이 세 서열의 닿소리들의 서로 끌고 끌리는 힘의 방향은 다음과 같다.

```
         ┌─► 입술
혀끝 ─┤      │
         └─► 뒤혀
```

'혀끝'은 끌리기만 하고, '뒤혀'는 끌기만 하고, '입술'은 끌기도 하고 끌리
기도 한다. 이처럼 '끝소리-첫소리'로 이어질 때 앞 음절의 끝소리가 뒤 음절
의 첫소리와 같은 자리로 옮기는 현상을 '끝소리 자리 옮기기(조음위치동화)'
라 한다.

[끝소리 자리 옮기기 규칙]

	기본형	변동형	환경	조건
규칙	혀끝-입술	입술-입술	앞소리가 뒷소리로 닮음	없음
	혀끝-뒤혀	뒤혀-뒤혀		
	입술-뒤혀	뒤혀-뒤혀		

> 예 (1) 혀끝-입술
> /ㄷ-ㅂ/→/ㅂ-ㅂ/: 돋보다[돕보다]
> /ㄴ-ㅂ/→/ㅁ-ㅂ/: 신발[심발]
> /ㄷ-ㅁ/→/ㅁ-ㅁ/: 신문[심문], 눈물[눔물]

예 (2) 혀끝–뒤혀

/ㄷ–ㄱ/→/ㄱ–ㄱ/: 받걷이[박거지], 받고[박고]

/ㄴ–ㄱ/→/ㅇ–ㄱ/: 손가락[송가락], 반갑대[방갑대]

예 (3) 입술–뒤혀

/ㅂ–ㄱ/→/ㄱ–ㄱ/: 밥그릇[박그릇], 입가심[익가심].

/ㅁ–ㄱ/→/ㅇ–ㄱ/: 감기[강기]

앞소리가 '겹받침 줄이기'와 '일곱 끝소리 되기'로 되어 /ㄷ, ㅂ/로 바뀐 경우도 한가지이다. 뒷소리에는 /ㄲ, ㅍ/ 따위도 이에 관여할 수 있다. 곧, '없기(→업기→억기), 갓방(→갇방→갑방), 얕보다(→얃보다→얍보다), 꽃밭(→꼳밭→꼽밭)' 등이다.

이 '끝소리 자리 옮기기' 변동은 임의적이다. 그리고 보편적인 경향을 강하게 풍기고 있으나 약간의 저항이 전혀 없지 않다. 따라서 학교에서의 발음 교육은 본래 발음을 따르고 있다(표준 발음 제21항).

나. 발음 교육 방법

'끝소리 자리 옮기기'의 음운 변동은 임의적이다. 그래서 실제로 발음 형태를 보면 말할이는 발음의 기본형과 변동형 두 가지의 발음형을 동시에 사용하고 있다. '표준 발음 제21항'에서는 변동형의 발음을 표준 발음으로 인정하지 않는다.

이것에 대한 발음 교육 방법은 교사는 학습자에게 변동형이 아닌 본래의 발음(기본형)은 표준 발음임을 인지시키는 것이다.

[규칙의 변동형(일반적 발음 경향)은 표준 발음이 아님]

기본형	'표준 발음'으로 인정	일반적 발음 경향	기본형	'표준 발음'으로 인정	일반적 발음 경향
곤봉	[곤봉]	[곰봉]	꽃보다	[꼳뽀다]	[꼽뽀다]
밭만	[반만]	[밤만]	준비	[준비]	[줌비]
감기	[감기]	[강기]	신발	[신발],	[심발],
손가락	[손가락]	[송가락]	걷기	[걷끼]	[걱끼]
곶감	[곧깜]	[곡깜]	받고	[받꼬]	[박꼬]
많고	[만코]	[망코]	앉고	[안꼬]	[앙꼬]
밥그릇	[밥끄른]	[박끄른]	임금	[임금]	[잉금]
잡곡	[잡꼭]	[작꼭]	삶고	[삼꼬]	[상꼬]

제14장

음운 변동: 줄임

말할이가 발음을 실현할 때의 현상은 두 소리가 한 소리로 또는 두 음절이 한 음절로 줄어지는 일이 있다. 이 현상도 발음을 편하게 하려는 것에서 나타나는 현상이다.

변동 원인	변동 종류	변동 규칙
발음의 편의로 일어남	줄임	반홀소리 되기, 거센소리 되기, 된소리 되기

1. 반홀소리 되기

가. 이론

홀소리 /ㅣ, ㅡ, ㅗ, ㅜ/로 끝나는 줄기에 홀소리 /ㅣ, ㅏ, ㅓ/로 시작하는 씨끝이 이어나면 홀소리 충돌이 일어난다. 이런 경우에 줄기의 홀소리가 반홀소리로 바뀌는 것이 '반홀소리 되기(반모음화)'이다(한글 맞춤법 제35항, 제36항).

[반홀소리 되기 규칙]

	기본형	변동형	환경	조건
규칙	/ㅣ, ㅡ, ㅗ, ㅜ/	반홀소리	/ㅣ, ㅏ, ㅓ/의 앞	

ⓓ (1) /ㅡ/ → /ĭ/: 뜨이다 → 띄다, 쓰이다, 트이다
ⓓ (2) /ㅣ/ → /j/: 그리어 → 그려, 줄이어, 잡히었다, 얹히어
ⓓ (3) /ㅜ/ → /w/: 두어라 → 둬라, 미루어서, 누이다 → 뉘다
ⓓ (4) /ㅗ/ → /w/: 보아라 → 봐라, 오아서(와서), 쏘아라

예(1) '뜨이다 → 띄다, 트이다 → 틔다'는 홀소리 /ㅡ/가 반홀소리 /ĭ/로 줄이게 된다. 예(2) '그리어 → 그려, 줄이어 → 줄여'는 홀소리 /ㅣ/가 반홀소리 /j/로 축약된다. 예(3, 4) '보아라 → 봐라, 두어라 → 둬라'는 홀소리 /ㅗ, ㅜ/가 반홀소리 /w/로 줄여진다.

이 변동은 대체로 보편적이나 이에 저항하는 말도 있고, 또 대체로 임의적이나 어떤 것은 변동형만이 쓰이기도 한다. 글에서는 원형이 쓰이는 일이 많고, 입말에서는 변동형이 쓰이는 일이 많은데, '맞춤법'에서는 줄여진 말로 적게 한다. 곧 이 규칙은 대체로 보편성이므로 줄인 '보아 → 봐'의 '봐'로 표기하고 있으나, 때로는 '이기+어 → [이기어], 비비+어 → [비비어], 기+어간다 → [기어간다]'에서처럼 기본형으로 표기하고 있다.

나. 발음 교육 방법

'한글 맞춤법'에서는 '반홀소리 되기'의 형태를 표준 어형으로 인정하고 있다. 곧 '반홀소리 되기'의 형태가 표준 어형으로 인정된 것이다. 그래서 '한글 맞춤법'에서 본말과 준말의 두 어형 모두 표기하고 있으니, '한글 맞춤법'의 두 어형은 모두 표준 발음이다.

이 표준 발음 교육 방법은 일반적으로 '맞춤법'에서 줄어진 형태로 표기하고 있으니까 기본 형태(본말)를 표준 발음으로 교육하고, 줄어진 형태(준말)도 표준 발음으로 교육해야 한다.

한글 맞춤법

제35항 모음 'ㅗ, ㅜ'로 끝난 어간에 '-아/-어, -았-/-었-'이 어울려 'ㅘ/ㅟ, 왔/웠'으로 될 적에는 준 대로 적는다.

본말	준말	본말	준말
꼬아	꽈	꼬았다	꽜다
보아	봐	보았다	봤다
쏘아	쏴	쏘았다	쐈다
두어	둬	두었다	뒀다
쑤어	쒀	쑤었다	쒔다
주어	줘	주었다	줬다

[붙임 1] '놓아'가 '놔'로 줄 적에는 준 대로 적는다.
[붙임 2] 'ㅚ' 뒤에 '-어, -었-'이 어울려 'ㅙ, 왰'으로 될 적에도 준대로 적는다.

본말	준말	본말	준말
괴어	괘	괴었다	괬다
되어	돼	되었다	됐다
뵈어	봬	뵈었다	뵀다
쇠어	쇄	쇠었다	쇘다
씌어	쐐	씌었다	쐤다

228

2. 거센소리 되기

가. 이론

약한소리 /ㄱ, ㄷ, ㅂ, ㅈ/이 /ㅎ/의 앞이나 뒤에 오면 거센소리 /ㅋ, ㅌ, ㅍ, ㅊ/로 실현되는데, 이 현상을 두고 '거센소리 되기(격음화)'이라 한다(표준 발음법 제12항).
이 규칙은 '겹받침 줄이기(자음군단순화)', '일곱 끝소리 되기'에 뒤따른다.

[거센소리 되기 규칙]

	기본형	변동형	환경	조건
규칙	/ㄱ/	/ㅋ/	/ㅎ/ 앞이나 뒤에서	없음
	/ㄷ/	/ㅌ/		
	/ㅂ/	/ㅍ/		
	/ㅈ/	/ㅊ/		

예 (1) /ㄱ+ㅎ/ → /ㅋ/: 먹히다[머키다], 박히다[바키다], 각하[가카]
/ㄷ+ㅎ/ → /ㅌ/: 맏형[마텽]
/ㅂ+ㅎ/ → /ㅍ/: 입학[이팍], 잡히다[자피다]
/ㅈ+ㅎ/ → /ㅊ/: 잦히다[자치다], 얹히다[언치다]

'거센소리 되기'는 '겹받침 줄이기', '일곱 끝소리 되기'가 앞서는 경우가 있다. 즉 '값하다 → 갑하다, 옷하고 → 온하고, 밭하고 → 받하고' 등이 있다.

예 (2) /ㅎ+ㄱ/ → /ㄱ+ㅎ/ → /ㅋ/: 좋고[조코], 많기[만키]
/ㅎ+ㄷ/ → /ㄷ+ㅎ/ → /ㅌ/: 좋다[조타]
/ㅎ+ㅂ/ → /ㅂ+ㅎ/ → /ㅍ/: (*앓브- → *알프- → 아쁘-)
/ㅎ+ㅈ/ → /ㅈ+ㅎ/ → /ㅊ/: 그렇지[그러치]

예(2)는 /ㅎ/ 약한소리가 서로 자리를 바꾸는 '/ㅎ/끝소리 자리 바꾸기'가 먼저 적용되고(허웅, 1985:265), 난 뒤에 '거센소리 되기'가 적용된다(놓다 →논하→노타). 앞의 '거센소리 되기'와 '/ㅎ/끝소리 자리 바꾸기'를 따로 설정한 이유는 이들 규칙의 실현 결과는 동일하지만 실현되는 과정을 중요시 했기 때문이다.

이렇게 변동된 꼴이 '입천장소리 되기'의 적용을 받을 조건을 갖추고 있으면, 이 규칙의 적용을 받는다. '묻히다→무티다→무치다, 걷히다, 닫히다, 굳히다'이다.

이 '거센소리 되기'의 규칙은 필연·보편적이다.

나. 발음 교육 방법

1) 규칙 및 원리

[거센소리 되기 규칙]

규칙: 약한소리 /ㄱ, ㄷ, ㅂ, ㅈ/이 /ㅎ/의 앞이나 뒤에 오면 거센소리 /ㅋ, ㅌ, ㅍ, ㅊ/로 바뀐다. 이는 '겹받침 줄이기', '일곱 끝소리 되기'에 뒤따른다.

$${ㄱ, ㄷ, ㅂ, ㅈ} \$ {ㅎ} → {ㅋ, ㅌ, ㅍ, ㅊ}$$

예 박하[바카], 맏형[마텽], 법학[버팍], 꽂히다[꼬치다]

또 /ㅎ/ 소리의 자리바꿈에 의해 '/ㅎ/+/ㄱ, ㄷ, ㅈ/로 이어지면, /ㄱ, ㄷ, ㅈ/은 /ㅋ, ㅌ, ㅊ/의 거센소리로 바뀐다.

예 좋고[조코], 낳다[나타], 그렇지[그러치]

이 규칙은 필연·보편적이다. 때문에 표준 발음 교육 방법은 학습자에게 규칙에 따라 기본형의 발음을 교육하는 것이 아니고, 음운 변동형을 발음 하게 하는 것이다.

2) 교육 방법과 활동

[낱말 듣고 발음하기]

교사는 '거센소리 되기 규칙'이 적용되는 낱말을 학습자에게 듣게 하고, 발음하도록 한다.

① 'ㅎ'가 뒤인 경우: /ㄱ, ㄷ, ㅂ, ㅈ/→[ㅋ, ㅌ, ㅍ, ㅊ] / - ㅎ
   직행   각하   식후   벽화   먹히다   착하다
   맏형   닫히다   걷히다   뜻하다
   좁히다   집회   답하다   밥하다
   없히다   꽂히다
② 'ㅎ'가 앞인 경우: /ㄱ, ㄷ, ㅈ/→[ㅋ, ㅌ, ㅊ] / ㅎ -
   좋고   낳고   넣고   빨갛고   많고   하얗다
   좋다   낳다   넣다   빨갛다   많다   하얗다
   좋지   낳지   넣지   빨갛지   많지   하얗지

[낱말 듣고 쓰기]

학습자는 교사의 발음을 듣고 소리 나는 대로 써 본다. 교사는 학습자가 아래 표의 빈칸에 발음형을 칠판에 또는 공책에 쓰게 하고, 오류를 바로 잡아 준다.

식후	[ ]	좋다	[ ]
맏형	[ ]	빨갛지	[ ]
빗하고	[ ]	잡히다	[ ]
곱하기	[ ]	약효	[ ]

[문장 읽기]

낱말에서 문장으로 넓혀 자연스럽게 발음을 하게 하는 활동이다. 교사는 학습자가 다양하게 읽도록 지도 한다.

- 우리 학생은 모두 **착하다**.
- **맏형**은 **법학**을 연구한다.
- **벽화**를 그리면 기분이 **좋다**.
- **식혜**는 그릇에 **넣고** 간다.
- 저고리는 **하얗고** 바지는 **파랗지**?

3. 된소리 되기

가. 이론

'된소리 되기(경음화) 규칙1'은 된소리 짝이 있는 약한 소리가 겹쳐날 때 두 소리가 한 소리로 되는 것이다. 이 규칙은 '겹받침 줄이기', '일곱 끝소리 되기', 'ㄷ 덧나기'에 뒤따른다.

[된소리 되기 규칙1(표준 발음법 제23항)]

	기본형	변동형	환경	조건
규칙	/ㄱ, ㄷ, ㅂ, ㅈ, ㅅ/	/ㄲ, ㄸ, ㅃ, ㅉ, ㅆ/	/ㄱ, ㄷ, ㅂ/ 뒤	없음

- (1) 국밥→국빱, 국솥→국쏱, 넋받이→넉빠지.
- (2) 뻗대다→뻗때다, 놓소→논소→논쏘, 옷고름→온꼬름, 잊고→읻꼬.
- (3) 답장→답짱, 밥도둑→밥또둑, 옆집→엽찝.
- (4) 낸(냇)가→낵가→내까.

예(1)의 '넋받이→넉빠지'는 '겹받침 줄이기'에 이어 '된소리 되기 규칙'이 적용되고, 예(2)의 '잊고→읻꼬'는 '일곱끝소리 되기'가 적용된 뒤에 '된소리 되기 규칙'이 적용되고, 예(3)의 '옆집→엽찝'는 '일곱 끝소리 되기'가 적용된 뒤에 '된소리 되기 규칙'이 적용되고, 예(4)의 '낸(냇)가→낵가→내까'는 '/ㄷ/ 덧나기'가 적용된 뒤 '된소리 되기 규칙'이 적용된다. 이 규칙은 필연·보편적이다.

[된소리 되기 규칙2(표준 발음법 제24항)]

	기본형	변동형	환경	조건
규칙	/ㄱ, ㄷ, ㅈ, ㅅ/	/ㄲ, ㄸ, ㅉ, ㅆ/	/ㅁ, ㄴ/ 뒤	풀이씨 줄기와 씨끝이 결합할 때

'된소리 되기 규칙2'와 같이 '된소리 되기'는 풀이씨의 줄기 끝소리의 콧소리인 /ㅁ, ㄴ/ 뒤에서 실현된다(표준 발음법 제24항).

- (1) 남고→남꼬, 남던→남떤, 남지→남찌, 남습니다→남씀니다
- (2) 신고→신꼬, 신던→신떤, 신지→신찌, 신습니다→신씀니다.

예(1)은 풀이씨의 줄기 끝소리(어간말)가 /ㅁ/인 경우이고, 예(2)는 풀이씨의 줄기 끝소리(어간말)가 /ㄴ/인 경우이다.

[된소리 되기 규칙3(표준 발음법 제27항)]

	기본형	변동형	환경	조건
규칙	/ㄱ, ㄷ, ㅂ, ㅈ, ㅅ/	/ㄲ, ㄸ, ㅃ, ㅉ, ㅆ/	/ㄹ/ 뒤에	매김 씨끝 (관형 어미)

'된소리 되기 규칙3'과 같이 /ㄱ, ㄷ, ㅂ, ㅈ, ㅅ/는 매김 씨끝 /ㄹ/ 뒤에서 '된소리 되기'가 적용된다(표준 발음법 제27항, 제28항).

> 예 갈 곳→갈꼳, 갈 데→갈떼, 할 바→할빠, 할 수→할쑤, 할 줄→할쭐.

[된소리 되기 규칙4(표준 발음법 제26항)]

	기본형	변동형	환경	조건
규칙	/ㄷ, ㅈ, ㅅ/	/ㄸ, ㅉ, ㅆ /	/ㄹ/ 뒤에	한자어

'된소리 되기 규칙4'와 같이 /ㄷ, ㅈ, ㅅ/는 한자어 /ㄹ/ 뒤에서 '된소리 되기'가 된다(표준 발음법 제26항).

> 예 철도→철또, 발동→발똥, 결사→결싸, 말살→말쌀, 일시→일씨, 멸종→멸쫑, 갈증→갈쯩, 물질→물찔

이 '된소리 되기'의 규칙은 필연·보편적이다.

나. 발음 교육 방법

1) 규칙 및 원리

[된소리 되기 규칙]

규칙1: /ㄱ, ㄷ, ㅂ/ 소리 뒤의 /ㄱ, ㄷ, ㅂ, ㅈ, ㅅ/ 소리는 /ㄲ, ㄸ, ㅃ, ㅉ, ㅆ/ 소리로 바뀐다.

{ㄱ, ㄷ, ㅂ}${ㄱ, ㄷ, ㅂ, ㅈ, ㅅ}→{ㄱ, ㄷ, ㅂ}${ㄲ, ㄸ, ㅃ, ㅉ, ㅆ}

⑩ 떡국[떡꾹], 뻗대다[뻗때다], 접속[접쏙], 잡지[잡찌], 압박[압빡]

규칙2: 풀이씨(용언) 줄기와 씨끝이 결합할 때, /ㅁ, ㄴ/ 뒤에서 /ㄱ, ㄷ, ㅈ, ㅅ/는 /ㄲ, ㄸ, ㅉ, ㅆ/로 바뀐다.

{ㅁ, ㄴ}${ㄱ, ㄷ, ㅈ, ㅅ}→{ㅁ, ㄴ}${ㄲ, ㄸ, ㅉ, ㅆ}

⑩ 신고[신꼬], 남다[남따], 신자[신짜], 앉소[안쏘]

규칙3: /ㄱ, ㄷ, ㅂ, ㅈ, ㅅ/는 매김 씨끝(관형형 어미) /ㄹ/ 뒤에서 /ㄲ, ㄸ, ㅃ, ㅉ, ㅆ/로 바뀐다.

{ㄹ}${ㄱ, ㄷ, ㅂ, ㅈ, ㅅ}→{ㄹ}${ㄲ, ㄸ, ㅃ, ㅉ, ㅆ}

⑩ 갈 곳[갈꼳], 할 바[할빠], 먹을 자리[머글짜리], 넘을 달[너믈딸]

규칙4: 한자어의 /ㄹ/ 뒤에 있는 /ㄷ, ㅈ, ㅅ/는 된소리 /ㄸ, ㅉ, ㅆ/로 바뀐다.

{ㄹ}\${ㄷ, ㅈ, ㅅ} → {ㄹ}\${ㄸ, ㅉ, ㅆ}

⑩ 갈등[갈뚱], 발전[발쩐], 탈세[탈쎄]

이 규칙은 필연·보편적이다. 때문에 표준 발음 교육 방법은 학습자에게 규칙에 따라 기본형의 발음을 교육하는 것이 아니고, 음운 변동형을 발음 하게 하는 것이다.

2) 교육 방법과 활동

[낱말 듣고 발음하기]

교사는 된소리 되기 규칙이 적용되는 낱말을 학습자에게 듣게 하고, 발음 하도록 한다.

① '장애음에 장애음의 이음' 구조[1] 낱말
  떡국 뻗대다 접속 잡지 압박 책들 옆집
  놓소 냇가 입고 뱉다 웃소 밥도 짓다

② 풀이씨(용언) 활용의 낱말
  신기 신다 단소 단자 앉소
  감다 남고 담지 잠수 비빔밥

---

1) 장애음이 연속할 때 반드시 뒤 닿소리가 앞 닿소리보다 닿소리의 강도가 크다(허용 외, 2009:266). 뒤의 장애음이 된소리로 바뀌는 현상은 닿소리의 강도가 깊다고 여겨진다.

③ 매김꼴(관형형)의 낱말

할 것　　갈 데　　할 바를　　할 적에　　갈 수도

만날 사람　올 곳에　먹을 줄

④ 한자어 낱말

갈등　절도　말살　일시　갈증　발전

[낱말 듣고 쓰기]

학습자는 교사의 발음을 듣고 소리 나는 대로 써 본다. 교사는 학습자가
아래 표의 빈칸에 발음형을 칠판에 또는 공책에 쓰게 하고, 오류를 바로 잡아
준다.

깎다	[　　　]	만난 사람	[　　　]
닭장	[　　　]	올 수도	[　　　]
더덥지	[　　　]	일시	[　　　]
신고	[　　　]	발동	[　　　]

[문장 읽기]

낱말에서 문장으로 넓혀 자연스럽게 발음을 하게 하는 활동이다. 교사는
학습자가 다양하게 읽도록 지도한다.

- **책장**과 **책상**을 **옮기다**.
- 신발을 **신지 않고** 그만 **갔다**.
- 일**할 것**도 많고, 공부**할 것**도 많다.
- 나는 집에 **갈 수**도 있다.
- 언제나 **물자**가 풍부해야 **발전**한다.

이 음운 현상도 발음의 편의성 경향에 의한 것인데, 이는 두 소리 가운데서
한 소리를 없애는 음운 변동 현상이다.

변동 원인	변동 종류	변동 규칙
발음의 편의로 일어남	없앰	/ㅡ/ 없애기, 고룸소리 없애기, /ㅓ/ 없애기, /j/ 없애기, /ㄹ/ 없애기, /ㅅ/ 없애기, /ㅎ/ 없애기, 짧은 소리 되기

1. /ㅡ/ 없애기

가. 이론

'/ㅡ/ 없애기(/ㅡ/ 탈락)'는 줄기 끝의 /ㅡ/가 씨끝의 /ㅓ/ 또는 /ㅏ/ 앞에
서 없어진다(한글 맞춤법 제18항 4, 18항 9). 이 현상은 '홀소리 부딪침(충
돌)'을 피하기 위해서 나타나는 것이다.

[/ㅡ/ 없애기 규칙]

	기본형	변동형	환경	조건
규칙	/ㅡ/	∅	ㅓ/ㅏ 앞	풀이씨 줄기에 홀소리 씨끝이 붙을 때

例 (1) 뜨+어서→떠서, ㄲ+어라→꺼라, 쓰+어라→써라.

例 (2) 흐르+어→흘러, 다르+어→달러→달라,
모르+었다→몰렀다→몰랐다.

예(2)의 경우는 줄기의 홀소리 /ㅡ/가 탈락되고 /ㄹ/ 소리가 겹쳐난다. 그러나 그 밖의 '이르다(到), 치르다, 푸르다'에서와 같이 '이르+어→이르러, 치르+어→치러, 푸르+었다→푸르렀다' 등은 예외적으로 /ㅡ/가 탈락되지 않는다.

예(1) 규칙은 필연·보편적이고, 예(2) 규칙은 필연·한정적이다.

나. 발음 교육 방법

줄기 끝의 /ㅡ/ 없앰도 '표준 발음법'에서 다루지 않고, '한글 맞춤법'에서 변동의 형태를 그대로 적기로 규정하고 있다. 줄기 끝의 /ㅡ/는 씨끝의 'ㅓ/ㅏ' 앞에서 없어지는데, 이는 필연적인 변동이다 예, 'ㄲ+어라→꺼라'.

그러나 줄기의 홀소리가 /ㅡ/이지만 '이르-, 푸르-, 치르-, 흐르-, 다르-, 모르-'의 낱말에서는 /ㅡ/가 탈락 안 하기도 하고, 또는 /ㅡ/가 탈락 하기도 한다(한글 맞춤법 제18항 8, 9).

'/ㅡ/ 없애기'의 발음 교육 방법은 ① 줄기 끝의 /ㅡ/는 씨끝의 'ㅓ/ㅏ' 앞에서 없애는 표준 발음으로(한글 맞춤법 제18항 4), ② 줄기 끝 '르-' 다음의 경우는 맞춤법에 반영한 표기 형태(한글 맞춤법 제18항 8, 9)를 발음하게 교육 한다.

[맞춤법에 반영한 표기 형태(표준 발음)]

/ㅡ/ 탈락 없음(/ㅓ/ → '러'로 바뀜)	/ㅡ/ 탈락 함(/ㄹ/ 겹침)
이르+어[이르러]	흐르+어[흘러]
치르+어[치르러]	다르+어[달라]
푸르+어[치르러]	빠르+어[빨라]

2. 고룸소리 없애기

가. 이론

'고룸소리 없애기(조음소 탈락)'는 풀이씨 줄기에 이어지는 고룸소리(조음소)인 /ㅡ/는 홀소리와 닿소리 /ㄹ/ 뒤에서 없어진다.

[고룸소리 없애기 규칙]

	기본형	변동형	환경	조건
규칙	/ㅡ/	∅	홀소리와 /ㄹ/ 뒤	고룸소리

> 예 보+으니 → 보니, 주+으며 → 주며, 울+으며 → 울며

우리말의 홀소리 음운 변동 중 많은 수가 이와 같은 두 홀소리의 연속적인 발음을 막기 위해 일어난다. 고룸소리 /ㅡ/가 홀소리나, 닿소리 /ㄹ/ 다음에서 없어지는 현상도 '홀소리+홀소리'의 부자연스러운 연결을 피해보려는 노력에 따른 것이라 할 수 있다. 다만 /ㄹ/가 홀소리 또래에 들어 있는 것이 특이하다. /ㄹ/는 소리 바뀜에 있어서는 흔히 홀소리 또래에 끼이는 일이 있

는데, 그것은 /ㄹ/가 닿소리 가운데에서는 그 공깃길이 홀소리에 가장 가깝기 때문이다[1].

어떤 경우는 /_/가 없어지지 않는다. 예로, 어형 '이+으니→이으니, 그+으며→그으며, 그+으니→그으니' 등이 있다. 이 규칙은 한정·필연적이다.

나. 발음 교육 방법

고룸소리의 없앰은 학교문법에서는 설정하지 않는데, 이것은 처음부터 '으'가 없는 형태인 '-니, -면, -려고' 등으로 씨끝을 설정하기 때문이다. '고룸소리 없애기 규칙'의 음운 변동은 한정적이나 필수적 성격에 더 가깝다. 곧 고룸소리 /_/가 탈락되는 현상이 일반적이다.

발음 교육 방법은 규칙이 적용되는 것이 일반적이므로, 교사는 학습자에게 변동 규칙을 중심으로 발음 교육을 하는 것이 바람직하다. 예외적으로 아주 적게 /_/가 탈락 안 한 것이 있는데, 이는 학습자에게 별도의 낱말을 인지시켜야 한다.

[표준 발음 형태 비교]

고룸소리 /_/ 없앰	고룸소리 /_/ 있음
보+으니[보니]	이+으니[이으니]
주+으며[주며]	그+으니[그으니]
울+으면서[울면서]	

---

1) 고룸소리는 매개 모음, 조음소와 같다. 이는 두 닿소리 사이에 끼어 소리(音)를 고르는 것을 뜻한다.

3. / ㅓ / 없애기

가. 이론

씨끝의 / ㅓ, ㅏ/는 풀이씨 줄기 홀소리 / ㅏ, ㅓ, ㅒ, ㅖ/ 뒤에서 없어지는
일이 있다. 이것이 '/ ㅓ / 없애기(/ ㅓ / 탈락)'이다(한글 맞춤법 제34항).

[/ ㅓ / 없애기 규칙]

	기본형	변동형	환경	조건
규칙	/ ㅓ, ㅏ /	∅	/ ㅏ, ㅓ, ㅒ, ㅖ/ 뒤	씨끝

예 서+어서→ 서서, 서+었다→ 섰다, 가+아서→ 가서,
개+어서→ 개서, 베+어도→ 베도

이 경우 '한글 맞춤법 제34항'에서 탈락한 어형('-어서→ 서')을 표준어형
으로 인정하고 있다. 그러나 '/_/ 없애기'에서와 같이, 어형 '쓰+어서→ 써
서, 고프+어→ 고파, 바쁘+어→ 바빠'는 씨끝 / ㅓ / 아닌 줄기의 /_/가 없
어진 것이다. 그 이유는 줄기의 홀소리 /_/가 가장 약한 홀소리이기 때문이
다.

씨끝 / ㅓ /는 / ㅣ / 치닮기로 된 줄기 홀소리 / ㅒ, ㅖ/ 뒤에서 없어지고, 이
규칙은 홀소리 어울림에 뒤따른다.

나. 발음 교육 방법

'/ ㅓ / 없애기 규칙'에서의 씨끝은 / ㅓ / 또는 / ㅏ /를 줄인다. 맞춤법에서는
/ ㅓ, ㅏ /를 표기하고 있다. 씨끝의 / ㅓ, ㅏ /는 줄어진 발음만을 원칙으로 하

고 있으니, 표준 발음 교육 방법은 교사는 학습자에게 씨끝의 /ㅓ, ㅏ/ 소리를 줄어진 형태를 발음하도록 지도한다.

한글 맞춤법

제34항 모음 'ㅏ, ㅓ'로 끝난 어간에 '-아/-어, -았-/-었-'이 어울릴 적에는 준 대로 적는다.

본말	준말	본말	준말
가아	가	가았다	갔다
나아	나	나았다	났다
타아	타	타았다	탔다
서어	서	사었다	섰다
커어	켜	켜었다	컸다
펴어	펴	펴었다	폈다

4. /j(ㅣ)/ 없애기

가. 이론

'/j(ㅣ)/ 없애기(/j(ㅣ)/ 탈락)' 현상은 풀이씨 줄기의 끝소리가 붙갈이소리인 /ㅈ, ㅊ/에 반홀소리 /j/가 이어나면 /j/는 탈락한다(표준 발음법 제5항).

[/j(ㅣ)/ 없애기 규칙]

	기본형	변동형	환경	조건
규칙	/j(ㅣ)/	∅	/ㅈ, ㅊ/ 뒤	풀이씨 줄기에 홀소리가 붙을 때

ⓔ (1) 지+어→져→저, 찌+어→쪄→쩌, 치+어→쳐→처

ⓔ (2) 가지+어라→가져라→가저라, 살찌+어→살쪄→살쩌

   바치+어도→바쳐도→바처도

예(1)은 1음절이고 예(2)는 2음절이다. /ㅈ, ㅊ/가 센입천장(경구개)에서 나기 때문에, 그 뒤에서는 /j/가 잘 드러나지 않는 것이 그 이유이다. 그리고 이러한 자리에서는 /ㅓ/ : /ㅕ/ 따위는 그 대립이 중화되는 것으로 볼 수 있다. 이 때문에 한국어에서는 이 규칙이 '한글 맞춤법'에 반영되지 않으나 '외래어 표기법'의 경우 '주스, 찬스, 비전, 벤처'로 발음한다.

이 규칙은 '반홀소리 되기'에 뒤 따른다.

나. 발음 교육 방법

/ㅈ, ㅊ/는 센입천장에서 실현되므로, /ㅈ, ㅊ/에 /j/가 잘 드러나지 않는다. 즉, '가지어라→가져라[가저라]'로 발음된다. 외래어에서도 '쥬스[주스], 챤스[찬스], 비젼[비전]'로 발음된다. 교사는 학습자에게 /ㅈ, ㅊ/ 소리에 /j/가 발음할 수 없음을 교육하고, '져→[저], 쳐→[처]' 등의 형태 어형을 많이 접하도록 하게 한다.

표준 발음법

제5항 다만 1. 용언의 활용형에 나타나는 '져, 쪄, 쳐'는 [저, 쩌, 처]로 발음한다.

  가지어→가져[가저] 찌어→쪄[쩌] 다치어→다쳐[다처]

---

5. /ㄹ/ 없애기

가. 이론

'/ㄹ/ 없애기(/ㄹ/ 탈락)'의 현상은 줄기의 끝소리 /ㄹ/가 씨끝 /(으)ㄴ, (으)ㅂ, (으)ㅅ, (으)ㄹ, ㅗ/ 앞에서 탈락한다(한글 맞춤법 제18항1). 이 규칙은 '고룸소리 없애기'에 따른다.

[/ㄹ/ 없애기 규칙]

	기본형	변동형	환경	조건
규칙	/ㄹ/	∅	/(으)ㄴ, (으)ㅂ, (으)ㅅ, (으)ㄹ, ㅗ/	

- ⑩ (1) 놀+으니→놀니→노니, 놀+읍니다→놀ㅂ니다→놉니다,
  울+으시다→울시다→우시다, 울+으오→울오→우오,
  놀+을까→놀ㄹ까→놀까.
- ⑩ (2) 딸+님→따님, 불+나비→부나비, 버들+나무→버드나무.

예(1)에 나타나는 /ㄹ/탈락 현상은 풀이씨의 활용에서만 나타나는 것이다. 예(2)에 나타나는 /ㄹ/탈락 현상은 합성어에서 나타나는 것이고, /ㄹ/가 탈락하지 않는 어형은 '달님, 불놀이, 물새, 물소리'이다.

변동이 적용되는 형태에 있어서 /ㄹ/ 벗어난 풀이씨의 경우는 필연적·한정적인데, 합성어의 경우는 임의·한정적인 성격이 더 강하다.

[보충] 방언 /ㄹ/의 탈락

방언에서는 /(으)ㄴ, (으)ㅂ, (으)ㅅ, (으)ㄹ, ㅗ/ 뿐만 아니라 /(으)ㄷ,

(으)ㅈ/ 소리 앞에서도 /ㄹ/은 탈락하기도 한다. 예를 들어 '놀+도록→
노도록, 놀+자→노자, 바늘+질→바느질, 쌀+전→싸전'이다. 이는 /
ㄹ/가 탈락되는 환경이 옛날보다 현대어에서는 더 축소되었다는 것을 말
한다.

나. 발음 교육 방법

'/ㄹ/ 없애기 규칙'은 부분으로 필연적이지만 임의·한정적이다. 그래서 '/ㄹ/
없애기 규칙'이 적용하는 낱말은 제한적이고 임의적이다. 그래서 '한글 맞춤
법'에서는 /ㄹ/가 탈락한 어형을 표준어로 인정하고 있다.

> 한글 맞춤법
>
> 제18항 다음과 같은 용언들은 어미가 바뀔 경우, 그 어간이나 어미가 원칙에
> 벗어나면 벗어나는 대로 적는다.
>
> 　1. 어간의 끝 'ㄹ'이 줄어질 적
>
> 　　갈다: 가니, 간, 갑니다, 가시다, 가오
> 　　놀다: 노니, 논, 놉니다, 노시다, 노오
> 　　불다: 부니, 분, 붑니다, 부시다, 부오
> 　　둥글다: 둥그니, 둥근, 둥급니다, 둥그시다, 둥그오
> 　　어질다: 어지니, 어진, 어집니다, 어지시다, 어지오

발음 교육 방법은 교사가 학습자에게 낱말의 음운 변동 환경은 같지만 실
제로 변동의 형태는 다르다는 것을 인지하게 해야 한다. 이 경우도 '한글 맞
춤법'의 규정 내용을 따르는데 표기의 형태가 표준 발음임을 교육해야 한다.

[' /ㄹ/ 없애기 규칙'의 여부 확인]

규칙이 적용된 표준 발음	규칙이 적용 안 된 표준 발음
놀다→놀+으니[노니]	달님→달+님[달님]
놀다→놀+읍니다[놉니다]	불놀이→불+놀이[불놀이]
버들나무→버들+나무[버드나무]	물새→물+새[물새]

6. /ㅅ/ 없애기

가. 이론

'/ㅅ/ 없애기(/ㅅ/ 탈락)'는 풀이씨 가운데 줄기의 끝소리 /ㅅ/가 홀소리 사이에서 없어진다(한글 맞춤법 제18항 2). '/ㅅ/ 없애기' 규칙이 적용되고 난 뒤에는 '고룸소리 없애기, /ㅡ/ 없애기, 반홀소리 되기'가 적용되지 않는다.

[/ㅅ/ 없애기 규칙]

	기본형	변동형	환경	조건
규칙	/ㅅ/	∅	홀소리 사이	풀이씨

- ㉑ (1) 긋+으니→그으니, 잇+으며→이으며, 낫+으나→나으나
- ㉑ (2) 긋+어→그어, 긋+었다→그었다
- ㉑ (3) 잇+어→이어, 잇+었다→이었다

예(1)에는 '고룸소리 없애기'가 적용 되지 않고, 예(2)에는 줄기의 '/ㅡ/ 없애기'가 적용 안 되고, 예(3)에는 '반홀소리 되기'가 적용 되지 않는다. 그런

데 이 현상은 끝소리 /ㅅ/을 가진 모든 줄기에 다 적용되지 않는다. 예, '벗다, 빗다, 빼앗다, 씻다' 등이 있다. 이 규칙은 한정적이다.

[보충] '/ㅅ/ 탈락' 현상

'/ㅅ/ 탈락' 현상은 기저형의 선택에 따라 보편적으로 설명할 수 있다. 구조·기술적 관점에서는 줄기에 따른 불규칙적 현상으로 기술하였으나, 변형·생성적 관점에서는 규칙적인 현상으로 설명한다. 즉 '잇다'의 기본형(원형)을 '잇-'로 설정해, /ㅿ/가 홀소리 사이에서 탈락되고, 그 밖의 환경에서는 /ㅅ/로 바뀐다고 설명한다.

그렇게 되면 '풀이써 가운데는'이란 제약이 필요 없게 되어 이 규칙은 보편성을 띠게 된다. 그러나 그렇게 되면 지금 한국어의 음소 목록에 없는 /ㅿ/를 끌어 들여야 한다는 어려움이 있다.

나. 발음 교육 방법

'/ㅅ/ 없애기 규칙'이 적용되는 낱말도 있고, 적용 안 되는 낱말도 있다. 이는 변동의 성격이 한정적이기 때문이다. 따라서 교사는 개별 낱말을 중심으로 발음을 교육해야 한다. '한글 맞춤법'의 규정에 따라 표기하는 형태가 곧 표준 발음이라는 것을 학습자에게 인지해야 한다.

['/ㅅ/ 없애기 규칙'의 여부 확인]

규칙이 적용된 표준 발음	규칙이 적용 안 된 표준 발음
긋다→긋+으니[그으니]	벗다→벗+으니[버스니]
잇다→잇+으니[이으니]	씻다→씻+으니[씨스니]
낫다→낫+으니[나으니]	빗다→빗+으니[비스니]

7. /ㅎ/ 없애기

가. 이론

'/ㅎ/ 없애기(/ㅎ/ 탈락)'는 풀이씨 줄기의 끝닿소리 /ㅎ/가 홀소리 사이에
서 탈락된다(한글 맞춤법 제18항 3).

이 규칙은 '홀소리 어울림'이 앞서고, '고룸소리 없애기'가 뒤따른다.

[/ㅎ/ 없애기 규칙]

	기본형	변동형	환경	조건
규칙	/ㅎ/	∅	홀소리 사이	풀이씨 줄기와 씨끝 결합

> 예 (1) 까맣+으니→까마으니→까마니, 그렇+을→그러을→그럴,
> 놓→아서→노아서, 놓+으면→노으면→노면,
> 끊+어서→끄너서

> 예 (2) 까맣+어→까맣아→까마아→까매, 하얗+어→하얗아→하
> 야아→하얘, 그렇+어→그러+어→그래

예(1)에서 이 규칙은 '고룸소리 없애기'가 뒤따르고, 예(2)는 '홀소리 어울림'이 앞서고 '/ㅎ/ 없애기'가 적용되고 난 뒤, 줄기 /ㅏ/와 씨끝의 /ㅓ/는 '홀소리 어울림'이 적용된 뒤 음절 줄임인 /ㅐ/로 바뀐다.

예로 '좋다, 쌓다, 빻다, 찧다' 어형은 이 규칙의 적용을 받지 않는다. 곧 이 규칙은 한정적 변동이다.

나. 발음 교육 방법

앞의 예(1, 2)에서처럼 받침의 /ㅎ/은 홀소리 앞에서 없어지지만 소수의 낱말에서는 /ㅎ/이 없어지지 않는다. 곧 이 규칙의 적용은 한계가 있다. 이 표준 발음 교육 방법은 교사는 학습자에게 이와 같이 음운 변동의 조건은 똑같은데 실제의 변동형은 다르게 실현된다는 것을 인지시켜야 한다.

['/ㅎ/ 없애기 규칙'의 여부 확인]

규칙이 적용된 표준 발음	규칙이 적용 안 된 표준 발음
까랗다 → 까맣+으니[까마니]	좋다 → 좋+애[조해]
까랗다 → 까맣+어[까매]	쌓다 → 쌓+아라[싸하라]
그렇다 → 그렇+을[그럴]	빻다 → 빻+으니[빠흐니]
하얗다 → 하얗+으면[하야면]	찧다 → 찧+으니[찌흐니]
파랗다 → 파랗+으니[파라니]	

8. 짧은 소리 되기

가. 이론

한국어에서는 홀소리의 길고 짧음을 구별하여 발음하되 첫음절에서만 긴 소리가 나는 것을 원칙으로 한다. 그러나 이러한 낱말이 둘째음절로 위치하게 되면 원래 가지고 있던 길이가 없어진다(표준 발음법 제7항).

[짧은 소리 되기 규칙]

	기본형	변동형	환경	조건
규칙	긴소리	짧은소리	홀소리 씨끝 앞	홀소리

- 옐 (1) 세:상→말세, 성:별→남성, 밤:→군밤
- 옐 (2) 알:다→알아, 신:다→신으며, 쉽:다→쉬어, 잇:다→이어라
- 옐 (3) 감:다→감기다, 꼬:다→꼬이다, 밟:다→밟히다

예(1)은 첫음절에서 놓인 긴 소리가 둘째음절로 자리를 옮김에 따라 짧은 소리가 되었다. 예(2)는 콧소리(/ㄴ, ㅁ/)나 흐름소리(/ㄹ/)로 끝난 본디 긴 소리의 줄기와 /ㅅ, ㅂ/ 벗어난 풀이씨의 긴소리 줄기는 홀소리 씨끝 앞에서 짧아진다.

예(3)은 긴소리를 가진 음절이라도 하임이나 입음의 씨끝이 결합되는 경우엔 길이가 짧아지는데, 예외로 어형 '끌:리다, 벌:리다, 졸:리다' 등은 짧게 안 된다.

이 규칙의 적용은 한정적이다.

나. 발음 교육 방법

'짧은 소리 되기'에 대한 표준 발음 교육 방법은 '제7장 운소 체계' 항목에서 설명했다. (참고 바람)

이 음운 변동은 발음의 노력 경제와 반대로 발음 노력을 더 들여서 실현된 현상이다. 곧 발음 노력을 더 들이더라도 들을이를 위해 말의 표현을 똑똑하게 하기 위하여 실현하고 있는 음운 현상이다.

변동 원인	변동 종류	변동 규칙
청강영상 강화	똑똑한 표현 발음	/ㄴ/ 덧나기[1], /ㄷ/ 덧나기

1. /ㄴ/ 덧나기

가. 이론

합성어와 파생어에서 앞 말이 닿소리로 끝나고, 뒷말의 첫소리가 홀소리 /ㅣ/나 반홀소리 /j/(ㅑ, ㅕ, ㅛ, ㅠ)일 때 /ㄴ/이 덧나는 것을 '/ㄴ/ 덧나기(/ㄴ/ 첨가)'이라 한다(표준 발음법 제29항). 이 규칙은 '/ㄴ/의 /ㄹ/ 되기', '콧소리 되기', '일곱 끝소리 되기'에 앞서 적용되고, 앞의 말이 열린 음절일 경우 '/ㄷ/ 덧나기'가 뒤따른다.

---

[1] 학교 문법에서는 /ㄴ/ 덧나기를 /ㅅ/ 덧나기와 함께 사잇소리 현상으로 다루고 있다.

[/ㄴ/ 덧나기 규칙]

	기본형	변동형	환경	조건
규칙	∅	/ㄴ/	뒷말 첫소리가 /ㅣ/와 /j/소리 앞	합성어와 파생어

- 例 (1) 금+이→금니, 좀+약→좀냑, 맹장염→맹장념
- 例 (2) 물+약→물냑→물략, 쌀+엿→쌀녓→쌀녇→쌀렫
- 例 (3) 집+일→집닐→짐닐, 막+일→막닐→망닐
- 例 (4) 앞+일→앞닐→압닐→암닐, 밭+일→밭닐→받닐→반닐

예(1)은 /ㄴ/만 덧나는 것이고, 예(2)는 '/ㄴ/의 /ㄹ/ 되기'가 뒤따르는 것이고, 예(3)은 '콧소리 되기'가 뒤따르는 것이고, 예(4)는 '일곱 끝소리 되기'와 '콧소리 되기'가 뒤따르는 경우다.

- 例 (5) 한 일[한닐], 옷 입다[온닙따], 서른 여섯[서른녀섣]
- 例 (6) 솔+잎→솔닢→솔맆→솔립, 불+여우→불녀우→불려우
  서울+역→서울녁→서울력

그리고 예(5)는 두 낱말이 이어서 한 마디로 발음할 때 /ㄴ/가 덧난다. 예(6) 경우는 /ㄹ/ 받침 뒤에 /ㄴ/가 덧나고, 이 /ㄴ/ 소리는 '/ㄴ/의 /ㄹ/ 되기'에 의해 /ㄹ/로 발음한다.

'/ㄴ/ 덧나기 규칙'은 한정적 임의적이다.

나. 발음 교육 방법

'/ㄴ/ 덧나기 규칙'의 음운 변동은 한정적이고 임의적이다. 그래서 '/ㄴ/ 덧나기 규칙'의 적용은 예외가 있어, 개인적인 발음 습관에 따라 다양하므로 일률적으로 '/ㄴ/ 덧나기 규칙'을 적용하기 어렵다.

곧 이의 발음 교육 방법은 학습자에게 '/ㄴ/ 덧나기 규칙'이 많이 적용되므로 규칙을 존중하게 하고, 임의적 현상이 있을 때는 '표준 발음법(제29항)'에 따라 발음하면 된다.

[/ㄴ/ 덧나기의 임의적 성격]

아래 예(7)의 경우는 '/ㄴ/ 덧나기'가 적용된 경우와 그렇지 않은 경우가 있는데, '표준 발음법'에서 이 두 경우 모두를 표준 발음으로 인정하고 있다.

> 예 (7) 이죽이죽[이중니죽/이주기죽]   야금야금[야금냐금/야그먀금]
>
> 검열[검녈/거멸]   금융[금늉/그뮹]
>
> 이글이글[이글리글/이그리글]

[/ㄴ/ 덧나기가 실현되지 않는 경우]

예(8)는 '/ㄴ/ 덧나기'의 환경에서도 '/ㄴ/ 덧나기'가 실현되지 않는 것이 표준 발음이다.

> 예 (8) 김유신[기뮤신]   육이오[유기오]   홍익인간[홍이긴간]
>
> 눈인사[누닌사]   물욕[무록]   송별연[송벼련]

2. /ㄷ/ 덧나기

가. 이론

합성어에서 뒷말의 첫소리가 된소리의 짝이 있는 /ㅂ, ㄷ, ㄱ, ㅈ, ㅅ/ 및 콧소리일 때, 두 말 사이에 /ㄷ/가 덧나서 된소리로 실현되는 경우를 '/ㄷ/ 덧나기(/ㄷ/ 첨가)' 또는 '사잇소리 첨가'이라 한다(표준 발음법 제30항)[2]. 이 규칙은 '/ㄴ/ 덧나기'에 뒤따르며, '된소리 되기'와 '콧소리 되기'와 '끝소리의 자리 옮기기'가 뒤따른다.

그리고 '/ㄷ/ 덧나기'를 '/ㅅ/ 덧나기'로 하기도 한다. 그러나 '/ㅅ/ 덧나기'로 하면 /ㅅ/를 /ㄷ/로 바뀌는 규칙을 적용해야 하는 문제 때문에, 바로 /ㄷ/이 덧난 것으로 한다.

[/ㄷ/ 덧나기 규칙]

	기본형	변동형	환경	조건
규칙	∅	/ㄷ/	뒷말 첫소리가 /ㅂ, ㄷ, ㄱ, ㅈ, ㅅ/ 및 콧소리 앞	합성어

- 예 (1) 코+등→코ㄷ등→코뚱, 손+등→손ㄷ등→손뚱
- 예 (2) 코+날→코ㄷ날→콘날, 뒤+날→뒤ㄷ날→뒨날
- 예 (3) 내+가→내ㄷ가→낵가→내까,
　　　초+불→초ㄷ불→춉불→초뿔,
　　　등+불→등ㄷ불→등ㅂ불→등뿔

---

2) '표준 밥음법'에서는 '사이시옷(/ㅅ/) 첨가'라 하고 있지만 여기서는 '/ㄷ/ 덧나기'라 한다. 왜냐하면 이를 '/ㅅ/ 덧나기'라 하게 되면 뒤이어 '/ㄷ/ 덧나기'가 뒤따르기 때문이다. 여기서 '/ㄷ/ 덧나기 규칙'을 바로 적용하게 되면 '/ㅅ/ 덧나기'를 '/ㄷ/ 덧나기'로 바뀌는 불편함이 없는 장점이 있다.

에 (4) 이+몸 → 이ㄷ몸 → 인몸 → 임몸

에 (5) 대+잎 → 대닢 → 대ㄷ닢 → 댄닢 → 댄닙,

　　　뒤+일 → 뒤닐 → 뒤ㄷ닐 → 된닐

　　　농사+일 → 농사닐 → 농사ㄷ닐 → 농산닐

예(1)은 이 규칙이 적용된 뒤 '된소리 되기'가 뒤따르는 경우이고, 예(2) 경우는 '콧소리 되기'가 뒤따르고, 예(3) 경우는 '끝소리의 자리 옮기기'와 '된소리 되기'가 뒤따르고, 예(4) 경우는 '콧소리 되기'와 '끝소리의 자리 옮기기'가 뒤따르고, 예(5)의 경우는 '/ㄴ/ 덧나기'가 앞서고 다른 규칙들이 뒤따른다.

'/ㄷ/ 덧나기 규칙'의 적용되는 범위는 한정적이다. 이 범위 안에서도 곳에 따라 사람에 따라 이 규칙의 적용은 달라지는 일이 있다. 표준 발음을 정하는 데 문제가 있다(표준 발음법 제30항 참고).

나. 발음 교육 방법

'/ㄷ/ 덧나기 규칙'의 적용되는 범위는 한정적·임의적이다. '/ㄷ/ 덧나기 규칙'은 한정적 임의적인 변동이기 때문에 일률적으로 적용할 수 없다. 그래서 '표준 발음법 제30항'에서처럼 뒤 예(6)의 두 가지 발음을 모두 인정한다. 즉 된소리를 원칙으로 하고, [ㄷ] 발음은 허용한다.

에 (6) 냇가[내ː까/낻ː까]　　콧등[코뜽/콛뜽]　　깃발[기ː빨/긷ː빨]

　　　뱃속[배쏙/밷쏙]　　빨랫돌[빨래똘/빨랟똘]　　햇살[해쌀/핻쌀]

'표준 발음법'과 실제 발음이 서로 다른 경우도 많다. 뒤 예(7)는 '/ㄷ/ 덧나기 규칙'이 적용된 발음이고, 뒤 예(8)는 '/ㄷ/ 덧나기 규칙'과 같은 환경이지만 실제로 이 규칙을 적용할 수 없는데, 이런 현상은 임의적 변동 성격을 가

지고 있기 때문이다. 한정적 임의적 성격의 변동은 역시 '표준 발음법'에 따라 발음 교육을 해야 한다.

예 (7) 봄비[봄삐]   아랫집[아랟찝]   자릿세[자릳쎄]
고깃배[고긷빼]   빨랫돌[빨랟똘]   잠자리[잠짜리]
찻집[찯찝]   나뭇가지[나묻까지]   장맛비[장맏삐]

예 (8) 이슬비[이슬비]   새우잠[새우잠]   장조림[장조림]
반달[반달]   금비녀[금비녀]   은가락지[은가락지]
개구멍[개구멍]   소가죽[소가죽]   노래방[노래방]
김밥[김밥]   머리말[머리말]   인사말[인사말]

제17장

변동의 규칙과 한글 맞춤법

한글 맞춤법이란 우리말을 우리 문자인 한글로 표기하는 방식을 규정한 규칙의 체계를 말한다. 맞춤법에 관한 규정은 '훈민정음'에 최초로 나타났고, 그 후 주시경이 문자 체계와 맞춤법을 확립하고자 하였다. 주시경의 연구를 바탕으로 1933년 '한글 맞춤법 통일안'이 공표되었고, 이를 수정 보완한 것이 바로 현재 우리가 기준으로 삼고 있는 '한글 맞춤법(1988, 문교부 교시 제88-1호)'이다.

'한글 맞춤법'은 6개의 '장'과 부록으로 구성되어 있고, 제 57항까지 있다.

한글 맞춤법	
제1장　총칙	제2장　자모
제3장　소리에 관한 것	제4장　형태에 관한 것
제5장　띄어쓰기	제6장　그 밖의 것
부록:　문장 부호	

1. 맞춤법 등장 이전의 표기 규칙

개화기 이후 국문의 정리는 시급한 문제로 등장되었다. 구한말(1907년) 학부 안에 국문 연구소를 설치하였다. 국문 연구소에서 의결한 '국문 연구 의정안'은 모든 첫소리를 받침으로 쓰자는 방향으로 결정되었다. 1910년의 한일 합방으로 이 안은 빛을 보지 못했다. 그 뒤 조선 총독부에서는 1912년 "보통

학교용 언문 철자법"을 마련하였다. 이것은 표음주의를 최초로 성문화한 표기법이었다. 1912년에 일부가 수정 보완되고, 이것이 1912년에 일부가 수정 보완되었다. 1930년에 다시 개정된 '언문 철자법'에서는 이제까지의 음소주의적 표기법을 형태주의적 표기법으로 바꾸었다.

2. 한글 맞춤법 통일안

지금까지 살펴본 바에 의하면 우리말의 표기법 변천은 표음주의와 형태주의가 다양하게 대립하고 조화를 이루어 오면서도 표음주의가 주류를 이루고 있었다. 그렇지만 이 흐름 속에서도 변이형태의 원형 지키기, 겹받침의 유지, 분철법의 꾸준한 발달을 통해서 형태주의가 신장해 온 역사이다. 1930년에 개정된 '언문 철자법'과 1933년 '한글 맞춤법 통일안'에 이르러서 형태주의적 어원 표시의 규정이 매우 철저하게 지켜지는 형태주의 표기 원리가 정착되었다.

주시경 선생(1876~1914)은 우리말의 형태소 분석을 철저히 추진해 나간 최초의 국어 학자인데, 주시경 선생의 이론을 계승한 후계 학자들이 형태소의 원형을 밝혀 표기하는 맞춤법 규범으로 제시한 것이 '한글 맞춤법 통일안'이다. '한글 맞춤법 통일안'의 기본 정신은 말의 단위 경계를 맞춤법에 반영시키고, 대표 형태를 고정시켜서 소리글자를 뜻글자로의 기능을 하게 하여 독서에 편의를 주자는 것이다.

따라서 '사람-이, 집-을, 물-에'와 같이 임자씨에 붙는 토씨를 분별해서 표기하려는 의향은 옛날부터 우리 문헌에 나타나기 시작했는데, 이러한 경향을 일관성 있게 표기법에 반영시키려 한 것이 1933년에 발표된 '한글 맞춤법 통일안'의 출발점이다.

3. 한글 맞춤법의 원리

> 제1장 총칙
>
> 제1항   한글 맞춤법은 표준어를 소리대로 적되, 어법에 맞도록
>   함을 원칙으로 한다.

한글 학회가 정한 맞춤법은 여러 차례 개정을 거쳐 왔는데, 가장 최근의
것으로는 '한글 맞춤법(1988)'이 있다.

한글 맞춤법의 제1항은 '한글 맞춤법은 표준어를 소리대로 적되, 어법에 맞
도록 함을 원칙으로 한다.'로 되어 있다. 이의 '소리대로 적기'와 '어법에 맞도
록 적는다'는 각각 2가지의 요소가 포함되어 있다(허웅, 1985:290). 이는 곧
한글 맞춤법은 형태의 표기에서 표음주의와 형태주의 표기의 두 원리가 존재
함을 의미하는 것이다. 국어는 첨가어로써 굴절체계가 복잡하고 다양하다.
따라서 조어력이 뛰어나 낱말의 형식도 다양하다. 이런 우리말의 특성을 고려
하면 표기법은 각 형태를 구별하여 표기하는 형태적 표기가 합리적일 것이다.

가. 소리대로 적기

한 형태소는 소리대로 적는다는 것이다. 소리대로 적는다는 것도 두 가지
의 요소를 가지고 있다.

첫째, 한 음소는 한 가지 글자로 적는다는 것이다. 한 음소를 두 가지 글자
로 적는다든지, 그 반대로 두 음소를 한 가지 글자로 적는 따위는 허용되지
않는다는 것이다. /op'a/는 '오빠'와 같이 적고, 이것은 '옵바'와 같이 /p/를

두 글자로 적지 아니 한다는 것이다. /kak'im/도 '가끔'으로 적고, '각금'으로 적지 아니 한다는 것이다.

둘째, 음절의 경계도 한글의 음절 글자다운 특색을 살려 소리와 글자를 바로 맞추어 적는다는 것이다. /pa-nil/을 '바늘'로 적고, '반을'과 같이 적지 않는다는 것이다.

나. 어법에 맞게 적기

맞춤법 원칙의 둘째는 어법에 맞게 적는다는 것이다. 이는 원형(기본형태)을 밝혀 적는다는 것이다. 이것도 두 가지의 요소를 가지고 있다.

첫째, 한 형태소가 여러 변이형태로 바뀌어 실현되더라도 그 기본형태 적는 법을 그대로 유지 한다는 것이다. 곧 '갑(도), 감(만), (담배)깝, 갑시'와 같이 여러 변이형태로 실현되는 것은 '값도, 값만, 담배값, 값이'로 적는다는 것이다.

둘째, 형태소의 경계가 글자에 분명해지도록 분리한다는 것이다. 곧 '갑시→값이, 사니→산이, 사라믈→사람을'과 같이 표기한다는 것이다.

한 형태소를 적되, 그 꼴을 분리하고 고정시킨다는 것은, 형태소의 뜻 파악, 나아가서는 문장을 읽고 이해하는 데 큰 도움이 되기 때문이다. 이같이 그 꼴을 분리하고 고정시키는 형태주의는 읽기에 유리한 표기법이다. 가령 '값ㅡ'처럼 어형 변화가 규칙적인 것은 '갑ㅡ, 감ㅡ, ㅡ깝'과 같이 여러 변이형태를 가질지라도 형태음소 변동이 규칙적이기 때문에 기본형을 '값ㅡ'으로 기억하기만 하면 읽기에 편리하고 의미 파악에 효율성을 높일 수 있다.

반면에 표음주의는 '갑또, 감만, 담배깝'처럼 적기만 하면 되므로 쓰기에 대단히 편리하다. 그러나 소리대로 쓰다 보니 다른 형태를 그대로 표기에 반영하게 되어 동일 낱말이라도 여러 변이형태를 가지게 되므로 읽기(뜻 파악)

를 위해서는 여러 변이형태를 기억해야 하는 부담이 있어 읽기에 불편하다.

발음형태인 '갑시'를 발음되는 대로 적지 아니하고, 의미소와 말본소의 경계를 분명히 분리하여 '값이'로 적는 것도 형태소의 뜻 파악, 곧 읽기의 효율성을 높일 수 있는 표기 형태이다.

이러한 고정과 분리가 가능하게 해 주는 것은, 우리 한글에 소리 없는 'ㅇ'가 있다는 것과, 우리 한글이 음소 글자이면서 음절 글자의 성격을 아울러 가지고 있다는 두 가지 특성이 있기 때문이다. 이것은 한글이 소리를 반영하는 글자이면서도 실제 표기에서는 의미 따위인 형태소를 구분하여 음소 글자에 표의성을 부여할 수 있음을 말한다.

다. 맞춤법과 발음의 상관성

현실적으로 표음주의와 형태주의 원리가 현행 맞춤법에 잘 반영되어 있다. 때문에 맞춤법은 어느 정도 어려운 것이 당연하다. 이런 원리와 양상이 어떤 관계로 되어 있는가를 밝히고 있는 것은 맞춤법의 지도와 이해를 위해서 필요한 일이다.

허웅(1985)은 말소리의 변동과 맞춤법의 상관성에 대해 네 가지의 유형을 제시하고 있다. 형태 음소적 변동에 있어서 보편적·필연적 변동일 경우는 원형을 밝혀 적고, 한정적·필연적 변동일 경우는 원형을 밝혀 적지 않는다. 그리고 임의적 변동으로 실현될 경우는 표준 발음에 따라 적는다. 이는 형태와 형태 사이에서 음운의 변동이 나타나는 경우는 형태적 표기와 음소적 표기가 선택적으로 적용되어야 한다는 것이다.

한글 맞춤법은 형태 표기에서 음소적 표기와 형태적 표기의 두 원리가 존재한다. 이 두 원리는 상보적이어서 형태에 있어 발음과 의미를 만족스럽게 반영하는 필요한 조건이기도 하다. 그러나 형태소 결합에서의 형태 음소적 변동이 나타나는 경우의 표기에서는 선택적일 수밖에 없다. 실제로 한글 맞춤법의 형태에 관한 규정은 이 두 원리의 적용을 기본원리로 하여 구성되어 있다.

4. 변동 규칙과 맞춤법 원리

이는 우리말의 '변동 규칙과 한글 맞춤법 원리'의 관계를 체계적으로 규명하였으며, 이 이론을 통해 실제로 맞춤법을 이해하는데 큰 도움을 주고 있다 (허웅, 1985:290~303). 그래서 '변동 규칙과 맞춤법 원리'에 있어, 말소리의 변동과 맞춤법의 상관성에 대해 세 가지의 유형을 제시한다. 여기서 제시하는 변동 규칙 26개 내용의 설명은 '제10장~제16장'에서 하고, 관련 규칙 번호와 규칙의 이름(예, 1) 소리 이음)만을 제시한다.

가. 변동이 보편·필연적인 경우

표기에 있어 변동이 보편·필연적 변동의 경우는 원형이 밝혀진다. 따라서 변동은 그 적용의 범위에 따라 보편적인 것과 한정적인 것으로 나뉜다. 보편적인 변동은 어떠한 형태소에나 적용되는 것이고, 한정적인 것은 일정한 범위 안의 형태소에만 적용되는 것이다.

또 변동은 말할이의 의도가 끼어들 수 있느냐 없느냐에 따라, 필연적인 것과 임의적(수의적)인 것으로 나뉜다. 필연적인 변동은 말할이의 의도와는 상관없이 반드시 그렇게 바뀌게 되는 것이고, 임의적인 변동은 말할이의 의도에 따라 바뀔 수도 있고 바뀌지 않을 수도 있는 것이다.

여기에 해당하는 변동 규칙의 아래와 같다.

소리 이음, 겹받침 줄이기, 일곱 끝소리 되기, /ㄹ/ 머리소리 규칙, /ㄴ/ 머리소리 규칙, /ㄴ/의 /ㄹ/ 되기, /ㄹ/의 /ㄴ/ 되기, 콧소리 되기, 입천장소리 되기, 거센소리 되기, 된소리 되기.

나. 변동이 한정·필연적인 경우

표기에 있어 변동이 한정·필연적인 경우는 원형이 밝혀지지 않는다. 원형이 밝혀지지 않는 이유는 한정적인 변동은 일정한 범위 안의 형태소에만 적용되는 것이기 때문에, 그 적용을 받는 형태소에 어떠한 표시를 하지 않는 한 어떤 형태소에 이 규칙을 적용할지 모르게 된다. 따라서 이런 경우에는 원형이 밝혀지지 않는다.

여기에 해당하는 변동 규칙은 아래와 같다.

홀소리 어울림, /ㅂ/의 공깃길 닮기, /ㄷ/의 공깃길 닮기, /ㅡ/ 없애기, 고름소리 없애기, /ㄹ/ 없애기, /ㅅ/ 없애기, /ㅎ/ 없애기, /ㄴ/ 덧나기, /ㄷ/ 덧나기.

다. 변동이 임의적인 경우

표기에 있어 임의적인 변동의 경우는 '표준 발음법'에 따른다. 임의적인 변동의 경우에는 표준 발음이 원형만을 인정한 것은 원형을 밝혀 적고, 두 쪽 다 인정한 경우에는 두 가지 표기법을 다 인정하도록 되어 있다.

여기에 해당하는 변동 규칙은 아래와 같다.

/ㅣ/ 치닮기, 끝소리 자리 옮기기, 반홀소리 되기, /ㅓ/ 없애기, /j(ㅣ)/ 없애기.

[참고 문헌]

고도홍 역(1995), 음성 언어의 이해, 한신문화사.

고병암 역(1990), 음운론의 이론과 분석, 한신문화.

교육부(1996), 말하기·듣기 2-1 교과서.

교육부(1996), 초등학교 교사용 지도서.

교육부(1997), 말하기·듣기·쓰기 5-2 교과서.

교육부(2015), 국어활동 1-1-가, 1-1-나, 1-2-가, 2-1-나, 2-2-가, 3-2-가, 6-1-가 참고서.

구현옥(2010), 개정판 국어 음운학의 이해, 한국문화사.

구현옥(2015), 함안 방언 연구, 세종출판사.

권경안 외(1979), 한국 아동의 음운 발달(1), 한국교육개발원.

권경안(1981), 한국 아동의 음운 발달(Ⅱ), 한국교육개발원.

권성미(2009), 한국어 발음 습득 연구, 박이정.

김명광(2007), 문법 교육에서의 표기법 오류 유형과 빈도 실태, 한국초등국어교육 제35집, 한국초등국어교육학회.

김선영(1999), 국어사의 동화 현상과 음절화 연구, 국학자료원.

김승곤(1983), 음성학, 정음사.

김영송(1975), 우리말 소리의 연구, 샘문화.

김영신(1988), 국어학 연구, 제일문화.

김완진(1985), 국어 음운체계의 연구, 일조각.

김재욱 외(2010), 한국어 교수법, 형설출판사.

김차균(1993), 우리말의 음운, 태학사.

김차균(1998), 나랏말과 겨레의 슬기에 바탕을 둔 음운학 강의, 태학사.

김차균(1999), 우리말 방언 성조의 비교, 역락.

김태철 외 19인(2016), 중학교 국어 1, 비상교육.

김태철 외 19인(2016), 중학교 국어 3, 비상교육.

류성기(2009), 초등 말하기 듣기 교육론, 박이정.

리의도(2004), 이야기 한글 맞춤법, 석필.

리의도(2005), 올바른 우리말 사용법, 예담.

리의도(2005), 초등학교 국어과 발음 단원의 변천에 대한 고찰, 한국초등국어
교육 제29집, 한국초등국어교육학회.

문교부 고시 제88호(1988), 한글 맞춤법.

박기용(2012), 초등학교 국어과 교육의 구조와 이론, 월인.

박숙희(2013), 한국어 발음 교육론, 역락.

박영목 외 4인(2017), 고등학교 독서와 문법, 천재교육.

박영순(2007), 다문화 사회의 언어문화 교육론, 한국문화사.

박영순(2008), 한국어와 한국어 교육론, 한국문화사.

박재석(1998), 국어 모음체계 연구, 보고사.

박정수(1995), 말하기 적기의 이론과 실제, 만수출판사.

박정수(1997), 컴퓨터를 활용한 표준 발음 교육 시스템의 개발에 관한 연구, 한
국초등국어교육 제13집, 한국초등국어교육학회.

박정수(1999), 경남 방언 분화 연구, 한국문화사.

박정수(2000), 우리 글자와 표기법의 변천에 대하여, 두류국어교육 제1집, 두류
국어교육학회.

박정수(2013), 초등 국어과 교육의 길잡이, 태학사.

박정수(2016), 진주 지역어의 홀소리 체계와 경남 중방언권의 경계에 대한 논
의, 국제언어문학 제33호, 국제언어문학회.

박정수(2016), 한국어 홀소리 발음 교수법 연구Ⅰ, 우리말글교육 제15집, 우리
말글교육학회.

박정수(2016), 한국어 홀소리 발음 교수법Ⅱ, 진주 한글 제2호, 한글학회 진주
지회.

박정수(2017), 진주 지역어의 구획에 대한 연구, 동남어문논집 제43집, 동남어
문학회.

박종덕(2008), 국어교육을 위한 국어 음운학, 경진문화.

배문식(2006), 우리말 표준 발음 연습, 박이정.

배주채(1996), 국어 음운론 개설, 신구문화사.

배주채(2003), 한국어의 발음, 삼경문화사.

서울대학교 언어교육원(2013), 외국인을 위한 한국어 발음 47 1~2, 한글 박.

서울대학교 언어교육원(2015), 1~2 외국인을 위한 한국어 발음 47, 한글파크.

서종학, 이미향(2010), 한국어 교재론, 태학사.

신지현 외(2016), 받침의 연음 방법 체계화와 교재 구성 방향 연구, 한국초등국
　　어교육 제61집, 한국초등국어교육학회.

심영택(2010), 초등학교 저학년 기초 문식성 교수 학습 방법: '개미[ㅐ]와 베짱
　　이[ㅔ]' 가르치기, 한국초등국어교육 제42집, 한국초등국어교육학회.

양태식(2006), 초등학교에서의 맞춤법의 지도, 한국어 교육 제24호, 한국어문
　　교육학회.

오종갑(1988), 국어 음운의 통시적 연구, 계명대학교 출판사.

윤여탁 외 9인(2017), 고등학교 독서와 문법, 미래엔.

이기문 외 2인(1987), 국어 음운론, 학연사.

이문규(2009), 현대 국어 음운론, 한국문화사.

이병운 외(2009), 초등학교 발음 교육 내용의 체계화: 자음과 모음을 중심으로,
　　한국초등국어교육 제39집, 한국초등국어교육학회.

이승왕 외(2010), 초등학교 국어과 맞춤법 교육의 체계화, 한국초등국어교육 제
　　42집, 한국초등국어교육학회.

이진호(2005), 국어 음운론 강의, 삼경문화사.

이창덕(2012), 국어 겹받침 발음 원리와 교육에 대하여, 한국초등국어교육 제
　　49집, 한국초등국어교육학회.

이창수(2010), 국어 문법 영역 교수·학습 방안 연구, 동아대학교 대학원 박사
　　학위 논문.

이현복 외 1인(1983), 음운학 개설, 탐구당.

이현복 외 2인(1995), 어린이 발음의 진단과 치료, 교육과학사.

이현복(1989), 한국어의 표준 발음, 교육과학사.

이현복(1991), 우리말의 표준 발음, 탐구당.

이호영(1996), 국어 음성학, 태학사.

이희승 외 1인(1994), 한글 맞춤법 강의, 신구문화사.

임규홍(1998), 어떻게 말하고 들을 것인가, 박이정.

임성규(1996), 언어지식을 이용한 발음지도 방법 연구, 한국초등국어교육 제12
    집, 한국초등국어교육학회.

임성규(2009), 교사를 위한 국어 맞춤법 길라잡이, 교육과학사.

임성규(2011), 'ㅔ, ㅐ' 발음의 교육방법 연구, 한국초등국어교육 제45집, 한국
    초등국어교육학회.

임용기 외 5인(1987), 국어학 서설, 정음사.

전덕주(2002), 웹자료 개발·적용을 통한 맞춤법 지도 방법 연구. 진주교육대학
    교 대학원 석사학위 논문.

조학행(1985), 음운구조의 범주론적 분석, 한신문화사.

최길시(1998), 외국인을 위한 한국어 교육의 실제, 태학사.

최명옥(1998), 국어 음운론과 자료, 태학사.

한문희 역(1991), 음운학 원론, 민음사.

한재영 외 1인(2005), 한국어 교수법, 태학사.

한철우 외 7인(2017), 고등학교 독서와 문법, 교학사.

허 용 외 1인(2006), 외국어로서의 한국어 발음교육론, 박이정.

허 용 외 5인(2005), 외국어로서의 한국어 교육학 개론, 박이정.

허 웅(1981), 언어학, 샘문화사.

허 웅(1984), 국어학, 샘문화사.

허 웅(1985), 국어 음운학, 샘문화사.

홍문숙(2015), 겹받침 읽기 요소의 체계화 및 지도 방안 연구, 경인교대교육전
    문대학원 석사논문.

황종배(2016), 영어교재 연구, 건국대학교 출판부.

Bloomfield, L.(1933), Language, New York: Holt, Rinehard, and Winston.

Chambers, J.K. and P.Trudgill(1980), Dialectology, London: Cambridge.

Chomsky.N. and M.Halle(1980), The Sound Pattern of English, New York: Haper and Row.

Saussure, F. de(1959), Course in General Linguistics, Trans. by Baskin, New York:Philosophy Library.

Trubezkoy(1969), Principles of Phonology, Berkeley and Los Angeles: University of California Press.

金東漢 外(1999), 韓國語レツン初級 I·II, スリーエーネットワーク.

梅田博之(1983), 韓國語의 音聲學的 研究 －日本語와의 對照를 中心으로－, 螢雪出版社.

표준 발음법

제1장 총 칙

제1항 표준 발음법은 표준어의 실제 발음을 따르되, 국어의 전통성과 합리성을 고려하여 정함을 원칙으로 한다.

제2장 자음과 모음

제2항 표준어의 자음은 다음 19개로 한다.

ㄱ ㄲ ㄴ ㄷ ㄸ ㄹ ㅁ ㅂ ㅃ ㅅ ㅆ ㅇ ㅈ ㅉ ㅊ ㅋ ㅌ ㅍ ㅎ

제3항 표준어의 모음은 다음 21개로 한다.

ㅏ ㅐ ㅑ ㅒ ㅓ ㅔ ㅕ ㅖ ㅗ ㅘ ㅙ ㅚ ㅛ ㅜ ㅝ ㅞ ㅟ ㅠ ㅡ ㅢ ㅣ

제4항 'ㅏ ㅐ ㅓ ㅔ ㅗ ㅚ ㅜ ㅟ ㅡ ㅣ'는 단모음(單母音)으로 발음한다.

[붙임] 'ㅚ, ㅟ'는 이중 모음으로 발음할 수 있다.

제5항 'ㅑ ㅒ ㅕ ㅖ ㅘ ㅙ ㅛ ㅝ ㅞ ㅠ ㅢ'는 이중 모음으로 발음한다.

다만 1. 용언의 활용형에 나타나는 '져, 쪄, 쳐'는 [저, 쩌, 처]로 발음한다.

가지어→가져[가저]   찌어→쪄[쩌]   다치어→다쳐[다처]

다만 2. '예, 례' 이외의 'ㅖ'는 [ㅔ]로도 발음한다.

계집[계:집/게:집]	계시다[계:시다/게:시다]
시계[시계/시게](時計)	연계[연계/연게](連繫)
메별[메별/메별](袂別)	개폐[개폐/개페](開閉)
혜택[혜:택/헤:택](惠澤)	지혜[지혜/지헤](智慧)

다만 3. 자음을 첫소리로 가지고 있는 음절의 'ㅢ'는 [ㅣ]로 발음한다.

늴리리	닁큼	무늬	띄어쓰기	씌어
틔어	희어	희떱다	희망	유희

다만 4. 단어의 첫음절 이외의 '의'는 [ㅣ]로, 조사 '의'는 [ㅔ]로 발음함도 허용한다.

주의[주의/주이]   협의[혀븨/혀비]
우리의[우리의/우리에]   강의의[강ː의의/강ː이에]

제3장 소리의 길이

제6항 모음의 장단을 구별하여 발음하되, 단어의 첫 음절에서만 긴소리가 나타나는 것을 원칙으로 한다.

(1) 눈보라[눈ː보라]   말씨[말ː씨]   밤나무[밤ː나무]
    많다[만ː타]   멀리[멀ː리]   벌리다[벌ː리다]

(2) 첫눈[천눈]   참말[참말]   쌍동밤[쌍동밤]
    수많이[수ː마니]   눈멀다[눈멀다]   떠벌리다[떠벌리다]

다만, 합성어의 경우에는 둘째 음절 이하에서도 분명한 긴소리를 인정한다.

반신반의[반ː신 바ː늬/반ː신 바ː니]   재삼재사[재ː삼 재ː사]

[붙임] 용언의 단음절 어간에 어미 '-아/-어'가 결합되어 한 음절로 축약되는 경우에도 긴소리로 발음한다.

보아 → 봐[봐ː]   기어 → 겨[겨ː]   되어 → 돼[돼ː]
두어 → 둬[둬ː]   하여 → 해[해ː]

다만, '오아 → 와, 지어 → 져, 찌어 → 쪄, 치어 → 쳐' 등은 긴소리로 발음하지 않는다.

제7항 긴소리를 가진 음절이라도, 다음과 같은 경우에는 짧게 발음한다.

1. 단음절인 용언 어간에 모음으로 시작된 어미가 결합되는 경우

감다[감ː따]─감으니[가므니]   밟다[밥ː따]─밟으면[발브면]
신다[신ː따]─신어[시너]   알다[알ː다]─알아[아라]

다만, 다음과 같은 경우에는 예외적이다.

끌다[끌:다]—끌어[끄:러]　　　 떫다[떨:따]—떫은[떨:븐]
벌다[벌:다]—벌어[버:러]　　　 썰다[썰:다]—썰어[써:러]
없다[업:따]—없으니[업:쓰니]

2. 용언 어간에 피동, 사동의 접미사가 결합되는 경우.

감다[감:따]—감기다[감기다]　　　 꼬다[꼬:다]—꼬이다[꼬이다]
밟다[밥:따]—밟히다[발피다]

다만, 다음과 같은 경우에는 예외적이다.

끌리다[끌:리다]　　 벌리다[벌:리다]　　 없애다[업:쌔다]

[붙임] 다음과 같은 합성어에서는 본디의 길이에 관계 없이 짧게 발음한다.

밀-물　　 썰-물　　　 쏜-살-같이　　 작은-아버지

제4장　받침의 발음

제8항　받침소리로는 'ㄱ, ㄴ, ㄷ, ㄹ, ㅁ, ㅂ, ㅇ'의 7개 자음만 발음한다.

제9항　받침 'ㄲ, ㅋ', 'ㅅ, ㅆ, ㅈ, ㅊ, ㅌ', 'ㅍ'은 어말 또는 자음 앞에서 각각
　　　대표음 [ㄱ, ㄷ, ㅂ]으로 발음한다.

닦다[닥따]　　　 키읔[키윽]　　　 키읔과[키윽꽈]　　　 옷[옫]
웃다[욷:따]　　　 있다[읻따]　　　 젖[젇]　　　　　　　 빚다[빋따]
꽃[꼳]　　　　　 쫓다[쫃따]　　　 솥[솓]　　　　　　　 뱉다[밷:따])
앞[압]　　　　　 덮다[덥따]

제10항　겹받침 'ㄳ', 'ㄵ', 'ㄼ, ㄽ, ㄾ', 'ㅄ'은 어말 또는 자음 앞에서 각각 [ㄱ,
　　　 ㄴ, ㄹ, ㅂ]으로 발음한다.

넋[넉]　　　 넋과[넉꽈]　　　 앉다[안따]　　 여덟[여덜]　　 넓다[널따]
외곬[외골]　 핥다[할따]　　　 값[갑]　　　　 없다[업:따]

다만, '밟-'은 자음 앞에서 [밥]으로 발음하고, '넓-'은 다음과 같은 경우에
[넙]으로 발음한다.

    (1) 밟다[밥:따]　　밟소[밥:쏘]　　밟지[밥:찌]　　밟는[밥:는→밤:는]

         밟게[밥:께]　　밟고[밥:꼬]

    (2) 넓-죽하다[넙쭈카다]　　　　넓-둥글다[넙뚱글다]

제11항 겹받침 'ㄺ, ㄻ, ㄿ'은 어말 또는 자음 앞에서 각각 [ㄱ, ㅁ, ㅂ]으로 발음한다.

    닭[닥]　　　　흙과[흑꽈]　　　　맑다[막따]　　　　늙지[늑찌]

    삶[삼:]　　　　젊다[점:따]　　　　읊고[읍꼬]　　　　읊다[읍따]

다만, 용언의 어간 말음 'ㄺ'은 'ㄱ' 앞에서 [ㄹ]로 발음한다.

    맑게[말께]　　　묽고[물꼬]　　　　얽거나[얼꺼나]

제12항 받침 'ㅎ'의 발음은 다음과 같다.

  1. 'ㅎ(ㄶ, ㅀ)' 뒤에 'ㄱ, ㄷ, ㅈ'이 결합되는 경우에는, 뒤 음절 첫소리와 합쳐서 [ㅋ, ㅌ, ㅊ]으로 발음한다.

    놓고[노코]　　　좋던[조:턴]　　　쌓지[싸치]　　　　많고[만:코]

    않던[안턴]　　　닳지[달치]

  [붙임 1] 받침 'ㄱ(ㄺ), ㄷ, ㅂ(ㄼ), ㅈ(ㄵ)'이 뒤 음절 첫소리 'ㅎ'과 결합되는 경우에도, 역시 두 소리를 합쳐서 [ㅋ, ㅌ, ㅍ, ㅊ]으로 발음한다.

    각하[가카]　　　　　　　먹히다[머키다]

    밝히다[발키다]　　　　　맏형[마텽]

    좁히다[조피다]　　　　　넓히다[널피다]

    꽂히다[꼬치다]　　　　　앉히다[안치다]

  [붙임 2] 규정에 따라 'ㄷ'으로 발음되는 'ㅅ, ㅈ, ㅊ, ㅌ'의 경우에는 이에 준한다.

    옷 한 벌[오탄벌]　　　　　낯 한때[나탄때]

    꽃 한 송이[꼬탄송이]　　　숱하다[수타다]

  2. 'ㅎ(ㄶ, ㅀ)' 뒤에 'ㅅ'이 결합되는 경우에는, 'ㅅ'을 [ㅆ]으로 발음한다.

    닿소[다쏘]　　　　많소[만:쏘]　　　　싫소[실쏘]

3. 'ㅎ' 뒤에 'ㄴ'이 결합되는 경우에는, [ㄴ]으로 발음한다.

　　놓는[논는]　　　　　쌓네[싼네]

[붙임] 'ㄶ, ㅀ' 뒤에 'ㄴ'이 결합되는 경우에는, 'ㅎ'을 발음하지 않는다.

　　않네[안네]　　　　　않는[안는]
　　뚫네[뚤네→뚤레]　　뚫는[뚤는→뚤른]

　※ '뚫네[뚤네→뚤레], 뚫는[뚤는→뚤른]'에 대해서는 제 20항 참조.

4. 'ㅎ(ㄶ, ㅀ)' 뒤에 모음으로 시작된 어미나 접미사가 결합되는 경우에는, 'ㅎ'을 발음하지 않는다.

　　낳은[나은]　　놓아[노아]　　쌓이다[싸이다]　　많아[마ː나]
　　않은[아는]　　닳아[다라]　　싫어도[시러도]

제13항　홑받침이나 쌍받침이 모음으로 시작된 조사나 어미, 접미사와 결합되는 경우에는, 제 음가대로 뒤 음절 첫소리로 옮겨 발음한다.

　　깎아[까까]　　　　옷이[오시]　　　　있어[이써]　　　　낮이[나지]
　　꽂아[꼬자]　　　　꽃을[꼬츨]　　　　쫓아[쪼차]　　　　밭에[바테]
　　덮이다[더피다]　　　　　　　　　　앞으로[아프로]

제14항　겹받침이 모음으로 시작된 조사나 어미, 접미사와 결합되는 경우에는, 뒤엣것만을 뒤 음절 첫소리로 옮겨 발음한다.(이 경우, 'ㅅ'은 된소리로 발음함.)

　　넋이[넉씨]　　　　앉아[안자]　　　　닭을[달글]　　　　젊어[절머]
　　곬이[골씨]　　　　핥아[할타]　　　　읊어[을퍼]　　　　값을[갑쓸]
　　없어[업ː써]

제15항　받침 뒤에 모음 'ㅏ, ㅓ, ㅗ, ㅜ, ㅟ'들로 시작되는 실질 형태소가 연결되는 경우에는, 대표음으로 바꾸어서 뒤 음절 첫소리로 옮겨 발음한다.

　　밭 아래[바다래]　　늪 앞[느밥]　　　젖어미[저더미]
　　맛없다[마덥다]　　　겉옷[거돋]　　　헛웃음[허두슴]
　　꽃 위[꼬뒤]

　다만, '맛있다, 멋있다'는 [마싣따], [머싣따]로도 발음할 수 있다.

[붙임] 겹받침의 경우에는 그 중 하나만을 옮겨 발음한다.

넋 없다[너겁따]　　　　닭 앞에[다가페]

값어치[가버치]　　　　값있는[가빈는]

제16항 한글 자모의 이름은 그 받침소리를 연음하되, 'ㄷ, ㅈ, ㅊ, ㅋ, ㅌ, ㅍ, ㅎ'의 경우에는 특별히 다음과 같이 발음한다.

디귿이[디그시]	디귿을[디그슬]	디귿에[디그세]
지읒이[지으시]	지읒을[지으슬]	지읒에[지으세]
치읓이[치으시]	치읓을[치으슬]	치읓에[치으세]
키읔이[키으기]	키읔을[키으글]	키읔에[키으게]
티읕이[티으시]	티읕을[티으슬]	티읕에[티으세]
피읖이[피으비]	피읖을[피으블]	피읖에[피으베]
히읗이[히으시]	히읗을[히으슬]	히읗에[히으세]

제5장 소리의 동화

제17항 받침 'ㄷ, ㅌ(ㄾ)'이 조사나 접미사의 모음 'ㅣ'와 결합되는 경우에는, [ㅈ, ㅊ]으로 바꾸어서 뒤 음절 첫소리로 옮겨 발음한다.

곧이듣다[고지듣따]　　군이[구지]　　미닫이[미다지]

땀받이[땀바지]　　　　밭이[바치]　　벼훑이[벼훌치]

[붙임] 'ㄷ' 뒤에 접미사 'ㅎ'가 결합되어 '티'를 이루는 것은 [치]로 발음한다.

굳히다[구치다]　　　　닫히다[다치다]　　묻히다[무치다]

제18항 받침 'ㄱ(ㄲ, ㅋ, ㄳ, ㄺ), ㄷ(ㅅ, ㅆ, ㅈ, ㅊ, ㅌ, ㅎ), ㅂ(ㅍ, ㄼ, ㄿ, ㅄ)'은 'ㄴ, ㅁ' 앞에서 [ㅇ, ㄴ, ㅁ]으로 발음한다.

먹는[멍는]	국물[궁물]	깎는[깡는]	키읔만[키응만]
몫몫이[몽목씨]	긁는[긍는]	흙만[흥만]	닫는[단는]
짓는[진:는]	옷맵시[온맵씨]	있는[인는]	맞는[만는]
젖멍울[전멍울]	쫓는[쫀는]	꽃망울[꼰망울]	붙는[분는]

놓는[논는]　　　　잡는[잠는]　　　　밥물[밤물]　　　　앞마당[암마당]
밟는[밤ː는]　　　　읊는[음는]　　　　없는[엄ː는]　　　　값매다[감매다]

[붙임] 두 단어를 이어서 한 마디로 발음하는 경우에도 이와 같다.

책 넣는다[챙넌는다]　　　　흙 말리다[흥말리다]
옷 맞추다[온마추다]　　　　밥 먹는다[밤멍는다]
값 매기다[감매기다]

제19항 받침 'ㅁ, ㅇ' 뒤에 연결되는 'ㄹ'은 [ㄴ]으로 발음한다.

담력[담ː녁]　　　　침략[침냑]　　　　강릉[강능]
항로[항ː노]　　　　대통령[대ː통녕]

[붙임] 받침 'ㄱ, ㅂ' 뒤에 연결되는 'ㄹ'도 [ㄴ]으로 발음한다.

막론[막논→망논]　　　　백리[백니→뱅니]　　　　협력[협녁→혐녁]
십리[십니→심니]

제20항 'ㄴ'은 'ㄹ'의 앞이나 뒤에서 [ㄹ]로 발음한다.

(1) 난로[날ː로]　　　신라[실라]　　　천리[철리]　　　광한루[광ː할루]
　　대관령[대ː괄령]

(2) 칼날[칼랄]　　　물난리[물랄리]　　　줄넘기[줄럼끼]　　　할는지[할른지]

[붙임] 첫소리 'ㄴ'이 'ㅀ', 'ㄾ' 뒤에 연결되는 경우에도 이에 준한다.

닳는[달른]　　　　뚫는[뚤른]　　　　핥네[할레]

다만, 다음과 같은 단어들은 'ㄹ'을 [ㄴ]으로 발음한다.

의견란[의ː견난]　　　임진란[임ː진난]　　　생산량[생산냥]
결단력[결딴녁]　　　공권력[공꿘녁]　　　동원령[동ː원녕]
상견례[상견녜]　　　횡단로[횡단노]　　　이원론[이ː원논]
입원료[이붠뇨]　　　구근류[구근뉴]

제21항 위에서 지적한 이외의 자음동화는 인정하지 않는다.

감기[감ː기](×[강ː기])　　　　옷감[옫깜](×[옥깜])
있고[읻꼬](×[익꼬])　　　　꽃길[꼳낄](×[꼭낄])
젖먹이[전머기](×[점머기])　　　문법[문뻡](×[뭄뻡])
꽃밭[꼳빧](×[꼽빧])

제22항 다음과 같은 용언의 어미는 [어]로 발음함을 원칙으로 하되, [여]로 발음함도 허용한다.

되어[되어/되여]　　　　피어[피어/피여]

[붙임] '이오, 아니오'도 이에 준하여 [이요, 아니요]로 발음함을 허용한다.

제6장 된소리 되기

제23항 받침 'ㄱ(ㄲ, ㅋ, ㄳ, ㄺ), ㄷ(ㅅ, ㅆ, ㅈ, ㅊ, ㅌ), ㅂ(ㅍ, ㄼ, ㄿ, ㅄ)' 뒤에 연결되는 'ㄱ, ㄷ, ㅂ, ㅅ, ㅈ'은 된소리로 발음한다.

국밥[국빱]	깎다[깍따]	넋받이[넉빠지]	삯돈[삭똔]
닭장[닥짱]	칡범[칙뻠]	뻗대다[뻗때다]	옷고름[옫꼬름]
있던[읻떤]	꽂고[꼳꼬]	꽃다발[꼳따발]	낯설다[낟썰다]
밭갈이[받까리]	솥전[솓쩐]	곱돌[곱똘]	덮개[덥깨]
옆집[엽찝]	넓죽하다[넙쭈카다]		읊조리다[읍쪼리다]
값지다[갑찌다]			

제24항 어간 받침 'ㄴ(ㄵ), ㅁ(ㄻ)' 뒤에 결합되는 어미의 첫소리 'ㄱ, ㄷ, ㅅ, ㅈ'은 된소리로 발음한다.

신고[신ː꼬]	껴안다[껴안따]	앉고[안꼬]	닮고[담ː꼬]
삼고[삼ː꼬]	더듬지[더듬찌]	얹다[언따]	젊지[점ː찌]

다만, 피동, 사동의 접미사 '-기-'는 된소리로 발음하지 않는다.

안기다　　　　감기다　　　　굶기다　　　　옮기다

제25항 어간 받침 'ㄼ, ㄾ' 뒤에 결합되는 어미의 첫소리 'ㄱ, ㄷ, ㅅ, ㅈ'은 된소리로 발음한다.

넓게[널께]　　　　핥다[할따]　　　　훑소[훌쏘]　　　　떫지[떨ː찌]

제26항 한자어에서, 'ㄹ' 받침 뒤에 연결되는 'ㄷ, ㅅ, ㅈ'은 된소리로 발음한다.

갈등[갈뜽]	발동[발똥]	절도[절또]	말살[말쌀]
불소[불쏘]	일시[일씨]	갈증[갈쯩]	물질[물찔]
발전[발쩐]	몰상식[몰쌍식]	불세출[불쎄출]	

다만, 같은 한자가 겹쳐진 단어의 경우에는 된소리로 발음하지 않는다.

허허실실[허허실실]　　　　　　　절절-하다[절절하다]

제27항 관형사형 '-(으)ㄹ' 뒤에 연결되는 'ㄱ, ㄷ, ㅂ, ㅅ, ㅈ'은 된소리로 발음한다.

할 것을[할꺼슬]　　　갈 데가[갈떼가]　　　할 바를[할빠를]
할 수는[할쑤는]　　　할 적에[할쩌게]　　　갈 곳[갈꼳]
할 도리[할또리]　　　만날 사람[만날싸람]

다만, 끊어서 말할 적에는 예사소리로 발음한다.

[붙임] '-(으)ㄹ'로 시작되는 어미의 경우에도 이에 준한다.

할걸[할껄]　　　　　할밖에[할바께]　　　　할세라[할쎄라]
할수록[할쑤록]　　　할지라도[할찌라도]　　할지언정[할찌언정]
할진대[할찐대]

제28항 표기상으로는 사이시옷이 없더라도, 관형격 기능을 지니는 사이시옷이 있어야 할(휴지가 성립되는) 합성어의 경우에는, 뒤 단어의 첫소리 'ㄱ, ㄷ, ㅂ, ㅅ, ㅈ'을 된소리로 발음한다.

문-고리[문꼬리]　　　눈-동자[눈똥자]　　　신-바람[신빠람]
산-새[산쌔]　　　　　손-재주[손째주]　　　길-가[길까]
물-동이[물똥이]　　　발-바닥[발빠닥]　　　굴-속[굴:쏙]
술-잔[술짠]　　　　　바람-결[바람껼]　　　그믐-달[그믐딸]
아침-밥[아침빱]　　　잠-자리[잠짜리]　　　강-가[강까]
초승-달[초승딸]　　　등-불[등뿔]　　　　　창-살[창쌀]
강-줄기[강쭐기]

제7장 소리의 첨가

제29항 합성어 및 파생어에서, 앞 단어나 접두사의 끝이 자음이고 뒤 단어나 접미사의 첫음절이 '이, 야, 여, 요, 유'인 경우에는, 'ㄴ' 음을 첨가하여 [니, 냐, 녀, 뇨, 뉴]로 발음한다.

솜-이불[솜:니불]	홑-이불[혼니불]	막-일[망닐]
샀-일[삼닐]	맨-입[맨닙]	꽃-잎[꼰닙]
내복-약[내:봉냑]	한-여름[한녀름]	남존-여비[남존녀비]
신-여성[신녀성]	색-연필[생년필]	직행-열차[지캥녈차]
늑막-염[능망념]	콩-엿[콩녇]	담-요[담:뇨]
눈-요기[눈뇨기]	영업-용[영엄뇽]	식용-유[시굥뉴]
국민-윤리[궁민뉼리]	밤-윷[밤:뉻]	

다만, 다음과 같은 말들은 'ㄴ' 음을 첨가하여 발음하되, 표기대로 발음할 수 있다.

이죽-이죽[이중니죽/이주기죽]	야금-야금[야금냐금/야그먀금]
검열[검:녈/거:멸]	욜랑-욜랑[욜랑놀랑/욜랑욜랑]
금융[금늉/그뮹]	

[붙임 1] 'ㄹ' 받침 뒤에 첨가되는 'ㄴ' 소리는 [ㄹ]로 발음한다.

들-일[들:릴]	솔-잎[솔립]	설-익다[설릭다]
물-약[물략]	불-여우[불려우]	서울-역[서울력]
물-엿[물렫]	휘발-유[휘발류]	유들-유들[유들류들]

[붙임 2] 두 단어를 이어서 한 마디로 발음하는 경우에도 이에 준한다.

한 일[한닐]	옷 입다[온닙따]	서른 여섯[서른녀섣]
3연대[삼년대]	먹은 엿[머근녇]	
할 일[할릴]	잘 입다[잘립따]	스물 여섯[스물려섣]
1연대[일련대]	먹을 엿[머글렫]	

다만, 다음과 같은 단어에서는 'ㄴ(ㄹ)' 소리를 첨가하여 발음하지 않는다.

| 6·25[유기오] | 3·1절[사밀쩔] | 송별-연[송:벼련] |
| 등용-문[등용문] | | |

제30항 사이시옷이 붙은 단어는 다음과 같이 발음한다.

1. 'ㄱ, ㄷ, ㅂ, ㅅ, ㅈ'으로 시작하는 단어 앞에 사이시옷이 올 때는 이들 자음만을 된소리로 발음하는 것을 원칙으로 하되, 사이시옷을 [ㄷ]으로 발음하는 것도 허용한다.

냇가[내:까/낻:까]　　샛길[새:낄/샏:낄]　　빨랫돌[빨래똘/빨랟똘]
콧등[코뜽/콛뜽]　　　깃발[기빨/긷빨]　　　대팻밥[대:패빱/대:팯빱]
햇살[해쌀/핻쌀]　　　뱃속[배쏙/밷쏙]　　　뱃전[배쩐/밷쩐]
고갯짓[고개찓/고갣찓]

2. 사이시옷 뒤에 'ㄴ, ㅁ'이 결합되는 경우에는 [ㄴ]으로 발음한다.

　　콧날[콛날 → 콘날]　　　　　　아랫니[아랟니 → 아랜니]
　　툇마루[퇻:마루 → 퇸:마루]　　뱃머리[밷머리 → 밴머리]

3. 사이시옷 뒤에 '이' 음이 결합되는 경우에는 [ㄴㄴ]으로 발음한다.

　　베갯잇[베갣닏 → 베갠닏]　　　깻잎[깯닙 → 깬닙]
　　나뭇잎[나묻닙 → 나문닙]　　　도리깻열[도리깯녈 → 도리깬녈]
　　뒷윷[뒫:뉻 → 뒨:뉻]

한글 맞춤법[1]

제1장 총칙

제1항 한글 맞춤법은 표준어를 소리대로 적되, 어법에 맞도록 함을 원칙으로
한다.

제2항 문장의 각 단어는 띄어 씀을 원칙으로 한다.

제3항 외래어는 '외래어 표기법'에 따라 적는다.

제2장 자모

제4항 한글 자모의 수는 스물넉 자로 하고, 그 순서와 이름은 다음과 같이 정
한다.

ㄱ(기역)	ㄴ(니은)	ㄷ(디귿)	ㄹ(리을)	ㅁ(미음)
ㅂ(비읍)	ㅅ(시옷)	ㅇ(이응)	ㅈ(지읒)	ㅊ(치읓)
ㅋ(키읔)	ㅌ(티읕)	ㅍ(피읖)	ㅎ(히읗)	
ㅏ(아)	ㅑ(야)	ㅓ(어)	ㅕ(여)	ㅗ(오)
ㅛ(요)	ㅜ(우)	ㅠ(유)	ㅡ(으)	ㅣ(이)

[붙임 1] 위의 자모로써 적을 수 없는 소리는 두 개 이상의 자모를 어울러서
적되, 그 순서와 이름은 다음과 같이 정한다.

ㄲ(쌍기역)	ㄸ(쌍디귿)	ㅃ(쌍비읍)	ㅆ(쌍시옷)	ㅉ(쌍지읒)
ㅐ(애)	ㅒ(얘)	ㅔ(에)	ㅖ(예)	ㅘ(와)
ㅙ(왜)	ㅚ(외)	ㅝ(워)	ㅞ(웨)	ㅟ(위)
ㅢ(의)				

---

1) '한글 맞춤법 제57항' 가운데서 이 책의 소리 바뀜과 '표준 발음'에 관련되는 부분만 싣는다.

[붙임 2] 사전에 올릴 적의 자모 순서는 다음과 같이 정한다.

자음 ㄱ ㄲ ㄴ ㄷ ㄸ ㄹ ㅁ ㅂ ㅃ ㅅ ㅆ ㅇ ㅈ ㅉ ㅊ ㅋ ㅌ ㅍ ㅎ

모음 ㅏ ㅐ ㅑ ㅒ ㅓ ㅔ ㅕ ㅖ ㅗ ㅘ ㅙ ㅚ ㅛ ㅜ ㅝ ㅞ ㅟ ㅠ ㅡ ㅢ ㅣ

제3장 소리에 관한 것

제1절 된소리

제5항 한 단어 안에서 뚜렷한 까닭 없이 나는 된소리는 다음 음절의 첫소리를 된소리로 적는다.

1. 두 모음 사이에서 나는 된소리

| 소쩍새 | 어깨 | 오빠 | 으뜸 | 아끼다 | 기쁘다 | 깨끗하다 |

| 어떠하다 | 해쓱하다 | 가끔 | 거꾸로 | 부썩 | 어찌 | 이따금 |

2. 'ㄴ, ㄹ, ㅁ, ㅇ' 받침 뒤에서 나는 된소리

| 산뜻하다 | 잔뜩 | 살짝 | 훨씬 | 담뿍 | 움찔 | 몽땅 | 엉뚱하다 |

다만, 'ㄱ, ㅂ' 받침 뒤에서 나는 된소리는, 같은 음절이나 비슷한 음절이 겹쳐 나는 경우가 아니면 된소리로 적지 아니한다.

| 국수 | 깍두기 | 딱지 | 색시 | 싹둑(~싹둑) | 법석 | 갑자기 | 몹시 |

제2절 구개음화

제6항 'ㄷ, ㅌ' 받침 뒤에 종속적 관계를 가진 '-이(-)'나 '-히-'가 올 적에는 그 'ㄷ, ㅌ'이 'ㅈ, ㅊ'으로 소리 나더라도 'ㄷ, ㅌ'으로 적는다. (ㄱ을 취하고, ㄴ을 버림.)

ㄱ	ㄴ	ㄱ	ㄴ
맏이	마지	핥이다	할치다
해돋이	해도지	걷히다	거치다
굳이	구지	닫히다	다치다
같이	가치	묻히다	무치다
끝이	끄치		

제3절 'ㄷ' 소리 받침

제7항 'ㄷ'소리로 나는 받침 중에서 'ㄷ'으로 적을 근거가 없는 것은 'ㅅ'으로
적는다.

덧저고리　　돗자리　　엇셈　　웃어른　　핫옷　　무릇
사뭇　　얼핏　　자칫하면　　뭇[衆]　　옛　　첫　　헛

제4절 모음

제8항 '계, 례, 몌, 폐, 혜'의 'ㅖ'는 'ㅔ'로 소리 나는 경우가 있더라도 'ㅖ'로
적는다. (ㄱ을 취하고, ㄴ을 버림.)

ㄱ	ㄴ	ㄱ	ㄴ
계수(桂樹)	게수	연몌(連袂)	연메
사례(謝禮)	사례	폐품(廢品)	페품
혜택(惠澤)	혜택	핑계	핑게
계집	게집	계시다	게시다

다만, 다음 말은 본음대로 적는다

게송(偈頌)　　　　게시판(揭示板)　　　　휴게실(休憩室)

제9항 '의'나, 자음을 첫소리로 가지고 있는 음절의 'ㅢ'는 'ㅣ'로 소리나는 경
우가 있더라도 'ㅢ'로 적는다. (ㄱ을 취하고, ㄴ을 버림.)

ㄱ	ㄴ	ㄱ	ㄴ
의의(意義)	의이	닁큼	닝큼
본의(本義)	본이	띄어쓰기	띠어쓰기
무늬	무니	씌어	씨어
보늬	보니	틔어	티어
오늬	오니	희망(希望)	히망
하늬바람	하니바람	희다	히다
늴리리	닐리리	유희(遊戲)	유히

제5절 두음법칙

제10항 한자음 '녀, 뇨, 뉴, 니'가 단어 첫머리에 올 적에는 두음 법칙에 따라 '여, 요, 유, 이'로 적는다.(ㄱ을 취하고, ㄴ을 버림.)

ㄱ	ㄴ	ㄱ	ㄴ
여자(女子)	녀자	유대(紐帶)	뉴대
연세(年歲)	년세	이토(泥土)	니토
요소(尿素)	뇨소	익명(匿名)	닉명

다만, 다음과 같은 의존 명사에서는 '냐, 녀'음을 인정한다.

냥(兩)   냥쭝(兩-)   년(年)(몇 년)

[붙임 1] 단어의 첫머리 이외의 경우에는 본음대로 적는다.

남녀(男女)   당뇨(糖尿)   결뉴(結紐)   은닉(隱匿)

[붙임 2] 접두사처럼 쓰이는 한자가 붙어서 된 말이나 합성어에서, 뒷말의 첫소리가 'ㄴ' 소리로 나더라도 두음 법칙에 따라 적는다.

신여성(新女性)   공염불(空念佛)   남존여비(男尊女卑)

[붙임 3] 둘 이상의 단어로 이루어진 고유 명사를 붙여 쓰는 경우에도 [붙임 2]에 준하여 적는다.

한국여자대학   대한요소비료회사

제11항 한자음 '랴, 려, 례, 료, 류, 리'가 단어의 첫머리에 올 적에는 두음 법칙에 따라 '야, 여, 예, 요, 유, 이'로 적는다. (ㄱ을 취하고, ㄴ을 버림.)

ㄱ	ㄴ	ㄱ	ㄴ
양심(良心)	량심	용궁(龍宮)	룡궁
역사(歷史)	력사	유행(流行)	류행
예의(禮儀)	례의	이발(理髮)	리발

다만, 다음과 같은 의존 명사는 본음대로 적는다.

리(里) : 몇 리냐?

리(理) : 그럴 리가 없다.

[붙임 1] 단어의 첫머리 이외의 경우에는 본음대로 적는다.

개량(改良)	선량(善良)	수력(水力)	협력(協力)
사례(謝禮)	혼례(婚禮)	와룡(臥龍)	쌍룡(雙龍)
하류(下流)	급류(急流)	도리(道理)	진리(眞理)

다만, 모음이나 'ㄴ' 받침 뒤에 이어지는 '렬, 률'은 '열, 율'로 적는다.(ㄱ을 취하고, ㄴ을 버림.)

ㄱ	ㄴ	ㄱ	ㄴ
나열(羅列)	나렬	진열(陣列)	진렬
치열(齒列)	치렬	선율(旋律)	선률
비열(鼻劣)	비렬	비율(比率)	비률
규율(規律)	규률	실패율(失敗率)	실패률
분열(分裂)	분렬	전율(戰慄)	전률
선열(先烈)	선렬	백분율(百分率)	백분률

[붙임 2] 외자로 된 이름을 성에 붙여 쓸 경우에도 본음대로 적을 수 있다.

신립(申砬)　　　최린(崔麟)　　　채륜(蔡倫)　　　하륜(河崙)

[붙임 3] 준말에서 본음으로 소리나는 것은 본음대로 적을 수 있다.

국련(국제연합)　　　　　대한교련(대한교육연합회)

[붙임 4] 접두사처럼 쓰이는 한자가 붙어서 된 말이나 합성어에서 뒷말의 첫소리가 'ㄴ' 또는 'ㄹ' 소리로 나더라도 두음 법칙에 따라 적는다.

역이용(逆利用)　　연이율(年利率)　　열역학(熱力學)　　해외여행(海外旅行)

[붙임 5] 둘 이상의 단어로 이루어진 고유 명사를 붙여 쓰는 경우나 십진법에 따라 쓰는 수(數)도 [붙임 4]에 준하여 적는다.

서울여관　　　　신흥이발관　　　　육천육백육십육(六千六百六十六)

제12항 한자음 '라, 래, 로, 뢰, 루, 르'가 단어의 첫머리에 올 적에는 두음 법칙에 따라 '나, 내, 노, 뇌, 누, 느'로 적는다. (ㄱ을 취하고, ㄴ을 버림.)

ㄱ	ㄴ	ㄱ	ㄴ
낙원(樂園)	락원	뇌성(雷聲)	뢰성
내일(來日)	래일	누각(樓閣)	루각
노인(老人)	로인	능묘(陵墓)	능묘

[붙임 1] 단어의 첫머리 이외의 경우에는 본음대로 적는다.

쾌락(快樂)　　　극락(極樂)　　　거래(去來)　　　왕래(往來)

부로(父老)　　　연로(年老)　　　지뢰(地雷)　　　낙뢰(落雷)

고루(高樓)　　　광한루(廣寒樓)　가정란(家庭欄)　동구릉(東九陵)

[붙임 2] 접두사처럼 쓰이는 한자가 붙어서 된 단어는 뒷말을 두음 법칙에 따라 적는다.

내내월(來來月)　상노인(上老人)　중노동(重勞動)　비논리적(非論理的)

제6절 겹쳐 나는 소리

제4장 형태에 관한 것

제1절 체언과 조사

제2절 어간과 어미

제16항 어간의 끝 음절 모음이 'ㅏ, ㅗ'일 때에는 어미를 '-아'로 적고, 그 밖의 모음일 때에는 '-어'로 적는다.

1. '-아'로 적는 경우

나아　　　　나아도　　　　나아서
막아　　　　막아도　　　　막아서
얇아　　　　얇아도　　　　얇아서
돌아　　　　돌아도　　　　돌아서
보아　　　　보아도　　　　보아서

2. '-어'로 적는 경우

개어　　　　개어도　　　　개어서
겪어　　　　겪어도　　　　겪어서
되어　　　　되어도　　　　되어서
베어　　　　베어도　　　　베어서
쉬어　　　　쉬어도　　　　쉬어서
저어　　　　저어도　　　　저어서
주어　　　　주어도　　　　주어서
피어　　　　피어도　　　　피어서
회어　　　　회어도　　　　회어서

제18항 다음과 같은 용언들은 어미가 바뀔 경우, 그 어간이나 어미가 원칙에
　　　벗어나면 벗어나는 대로 적는다.

　1. 어간의 끝 'ㄹ'이 줄어질 적

　　　갈다:　　　가니　　　간　　　갑니다　　　가시다　　　가오
　　　놀다:　　　노니　　　논　　　놉니다　　　노시다　　　노오
　　　불다:　　　부니　　　분　　　붑니다　　　부시다　　　부오
　　　둥글다:　　둥그니　　둥근　　둥굽니다　　둥그시다　　둥그오
　　　어질다:　　어지니　　어진　　어집니다　　어지시다　　어지오

　[붙임] 다음과 같은 말에서도 'ㄹ'이 준 대로 적는다.

　　　마지못하다　　　　　　　　마지않다
　　　(하)다마다　　　　　　　　(하)자마자
　　　(하)지 마라　　　　　　　 (하)지 마(아)

　2. 어간의 끝 'ㅅ'이 줄어질 적

　　　긋다:　　　그어　　　　　그으니　　　　그었다
　　　낫다:　　　나아　　　　　나으니　　　　나았다
　　　잇다:　　　이어　　　　　이으니　　　　이었다
　　　짓다:　　　지어　　　　　지으니　　　　지었다

　3. 어간의 끝 'ㅎ'이 줄어질 적

　　　그렇다:　　　그러니　　　그럴　　　그러면　　　그럽니다　　　그러오
　　　까맣다:　　　까마니　　　까말　　　까마면　　　까맙니다　　　까마오
　　　동그랗다:　　동그라니　　동그랄　　동그라면　　동그랍니다　　동그라오
　　　퍼렇다:　　　퍼러니　　　퍼럴　　　퍼러면　　　퍼럽니다　　　퍼러오
　　　하얗다:　　　하야니　　　하얄　　　하야면　　　하얍니다　　　하야오

　4. 어간의 끝 'ㅜ, ㅡ'가 줄어질 적

　　　푸다:　　　퍼　　　　　펐다
　　　끄다:　　　꺼　　　　　껐다
　　　담그다:　　담가　　　　담갔다
　　　따르다:　　따라　　　　따랐다
　　　뜨다:　　　떠　　　　　떴다

크다:	커	컸다
고프다:	고파	고팠다
바쁘다:	바빠	바빴다

5. 어간의 끝 'ㄷ'이 'ㄹ'로 바뀔 적

걷다[步]:	걸어	걸으니	걸었다
듣다[聽]:	들어	들으니	들었다
묻다[問]:	물어	물으니	물었다
싣다[載]:	실어	실으니	실었다

6. 어간의 끝 'ㅂ'이 'ㅜ'로 바뀔 적

깁다:	기워	기우니	기웠다
굽다[炙]:	구워	구우니	구웠다
가깝다:	가까워	가까우니	가까웠다
괴롭다:	괴로워	괴로우니	괴로웠다
맵다:	매워	매우니	매웠다
무겁다:	무거워	무거우니	무거웠다
밉다:	미워	미우니	미웠다
쉽다:	쉬워	쉬우니	쉬웠다

다만, '돕-, 곱-'과 같은 단음절 어간에 어미 '-아'가 결합되어 '와'로 소리 나는 것은 '-와'로 적는다.

돕다[助]:	도와	도와서	도와도	도왔다
곱다[麗]:	고와	고와서	고와도	고왔다

7. '하다'의 활용에서 어미 '-어'가 '-러'로 바뀔 적

하다 :	하여	하여서	하여도	하여라	하였다

8. 어간의 끝 음절 '르' 뒤에 오는 어미 '-어'가 '-러'로 바뀔 적

이르다[至]:	이르러	이르렀다
노르다:	노르러	노르렀다
누르다:	누르러	누르렀다
푸르다:	푸르러	푸르렀다

9. 어간의 끝 음절 '르'의 'ㅡ'가 줄고, 그 뒤에 오는 어미 '-아/어'가 '-라/러'로 바뀔 적

가르다:	갈라	갈랐다
거르다:	걸러	걸렀다
구르다:	굴러	굴렀다
벼르다:	별러	별렀다
부르다:	불러	불렀다
오르다:	올라	올랐다
이르다:	일러	일렀다
지르다:	질러	질렀다

제3절 접미사가 붙어진 된 말

제4절 합성어 및 접두사가 붙는 말

제27항 둘 이상의 단어가 어울리거나 접두사가 붙어서 이루어진 말은 각각 그 원형을 밝히어 적는다.

국말이	꺾꽂이	꽃잎	끝장	물난리
밑천	부엌일	싫증	옷안	웃옷
젖몸살	첫아들	칼날	팥알	헛웃음

[붙임 1] 어원은 분명하나 소리만 특이하게 변한 것은 변한 대로 적는다.

할아버지　　　　　　할아범

[붙임 2] 어원이 분명하지 아니한 것은 원형을 밝히어 적지 아니한다.

골병	골탕	끌탕	며칠	아재비	오라비
업신여기다	부리나케				

[붙임 3] '이[齒, 虱]'가 합성어나 이에 준하는 말에서 '니' 또는 '리'로 소리날 때에는 '니'로 적는다.

간니	덧니	사랑니	송곳니	앞니	어금니
윗니	젖니	톱니	틀니	가랑니	머릿니

제28항 끝소리나 'ㄹ'인 말과 딴 말이 어울릴 적에 'ㄹ' 소리가 나지 아니하는 것은 아니 나는 대로 적는다.

다달이(달-달-이)　　따님(딸-님)　　　　마되(말-되)
마소(말-소)　　　　무자위(물-자위)　　바느질(바늘-질)
부나비(불-나비)　　부삽(불-삽)　　　　부손(불-손)
소나무(솔-나무)　　싸전(쌀-전)　　　　여닫이(열-닫이)
우짖다(울-짖다)　　화살(활-살)

제29항 끝소리가 'ㄹ'인 말과 딴 말이 어울릴 적에 'ㄹ'소리가 'ㄷ' 소리로 나는 것은 'ㄷ'으로 적는다.

받진고리(바느질~)　　사흗날(사흘~)　　삼짇날(삼질~)　　섣달(설~)
숟가락(술~)　　　　이튿날(이틀~)　　잗주름(잘~)　　　푿소(풀~)
섣부르다(설~)　　　잗다듬다(잘~)　　잗다랗다(잘~)

제30항 사이시옷은 다음과 같은 경우에 받치어 적는다.

　1. 순 우리말로 된 합성어로서 앞말이 모음으로 끝난 경우

　　(1) 뒷말의 첫소리가 된소리로 나는 것

고랫재　　귓밥　　　나룻배　　나뭇가지　　냇가　　　댓가지
뒷갈망　　맷돌　　　머릿기름　모깃불　　　못자리　　바닷가
뱃길　　　볏가리　　부싯돌　　선짓국　　　쇳조각　　아랫집
우렁잇속　잇자국　　잿더미　　조갯살　　　찻집　　　쳇바퀴
킷값　　　핏대　　　햇볕　　　혓바늘

　　(2) 뒷말의 첫소리 'ㄴ, ㅁ' 앞에서 'ㄴ' 소리가 덧나는 것

멧나물　　아랫니　　텃마당　　아랫마을　　뒷머리
잇몸　　　깻묵　　　냇물　　　빗물

　　(3) 뒷말의 첫소리 모음 앞에서 'ㄴㄴ' 소리가 덧나는 것

도리깻열　뒷윷　　　두렛일　　뒷일　　　　뒷입맛
베갯잇　　욧잇　　　깻잎　　　나뭇잎　　　댓잎

　2. 순 우리말과 한자어로 된 합성어로서 앞말이 모음으로 끝난 경우

　　(1) 뒷말의 첫소리가 된소리로 나는 것

귓병	머릿방	뱃병	붓둑	사잣밥
샛강	아랫방	자릿세	전셋집	찻잔
찻종	촛국	콧병	탯줄	텃세
핏기	햇수	횟가루	횟배	

(2) 뒷말의 첫소리 'ㄴ, ㅁ' 앞에서 'ㄴ' 소리가 덧나는 것

곗날	제삿날	훗날	툇마루	양칫물

(3) 뒷말의 첫소리 모음 앞에서 'ㄴㄴ' 소리가 덧나는 것

가욋일	사삿일	예삿일	훗일

3. 두 음절로 된 다음 한자어

곳간(庫間)	셋방(貰房)	숫자(數字)
찻간(車間)	툇간(退間)	횟수(回數)

제31항 두 말이 어울릴 적에 'ㅂ' 소리나 'ㅎ' 소리가 덧나는 것은 소리대로 적는다.

1. 'ㅂ' 소리가 덧나는 것

댑싸리(대ㅂ싸리)	멥쌀(메ㅂ쌀)	볍씨(벼ㅂ씨)
입때(이ㅂ때)	입쌀(이ㅂ쌀)	접때(저ㅂ때)
좁쌀(조ㅂ쌀)	햅쌀(해ㅂ쌀)	

2. 'ㅎ' 소리가 덧나는 것

머리카락(머리ㅎ가락)	살코기(살ㅎ고기)	수캐(수ㅎ개)
수컷(수ㅎ것)	수탉(수ㅎ닭)	안팎(안ㅎ밖)
암캐(암ㅎ개)	암컷(암ㅎ것)	암탉(암ㅎ닭)

제5절 준 말

제34항 모음 'ㅏ, ㅓ'로 끝난 어간에 '-아/-어, -았-/-었-'이 어울릴 적에는 준 대로 적는다.

본 말	준 말	본 말	준 말
가아	가	가았다	갔다
나아	나	나았다	났다
타아	타	타았다	탔다
서어	서	사었다	섰다
켜어	켜	켜었다	켰다
펴어	펴	펴었다	폈다

[붙임 1] 'ㅐ, ㅔ' 뒤에 '-어, -었-'이 어울려 줄 적에는 준 대로 적는다.

본 말	준 말	본 말	준 말
개어	개	개었다	갰다
내어	내	내었다	냈다
베어	베	베었다	벴다
세어	세	세었다	셌다

[붙임 2] '하여'가 한 음절로 줄어서 '해'로 될 적에는 준 대로 적는다.

본 말	준 말	본 말	준 말
하여	해	하였다	했다
더하여	더해	더하였다	더했다
흔하여	흔해	흔하였다	흔했다

제35항 모음 'ㅗ, ㅜ'로 끝난 어간에 '-아/-어, -았-/-었-'이 어울려 'ㅘ/ㅝ, 왔/웠'으로 될 적에는 준 대로 적는다.

본 말	준 말	본 말	준 말
꼬아	꽈	꼬았다	꽜다
보아	봐	보았다	봤다
쏘아	쏴	쏘았다	쐈다
두어	둬	두었다	뒀다
쑤어	쒀	쑤었다	쒔다
주어	줘	주었다	줬다

[붙임 1] '놓아'가 '놔'로 줄 적에는 준 대로 적는다.

[붙임 2] '괴' 뒤에 '-어, -었-'이 어울려 '괘, 괬'으로 될 적에도 준 대로 적는다.

본 말	준 말	본 말	준 말
괴어	괘	괴었다	괬다
되어	돼	되었다	됐다
뵈어	봬	뵈었다	뵀다
쇠어	쇄	쇠었다	쇘다
쐬어	쐐	쐬었다	쐤다

제36항 'ㅣ' 뒤에 '-어'가 와서 'ㅕ'로 줄 적에는 준 대로 적는다.

본 말	준 말	본 말	준 말
가지어	가져	가지었다	가졌다
견디어	견뎌	견디었다	견뎠다
다니어	다녀	다니었다	다녔다
막히어	막혀	막히었다	막혔다
버티어	버텨	버티었다	버텼다
치이어	치여	치이었다	치였다

제37항 'ㅏ, ㅕ, ㅗ, ㅜ, ㅡ'로 끝난 어간에 '-이-'가 와서 각각 'ㅐ, ㅖ, ㅚ, ㅟ, ㅢ'로 줄 적에는 준 대로 적는다.

본 말	준 말	본 말	준 말
싸이다	쌔다	누이다	뉘다
펴이다	폐다	뜨이다	띄다
보이다	뵈다	쓰이다	씌다

제38항 'ㅏ, ㅓ, ㅗ, ㅜ, ㅡ' 뒤에 '-이어'가 어울려 줄어질 적에는 준 대로 적는다.

본 말	준 말		본 말	준 말	
싸이어	쌔어	싸여	뜨이어	띄어	
보이어	쌔어	싸여	쓰이어	씌어	쓰여
쏘이어	쐬어	쏘여	트이어	틔어	트여
누이어	뉘어	누여			

제39항 어미 '-지' 뒤에 '않-'이 어울려 '-잖-'이 될 적과 '-하지' 뒤에 '않-'이 어울려 '-찮-'이 될 적에는 준 대로 적는다.

본 말	준 말	본 말	준 말
그렇지 않은	그렇잖은	만만하지 않다	만만찮다
적지 않은	적잖은	변변하지 않다	변변찮다

제40항 어간의 끝 음절 '하'의 'ㅏ'가 줄고 'ㅎ'이 다음 음절의 첫소리와 어울려 거센소리로 될 적에는 거센소리로 적는다.

본 말	준 말	본 말	준 말
간편하게	간편케	다정하다	다정타
연구하도록	연구토록	정결하다	정결타
가하다	가타	흔하다	흔타

[붙임 1] 'ㅎ'이 어간의 끝소리로 굳어진 것은 받침으로 적는다.

않다	않고	않지	않든지
그렇다	그렇고	그렇지	그렇든지
아무렇다	아무렇고	아무렇지	그렇든지
어떻다	어떻고	어떻지	어떻든지
이렇다	이렇고	이렇지	이렇든지
저렇다	저렇고	저렇지	저렇든지

[붙임 2] 어간의 끝 음절 '하'가 아주 줄 적에는 준 대로 적는다.

본 말	준 말	본 말	준 말
거북하지	거북지	생각하다 못하여	생각다 못해
생각하건대	생각건대	깨끗하지 않다	깨끗지 않다
넉넉하지 않다	넉넉지 않다	섭섭하지 않다	섭섭지 않다
못하지 않다	못지않다	익숙하지 않다	익숙지 않다

[붙임 3] 다음과 같은 부사는 소리대로 적는다.

결단코	결코	기필코	무심코	아무튼	요컨대
정녕코	필연코	하마터면	하여튼	한사코	

제5장 띄어쓰기

제1절 조   사

제2절 의존 명사, 단위를 나타내는 명사 및 열거하는 말 등

제3절 보조 용언

제4절 고유 명사 및 전문 용어

제6장 그 밖의 것

음운 용어 「순우리말/한자어」 대조

이 책을 활용하는 분들을 위해 음운에 관련 있는 '순우리말과 한자어'의 용어에 대해 '대조표'를 만들어 싣는다.

순우리말/한자어	

〈ㄱ·ㄲ〉

가운데홀소리	중설모음
가운뎃소리	중성
가지	접사
갈이	마찰
갈이소리	마찰음
거센소리	유기음, 격음
거센소리 되기	격음화
겹닿소리	자음군
겹받침 줄이기	자음군단순화
겹홀소리	중모음
고룸	조성
고룸소리 없애기	조음소 탈락
공깃길	간극
구실 ·	기능
그림씨	형용사
기본홀소리	기본모음
꾀임월	청유문

끝바꿈	활용
끝소리	종성
끝소리 자리 옮기기	조음위치동화

〈ㄴ〉

/ㄴ/ 덧나기	/ㄴ/ 첨가
/ㄴ/의 /ㄹ/ 되기	유음화, 혀옆소리
낱말	단어
내림 겹홀소리	하강적 이중모음
높은 홀소리	고모음, 폐모음

〈ㄷ·ㄸ〉

/ㄷ/의 공깃길 닮기	/ㄷ/ 불규칙 용언
다그기	접근
닫은 홀소리	폐모음, 고모음
닫음	폐쇄
닫음 소리	내파음, 폐쇄음
닫힌 음절	폐음절
달라짐	이화

닮음	동화
닿소리	자음
닿소리 이어 바뀜	자음 접변
닿소리떼	자음군
된소리	경음
된소리 되기	경음화
두겹홀소리	이중모음
두들김소리	탄설음
두입술 갈이소리	양순 마찰음
두입술소리	양순음
둥근 홀소리	원순모음
뒤섞임	혼태
뒤혓바닥 소리	후설음
뒤홀소리	후설모음
뒷가지	접미사
떨음소리	전음
뜨내기(소리)바탕	운율적(음성)자질

〈ㄹ〉

/ㄹ/ 없애기	/ㄹ/ 탈락

〈ㅁ〉

마침법	종짓법
막음	장애
말마디	어절
말밑	어원
매김꼴	관형형
매김말	관형어

매김씨	관형사
맺음씨끝	어미
머리소리 규칙	두음법칙
목소리	후음
목청	성대
목청갈이소리	성대마찰음
목청닫음소리	성문폐쇄음
목청소리	성대음
목청터짐소리	성문파열음
물음월	의문문

〈ㅂ〉

/ㅂ/의 공깃길 닮기	/ㅂ/ 불규칙 용언
반낮은 홀소리	중저모음
반높은 홀소리	중고모음
반닫은 홀소리	종고모음
반연홀소리	반개모음, 중저모음
반홀소리 되기	반모음화
밝은홀소리	양성모음
방패여린뼈	갑상연골
버금기본홀소리	제이차 기본모음
벗어난 풀이씨	변격용언, 불규칙용언
본디(소리)바탕	고유한 음성 자질
부림말	목적어
불갈이소리	파찰음

〈ㅅ·ㅆ〉

/ㅅ/ 없애기	/ㅅ/ 탈락

센입천장(소리)	경구개(음)	울림	성
센입천장소리되기	경구개음화	울림소리	유성음
소리 이음	연음	움직씨	동사
소리마디	음절	월	문(장)
소리바탕	음성자질	으뜸 기본 홀소리	제일차 기본모음
시킴월	명령문	으뜸 변이음	주변이음
씨	단어, 품사	이름꼴	명사형
씨끝	어미	이름씨	명사
씨끝바꿈	어미활용	이은말	연어
		이음새	연접

〈ㅇ〉

안둥근 홀소리	평순모음	이입술소리	순치음
안맺음씨끝	보조어간	일곱 끝소리 되기	평폐쇄음화
안울림소리	무성음	임자말	주어
앞가지	접두사	임자자리	주격
앞혓바닥(소리)	전설(음)	입술가벼운소리	순경음
앞홀소리	전설모음	입술소리(되기)	순음(화)
어금닛소리	아음	입음(말/법)	피동(어/법)
어두운 홀소리	음성모음	입음의 가지	피동접사
업힌 음소	운소	입천장소리(되기)	구개음(화)
없앰	생략	잇몸(소리)	치조(음)
여린뼈	갑상연골	잇사이소리	치간음
여린입천장(소리)	연구개(음)	잇소리	치음
여린입천장소리 되기	연구개음화		

〈ㅈ · ㅉ〉

연홀소리	개모음	줄기	어간
열린음절	개음절	줄임	축약
예사소리	평음	시님	지속
오름 두겹홀소리	상승적 이중모음	짜임새	구조, 구성

<h2>〈ㅊ〉</h2>

첫소리	초성
치달라짐	역행이화
치닮음	역행동화

<h2>〈ㅋ〉</h2>

켕김(반)홀소리	긴장(반)모음
코홀소리	비모음
콧소리	비음
콧소리 되기	비음화

<h2>〈ㅌ〉</h2>

터뜨림(소리)	외파(음)
터짐갈이소리	파찰음
터짐소리	파열음, 정지음
토씨	조사
튀김소리	탄설음
틈	간극

<h2>〈ㅍ〉</h2>

풀이말	서술어
풀이씨	용언

<h2>〈ㅎ〉</h2>

/ㅎ/ 없애기	/ㅎ/ 탈락
합성어	복합어
혀끝소리	설단음

혀말이(소리)	권설(음)
혀부리	설첨
혀뿌리	설근
혀옆소리	설측음
헛소리	설음
혜침여린뼈	파열연골
홀소리	모음
홀소리 갈음	모음교체
홀소리 고룸(어울림)	모음조화
홀소리 부딪음(침)	모음충돌
홀소리네모꼴	모음사각도
홑월	단문
홑홀소리	단모음
흐름소리	유음

<h2>〈ㅓ〉</h2>

/ㅓ/ 없애기	/ㅓ/ 탈락

<h2>〈ㅡ〉</h2>

/ㅡ/ 없애기	/ㅡ/ 탈락

<h2>〈ㅣ〉</h2>

/ㅣ/ 치닮기	/ㅣ/ 모음역행동화

<h2>〈j(ㅣ)〉</h2>

/j(ㅣ)/ 없애기	/j(ㅣ)/ 탈락

〈ㄱ〉